全国公安高等教育（本科）规划教材

公安部政治部 组编

刑事影像技术

谢 军 　王志群 　主编

（公安机关内部发行）

中国人民公安大学出版社

·北　京·

图书在版编目（CIP）数据

刑事影像技术 / 谢军，王志群主编.—北京：中国人民公安大学出版社，2014.9
全国公安高等教育（本科）规划教材
ISBN 978 - 7 - 5653 - 2006 - 4

Ⅰ.①刑… Ⅱ.①谢… ②王… Ⅲ.①司法摄影—摄影技术—高等学校—教材
Ⅳ.①D918.2
中国版本图书馆 CIP 数据核字（2014）第 205315 号

刑事影像技术

谢 军　王志群　主编

出版发行：中国人民公安大学出版社
地　　址：北京市西城区木樨地南里
邮政编码：100038
印　　刷：涿州市新华印刷有限公司

版　　次：2014 年 12 月第 1 版
印　　次：2020 年 7 月第 9 次
印　　张：17
开　　本：787 毫米 × 1092 毫米　1 / 16
字　　数：362 千字

书　　号：ISBN 978 - 7 - 5653 - 2006 - 4
定　　价：58.00 元（公安机关内部发行）

网　　址：www.cppsup.com.cn　www.porclub.com.cn
电子邮箱：zbs@cppsup.com　　zbs@cppsup.edu.cn

营销中心电话：010 - 83903254
读者服务部电话（门市）：010 - 83903257
警官读者俱乐部电话（网购、邮购）：010 - 83903253
教材分社电话：010 - 83903259

全国公安高等教育（本科）规划教材

刑事影像技术

主　编：谢　军　王志群

副主编：宫素文　吴　启　许小京　衡　磊

撰稿人：（按姓氏笔画排序）

万荣春　王志群　王学军　代雪晶

许小京　杜号军　吴　启　宫素文

谢　军　衡　磊

前　言

　　教材是体现教学内容和教学方法的知识载体，是联系教与学的有效媒介。教材建设是公安教育训练的基础性工作，是实现公安院校教育现代化、提高教学质量的一项基本措施。改革开放以来，我们根据公安院校教学工作需要，先后组织编写了近 200 种公安院校专业课和专业基础课教材，为培养高素质的公安人才提供了有力支撑。近年来，我国执法环境和执法依据发生了深刻变化，公安理论和实践创新有了长足进步，公安高等教育实现了跨越式发展，原有统编教材难以满足现实需要，亟须重新编写。对此，公安部党委十分重视，郭声琨部长专门作出指示，成立了教材编审委员会，并在京召开了工作部署会推动教材编写工作顺利有序进行。

　　本套教材是公安院校的本科教学用书，也是公安民警培训、自学的母本教材或指导性用书，涵盖侦查、治安、经济犯罪侦查、交通管理工程、刑事科学技术、禁毒、网络安全与执法、公安视听技术、警务指挥与战术、边防管理、消防工程等公安类本科专业，共计 110 种教材，是公安高等教育史上规模最大、涉及最广的一次教材建设工程。

　　本套教材以培养应用型公安专门人才为目标，以习近平总书记系列重要讲话为指南，坚持院校专家学者与实务部门骨干相结合，深入基层、融入实战、贴近一线，在充分吸纳教学科研成果和警务实践成功经验的基础上编写而成。教材在内容上主要突出公安理论的基础性和公安工作的实践性，在阐述公安各学科基本原理的同时，注重实践运用能力的培养，既兼顾了学科专业的系统性，又强调了警务实战的特殊性。在体例规范上，既相对统一，又预留空间，鼓励学术上的研究和探讨，利于学生展开更深的探究。

本套教材是在公安部政治部的统一领导下分组集体编写而成的。为保证教材内容贴近实战，我们遴选了部分警务实战骨干参与编写工作。各门教材由编写组精心组织、反复论证、集思广益完成初稿，最后经有关实战部门业务专家和部分社会相关领域知名专家学者审核后定稿。

我们相信，经过组织者、编写者、出版者的共同努力，全国公安高等教育（本科）规划教材能够以体系完整、内容丰富、贴近实战、形式新颖的精品特质，服务公安院校的教学和广大民警自学，为培养高素质、高水平的应用型公安专门人才发挥重要作用。

公安部政治部
2014 年 8 月

编 写 说 明

为适应公安高等教育发展，满足公安本科院校学习刑事科学技术的需要，在公安部和全国公安类专业教材编审委员会统一领导下，公安部人事训练局组织编写了公安高等教育（本科）规划系列教材，《刑事影像技术》作为其中的一本供公安高等院校教学以及广大公安民警使用。

随着数码摄影技术在刑事摄影、录像中的应用，刑事影像技术发展成为集摄影、摄像及数字图像处理于一体的一门综合性学科。本书在编写过程中力求应用新技术、新成果，在总结教学和科研、办案的基础上，吸收国内外最新研究成果，注重理论与实践相结合，参考大量文献编写而成。

本教材共十一章。谢军教授、王志群教授为主编，宫素文副教授、吴启副教授、衡磊副教授和公安部物证鉴定中心许小京同志为副主编。参加本教材编写的人员及具体撰稿章节如下：

湖南警察学院谢军教授：第一章；

浙江警察学院王学军副教授：第二章；

公安部物证鉴定中心许小京：第三章；

江苏警官学院万荣春副教授：第四章；

湖南警察学院杜号军副教授：第五章；

中国刑事警察学院代雪晶教授：第六章；

湖北警官学院吴启副教授：第七章；

辽宁警察学院衡磊副教授：第八章；

吉林警察学院宫素文副教授：第九章；

中国刑事警察学院王志群教授：第十章、第十一章。

本教材由各编写者根据各自的任务，按照编写要求进行撰写，最后由主编进行审阅定稿。在编写过程中，得到了各编写者所在单位及兄弟院校的大力支持；同时编写者参考了相关的教材、著作和文献，在此编写组全体同志对所引用参考文献的作者及对本书编写提供帮助的同志表示衷心的感谢!

由于编者水平有限，本教材难免有疏漏和不妥之处，衷心希望广大读者批评指正。

《刑事影像技术》编写组

2014 年 8 月

目　　录

第一章 绪 论

【教学重点与难点】

教学重点：刑事影像技术在公安工作中的作用，刑事影像技术研究的路径与方法。

教学难点：刑事影像技术历史沿革与发展趋势。

‖第一节 刑事影像技术的概念与作用‖

一、刑事影像技术的概念

刑事影像技术，是运用摄影、录像和影像处理等技术手段，依照法定程序，客观真实、全面系统地记录、显示、检验和鉴定与犯罪有关的客体，为揭露犯罪、证实犯罪提供刑事诉讼证据。

刑事影像技术具体包括光学检验、照相记录、摄像记录、影像处理、影像制作、影像储存与传输、影像测量、影像比对、影像重建、影像真实性检验等技术方法。

二、刑事影像技术的作用

随着科学技术的不断进步，刑事影像技术手段由过去单一的照相记录发展到录像记录、数字图像记录，并且运用光学检验、影像比对、影像重建等进行图像的真实检验，为刑事案件的侦破提供技术支持，为证实犯罪提供有力的证据，为警示世人，教育公民遵纪守法提供丰富的影像资料。具体来说，刑事影像技术的作用主要有以下几方面：

（一）记录固定与犯罪有关的场所和事件

在案件现场勘查中，运用刑事照相、刑事录像技术把案件现场的地点、状况、痕迹物品的形状、特点，全面系统、客观真实、清晰逼真地记录下来。在案件侦查过程中运用摄影、摄像等记录犯罪嫌疑人活动情况，为分析犯罪过程，重现案件现场，判断案件性质，分析判断犯罪嫌疑人的活动轨迹、活动路线、确定侦查措施和检验鉴定提供影像信息及影像资料。

（二）固定和显示犯罪痕迹物证

通过摄影、摄像等技术手段，将可见的痕迹物证进行固定，同时对一些肉眼看不清的、甚至看不见的潜在的痕迹物证（如手印、足印、字迹、斑迹等），通过一些物理、化学处理方法将其显示固定下来，把它转化成可见的、清晰的影像，为检验鉴定提供服务，为确定案件侦查方面、侦查对象提供线索，为认定犯罪提供证据。

（三）是侦破案件的重要技术手段

在侦破案件过程中，运用摄影和录像技术获得的真实可靠的影像资料，可以辨认犯罪嫌疑人与被害人，可用于通缉犯罪嫌疑人。运用颅像重合复原，可查找尸源。运用密拍密录、视频监控等手段可以记录侦查对象的活动过程和活动轨迹，为侦破案件起重要的导向作用。

（四）提供刑事诉讼证据

通过影像和录像技术手段获取的证据资料是证实犯罪的重要的直接证据和间接证据，可以运用该手段对符合条件的痕迹物证进行同一认定并做出鉴定结论，直接证实犯罪，也可以通过影像资料与其他证据连接，形成间接证据证实犯罪，最终为检察机关提起公诉、人民法院定罪量刑提供有力的诉讼证据。

（五）教育群众、震慑犯罪

运用摄影和录像技术手段获取的影像资料，对一些可以公开的典型案件进行较深度的宣传报道，不仅为我们破获案件积累丰富的经验材料，同时运用这些典型案例教育广大群众做遵纪守法的公民，守住法律和道德的底线，鼓励广大群众同刑事犯罪做斗争，从而对刑事犯罪、犯罪嫌疑人和有犯罪动机的人员起到震慑作用。

‖第二节　刑事影像技术研究路径与研究方法‖

一、刑事影像技术的研究路径

刑事影像技术的研究路径可以从两方面来考虑，一是从影像形成特性和方式来研究；二是从实际应用角度来研究。从目前的情况来看，从影像形成特性和方式研究的路径有三个方面：一是刑事摄影，二是刑事录像，三是刑事影像处理技术。从实际应用角度研究的路径也有三个方面：一是影像成像检验技术，二是影像分析检验技术，三是影像合成演示技术。

（一）从影像形成特性和方式研究

1. 刑事摄影。刑事摄影是以普通摄影的基本技术和方法为基础，依照法定程序和办案的具体要求，采用一些特殊的方法，拍照记录、显示、固定、检验与犯罪有关的案件实物影像的一门专门技术，经过几十年探索与实践，已经形成了较为完整的理论体系和实际操作规范与行业标准。它主要包括：刑事摄影理论与技术基础、刑事现场摄影、刑事物证检验摄影、刑事辨认摄影等。随着数码影像技术的普及与运用，刑事摄影也广泛运用，但对于图像的处理有严格要求，必须是客观、真实、清晰地反映与犯罪有关的信息，不得有任何添加与修改，必须遵循公安部颁发的刑事技术工作细则和行业规范与标准。

2. 刑事录像。刑事录像是以普通摄录像技术为基础，依照法定程序和办案的具体要求，采用一些特殊的方法，记录和检验与犯罪有关的案件实物图像的一门专门技术。经过不断探索与实践，已经形成了较为固定和成熟的刑事录像理论体系与实际工作规范，它主要包括：刑事录像理论与技术基础、刑事现场录像、刑事辨认录像、刑事检验录像、刑事监控录像和录像检验。随着记录影像方式的改变，由过去的磁性记录到今天的数字记录，给摄录像技术带来了更加广泛的应用空间，对图像清晰度、图像的保存与图像的后期处理十分有利。所以，摄录像技术不仅在打击犯罪中被广泛采用，而且在预防犯罪中发挥的作用更大，不仅公安机关重视，党委、政府也十分重视。目前的主要城市和道路都安装了监控录像设施，这是公安机关打击犯罪、预防犯罪的重要信息来源渠道。

3. 刑事影像处理技术。刑事影像处理技术是以普通数码影像处理技术为基础，依照法定程序和办案的具体要求，对已获取的图像进行模拟或数字再处理的一门专门技术。它是随着数码影像技术的普及与应用，而运用到刑事科学技术领域的，它主要包括：图像的采集和显示、图像增强、图像恢复、图像分析、图像识别、图像重建、图像编码和压缩、图像的几何变换及变形图像的处理等技术。在计算机技术高速发展和普及的时代，图像处理技术已被广泛运用到刑事侦查工作中，并有着广阔的发展前景和拓展空间。

（二）从实际应用角度来研究

1. 影像成像检验技术。影像成像检验技术是对被检验物体或影像进行成像检验，获得具有案件侦查和证据价值的影像，或能够显示其他物证检验所需要形态物证或数据的影像。

影像成像检验技术从物体开始，经过光学检验、影像记录、影像处理、影像制作四个技术步骤，最后获得影像结果，能够有效地提供侦查线索和证明犯罪活动，显示物证检验所需的细节。

2. 影像分析检验技术。影像分析检验是对检材的影像视觉信息进行处理、测量和分析，以获得非视觉信息结果。影像分析检验输入检材影像，输出数据，检验结果为数值或分析意见。刑事影像分析检验的应用对象主要是犯罪现场提取的各种影像，包括照片、幻灯片、数字影像和摄录影像，其中监视录像是最常见检材。

刑事影像分析检验技术包括从影像中提取可测量数据的定量影像分析，以及在影像中识别视觉信息的认知影像分析两大类型。定量影像分析用于分析影像中的定量数据，如摄影测量、光度测量、影像证实、色度测量。认知影像分析包括影像比较、影像真实性检验、影像内容解读和形态识别等。在分析检验中，有时直接对影像进行分析，也可能需要用影像处理技术对影像做预处理后再行分析检验。

3．影像合成技术。影像合成技术是利用人工或计算机绘图技术形成物体或景物的影像，通过影像表达的信息为侦查提供线索，演示、说明犯罪活动或事件情况，内容包括人像组合、颅面复原、现场再现、现场重建技术等；这些结果具有一定的主观性，因此不能作为证据使用，但可以为侦查人员开展调查、分析现场情况和犯罪过程提供有效帮助，或提供有效的法庭展示。

二、刑事影像技术的研究方法

刑事影像技术是为了揭露犯罪、证实犯罪、预防犯罪而采用的手段工具、途径和方式的总称。科学的研究方法是刑事影像技术不断进步、不断完善、不断创新的重要的支撑。

（一）实践总结法

经常总结刑事影像技术在刑事侦查工作中的经验，如固定记录各种案件现场的经验，提取和检验物证的经验等。了解实践中的新问题、新技术，开发实践的新领域，不断总结，上升理论，反过来，用理论指导实践，从而不断完善理论，促进系统理论体系的形成。

（二）借鉴移植法

从国内外的经验和邻近学科的成就中学习、借鉴移植过来，移植过程中注意采用比较的方法，对同一技术进行宏观与微观、功能与概念、动态与静态的比较，取其精华，以推进刑事影像技术的发展进程。

（三）科学实验法

对工作实践中的新问题进行科学研究，科学实验，有效地获得刑事影像技术的前沿发展动态，相关资料和情况；进而对科学研究的对象进行专门的加工、提炼和概括，最终获得科学的结论，推动刑事技术的不断创新和发展。

‖第三节 刑事影像技术的历史沿革与发展趋势‖

一、刑事影像技术的历史沿革

刑事影像技术是在摄影技术诞生之后，逐渐运用到司法办案之中的，是随着影像科学技术的进步与发展而发展起来的一门应用技术，在司法实践中有其特殊的地位与作用，我们有必要对警察部门运用这门技术的历史做一个回顾与了解。

从1839年摄影技术的诞生，这门应用技术在警察办案之中得到不断应用。1839年6月24日，法国的巴雅尔展示了他用氯化银负片拍摄的尸体检验印制纸基照片，成为世界上第一个把照相用于司法鉴定的摄影师，被世界公认为"法医摄影的先驱"。1841年，法国警察部门首次采用银板照相法给两名犯人照了相。1854年，瑞士洛桑警察局首次对犯罪现场照了相，被世界公认为"开创了现场照相之历史"。1862年，法医学专家约德斯博士成功地在司法鉴定中应用了摄影技术。1871年，卢卡斯第一次叙述了运用摄影方法检验一份伪造的文书。1874年，法国巴黎警察总监雷诺在巴黎警察局建立了世界上第一个警察专用摄影室。1887年，美国一家大银行在金库内首次安装了照相监视系统。

20世纪后，刑事影像技术在刑事侦查中被广泛应用。1913年，美国威尔德博士首次采用颅像重合摄影的方法鉴定了颅骨的身源。1914年，英国警察应用分色摄影，显现出一张支票上被涂改的数字。1922年，英国霍普金斯大学教授古达德利用显微镜拍摄到枪弹上的擦划痕迹。1929年，英国人贝克首次用X光机摄影，找到了尸体内的枪弹。1933年，美国马丁和布洛奇首次使用红外线摄影检验文件。1934年，布鲁斯首次使用紫外线拍摄荧光手印。第二次世界大战后，电视录像技术在美国继而欧洲、日本和其他地区陆续进入警察部门，成为刑事照相的一个分支。

我国的刑事影像技术从古代的画像通缉逃犯到现在历史非常悠久，自从摄影术诞生后，很快传入中国，画像在警察部门的办案中少有运用，只是在一些特定的情形下采用模拟画像技术为案件侦破提供一些线索。1905年，清朝正式废除了画像通缉，改用照片管理囚犯和通缉逃犯。1934年，浙江警察学校教官阮光铭出版了《犯罪搜查法》专著，论述了现场全景、现场中心、尸体痕迹等拍摄方法。1945年，时任上海警察局黄浦分局局长冯文尧出版专著《刑事警察科学知识全书》，对刑事摄影的作用和各种摄影方法做了全面的论述。由此可见，刑事摄影技术在近代中国已被广泛运用到警察部门。新中国成立后，刑事影像技术在广度深度和规范化运用上有了长足的发展。在侦查办案、维护社会稳定、宣传教育公民上都起到了举足轻重的作用。20世纪50年代，全国县级公安机关有条件的公安派出所，都开展了刑事照相业务。公安部组织了一些留学苏联的专家和基层一线的优秀专业人才，根据我国的实际情况，广泛培训刑事照相专业人才，公安部人民警察干部学校为各省培训了三期技术骨干人员。各省市都举办培训班培训县级公安机关的技术人员，同时也从各地商业照相馆、新闻单位等调入了一批懂摄影技术的专业人员充实到警察队伍中从事这项工作，基本做到了件件案子有照片，为检察机关公诉、法院审判提供了可靠的形象直观的证据材料。20世纪70年代是刑事影像技术迎来大发展的好时机，公安部根据影像技术的推广和运用以及基层公安机关办案工作的实际需要，先后组建了科研机构，成立刑事照相和刑事录像研究室，对刑事照相与录像技术进行了深度的开发与研究，并且作为对广大公安民警素质要求进行普及与提高培训。特别是恢复学历教育后，公安部从各省市招收大批中专、大专、本科学生，对他们在校教育，刑事影像技术是一门必修课，是必须掌握的一门专业技能，特别是刑警学院开设本专业，为全国公安机关培养了一大批业务骨干，从20世纪80年代起对刑事摄影技术的研究有了一支专业队伍，刑事影像技术从理论到实践有了一套较完整的体系，出版了《刑事照相教程》《刑事录像教程》等多部教材和理论专著。公安部开始在全国建立一、二、三级刑事技术点，对技术点的配置要求有了明确的标准。到了20世纪90年代，刑事影像技术开始步入规范化轨道，1993年，公安部成立了"全国刑事照相录像标准化分技术委员会"，着手规范刑事照相、刑事录像工作，先后颁布实施《刑事照相、录像体系标准》《刑事照相制卷质量标准》《刑事照相负正片后期制作质量标准》《刑事照相录像词汇》《刑事录像后期制作质量要求》《翻拍照相方法标准》《脱影照相方法规则》《比例照相方法规则》《物证检验照相要求规则》《近距离照相方法规则》和《尸体辨认照相、录像方法规则》等25个行业标准。与此同时，公安部和院校加强了新技术、新方法的研究与开发，视频监控在城乡逐步覆盖，利用视频监控图像侦破案件已是公安机关的重要技术手段，对视频图像的处理，特别是模糊图像的处理有了质的飞跃。数码图像技术在办案中被广泛采用，公安部也提出了规范的要求。

二、刑事影像技术的发展趋势

刑事影像技术是随着现代科学技术的发展，特别是随着现代影像技术的快速发展而日新月异。大量的新技术、新方法和新设备不断涌现，为公安基础工作和各专业工作提供了广阔的应用领域。可以说公安工作离不开刑事影像技术，刑事影像技术为公安工作提供了更为宽泛、更为广阔、更为重要的应用领域和应用价值。从科学技术的发展和公安实际工作的应用来看，刑事影像技术的发展趋势主要表现为：

一是刑事影像技术记录方式由传统的银盐记录、磁性记录等，转变为数字记录。过去的刑事照相，刑事录像记录方式都是银盐记录和磁性记录，随着数码影像技术的广泛应用，传统的记录方式已经被数字记录所取代。在公安工作实际应用中，传统的银盐记录只在拍照一些痕迹物证和制作照片时还少许运用，其他方面基本不再使用，因为用数码技术记录有成本低、效率高、处理方便、传递输出速度快等更多优势。

二是刑事影像的应用由单一的记录功能向集记录、显示、检验、识别、鉴定于一体的多学科、全方位综合性领域发展。刑事影像技术在发展的初期是以客观、真实记录犯罪客体，固定和显示犯罪证据为主要功能，但随着科技的进步，多种技术手段被运用到刑事侦查工作中，以传统的记录方式，向检验识别、鉴定等综合性应用拓展。目前在公安工作中主要应用有：人脸识别与人像组织技术、计算机指纹图像识别、GPS图像定位系统、道路指挥与控制图像系统、DNA识别、人体动态图像识别、牙齿形态图像的鉴定、模糊图像信息处理、声纹图像识别等，这些图像技术的应用必将在打击犯罪和维护公民正当权益方面发挥越来越重要的作用。

三是刑事影像技术由手工处理向智能图像处理发展。随着计算机科学技术的发展和数码图像技术的广泛运用，传统的暗房处理技术和模拟图像处理的时代已经结束，取而代之的是数字图像处理。数字图像处理的特点是集成化、智能化、高速化，不仅在处理的手段上发生了质的变化，而且在图像传输，图像资源共享上也发生了质的变化。可以预见随着信息技术的广泛运用，刑事影像技术将为全国各级公安机关刑事侦查部门打击犯罪、预防犯罪提供更加直接、更加快捷、更加方便、更加广泛的应用手段。

四是刑事影像技术的管理由经验型向法制化、科学化方向发展。新中国成立后，有关主管部门着手进行刑事科学技术（包括影像技术）的建设工作，全国建立了统一的刑事科学技术机构，培训干部，迈步实现科学技术装备现代化，有组织、有计划地开展科研实验，促进了刑事科学技术、特别是影像技术的发展，刑事影像技术是随着法制进程发展而发展，是服务于法律制度的一门技术，为此，成立了全国刑事科学技术委员会，制定了刑事科学技术各领域的技术标准（包括刑事影像技术），科学有效地规范了刑事影像技术工作。为提高刑事影像技术的质量，符合法律规范要求打下了坚实的基础，可以说刑事影像技术由过去的经验管理向法制化、科学化水平迈进。

【小结】

本章用1个学时从刑事影像技术的概念、在公安应用领域中发挥的作用、研究路径与方法、历史沿革与发展趋势入手，了解刑事影像技术的内涵与外延，对于我们全面系统学习和掌握刑事影像技术这门应用学科会有所裨益。

【思考题】

1. 简述刑事影像技术的概念与作用。
2. 简述刑事影像技术的研究路径与方法。
3. 简述刑事影像技术的发展趋势。

第二章　摄影器材

【教学重点与难点】

教学重点：光的本质、光的传播规律和透镜成像规律，感光成像原理，照相机类型；摄影镜头的类型与性能，光圈、快门、取景器、调焦器的性能与作用，景深原理与应用，数码相机参数设置；闪光灯、摄影脚架、滤光镜、快门线等附件的使用方法。

教学难点：镜头性能具体应用；光圈、快门性能具体应用；景深应用。

‖第一节　照相机基础‖

摄影工作的本质是将外界景物通过摄影仪器转化为固定图像的过程。在摄影过程中，摄影者使用的器材（摄影镜头、感光元件和相机部件）起着重要作用。摄影镜头将景物影像聚焦到机身中，感光元件将通过镜头汇聚进来的光学影像记录并保存下来，相机部件则起到控制成像过程的清晰、质量和效果的作用。

一、光学成像原理

（一）光的本质

照相机是基于光学原理工作的摄影器材。人类对于光的本质的认识经历了漫长而曲折的过程。目前对光的本质认识是：光既是一种电磁波，又是一种由光子组成的粒子流，具有粒子性与波动性，称为波粒二象性。

光的波长与频率成反比。实际上光波只占整个电磁波波段的很小一部分。波长在400～700nm的电磁波能够为人眼所感觉，称为可见光，超出这个范围人眼就感觉不到了。不同波长的可见光在我们的眼睛中产生不同的颜色感觉，按照波长由长到短，光的颜色依次是红色、橙色、黄色、绿色、青色、蓝色、紫色等。

（二）光的传播

光在均匀介质中，是沿着直线传播的。光的传播是独立的。当不同光线从不同方向通过介质某一点时，彼此互不影响。光传播到两种不同介质的分界面时，就会改变传播方向，发生反射和折射现象。

光在传播过程中还会发生干涉、衍射、散射等现象。干涉现象是波的一种特性，如果两个波的频率相等，在观察时间内波动不中断，而且在相遇处振动方向几乎沿着同一直线，那么它们叠加以后产生的振动可能在有些地方加强，在有些地方减弱，这一强度按空间周期性变化的现象称为干涉。衍射现象也是波的一种特性，是光在通过阔度与其波长相当的孔或缝时所发生的现象，光不会持续原来的直线路径，而是做扇形发散状。散射现象是光在传播过程中，由于受到散射体的作用，必须改变其直线轨迹的现象。

（三）透镜成像

在光学中，由透镜将实际光线汇聚成的像，称为实像。只有实像，才能够被相机所接受并存储。客观景物要想通过透镜得到清晰的实像，必须使物像之间的位置关系满足规定的条件。

从透镜的光心O到透镜的焦点F的距离称为透镜的焦距，用"f"表示；从透镜的光心O到物体Y的距离称为物距，用"u"表示；从透镜的光心O到实像Y′距离称为像距，用"v"表示（如图2-1所示）。

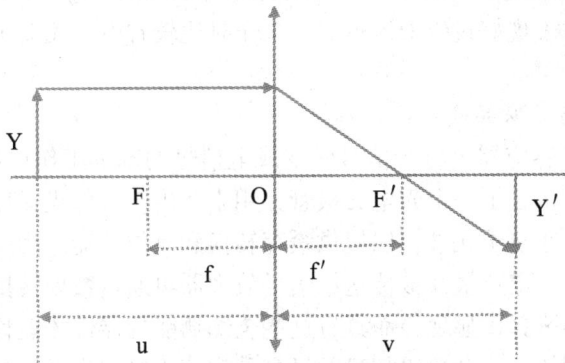

图2-1　透镜成像光路图

物距u、像距v、与焦距f之间的关系即透镜成像公式为：$1/u + 1/v = 1/f$

此关系式也称作高斯公式，它反映了透镜成像时的物像位置关系。

相应的放大率公式为：$M = |v| / u$

当物距大于透镜的一倍焦距小于二倍焦距时，物体成倒立的实像；当物体从较远处向透镜靠近时，像逐渐变大，像距也逐渐变大。当物距小于焦距时，物体成放大的实像；当物距等于像距等于两倍焦距时，放大率M等于1即为原物大摄影。

二、感光成像原理

摄影之所以能够成像，还要靠相机内部的感光载体来承接并显现影像。如果我们把镜头比作眼睛的晶状体，那么感光器就可以看作是眼睛的视网膜。凡是通过镜头进入相机的光线，最后都要投射到感光器上，这样最终才能形成图像。不同类型的相机感光载体是不同的，目前常见的是影像感应器和感光胶片。影像感应器和感光胶片的感光成像原理各不相同。

（一）影像感应器

数字成像是通过光学元件获取所摄景物光信号，然后由影像感应器及影像处理器将光信号转换成模拟电信号，再经过模数转换，将电信号转成数字信号，处理压缩后存入存储卡，形成数字图像。

目前市面上的影像感应器主要分为两种，一种是CCD（电荷耦合器半导体），一种是CMOS（互补金属氧化物半导体）。就工作原理来说，这两种影像感应器没有本质的区别。CMOS与CCD的图像数据扫描方法有很大的差别。例如，一台数码相机的分辨率为300万像素，那么CCD传感器是连续扫描300万个电荷，并且在最后一个电荷扫描完成之后才能将信号放大。而CMOS传感器的每个像素都有一个将电荷转化为电子信号的放大器。因此，CMOS传感器可以在每个像素基础上进行信号放大，采用这种方法可进行快速数据扫描。

采用CCD影像感应器通常获得的图像饱和度较高，图像较为锐利，质感更加真实，尤其是在低感光度下，成像有良好的色彩鲜艳和质感等。CMOS影像感应器在高感光度下，成像表现好过CCD传感器，工作时比较省电，相对不容易吸附灰尘，连拍速度较快。

（二）像素与成像品质

像素是在影像感应器上将光信号转变成电信号的基本工作单位，以CMOS感应器的像素为例，它包含了一个光电二极管，用来产生与入射光成比例的电荷，同时它也包含了其他一些电子元件，以提供缓存转换和复位功能。当每个像素上的电容所积累的电荷达到一定数量并被传送给信号放大器再通过数模转换之后，所拍摄影像的原始信号才得以真正显现，而具有这些全部功能的器件才能称得上是一个真正的影像感应器。例如，一台数码相机的最高分辨率为3264像素×2448像素，意味着它拥有的影像感应器会有7990272个像素点，而图片则是由一个又一个完成感光的像素点构成的。很显然，像素数量越高，画面就越清晰，所输出的图片尺寸就越大。因此，从理论上说，影像感应器的像素数量应该越多越好。不过，像素数量并不是决定成像品质的唯一要素，单个像素点的感光性能如何同样非常重要，对成像品质产生关键性影响。

对于拍摄像素数量完全相同的两款相机来说，谁的影像感应器面积大，其单个像素点的面积也就越大，感光性也就越好，成像品质也就越高。对于影像感应器面积完全相同的两款相机来说，是否拍摄像素数量更高的相机拥有更好的成像品质呢？这也不一定。通常两块影像感应器面积相同，那么其综合感光性能也基本相同。即使是其中一块的像素数量较高，也不过是能输出较大尺寸的图片而已。如果影像感应器面积不增加而单纯提高像素数量，那么单个像素点的感光面积就越小，各个像素点之间的电荷干扰也越严重，对成像品质的伤害反而也就越大。从这个角度来看，在面积相同的情况下，反而是相对较低的像素数量容易获得更好的成像品质。因此，我们在考察一款相机的拍摄性能时，一定要把像素数量和影像感应器面积纳入综合考虑的范围。

三、照相机类型

（一）按感光载体分类

按照使用的感光载体分类，照相机可以分为胶片相机与数码相机两类。胶片成像特点是画质细腻，宽容度高，层次丰富。但是胶片多次购买的费用较贵，而且冲洗不大方便，胶片相机图像即时显现性明显不如数码相机。目前除顶级的专业摄影还在使用胶片相机外，其他领域胶片相机的使用正在逐步减少。

（二）按照影像感应器画幅

1. 大画幅相机。该类型相机使用4英寸×5英寸以上的感光载体进行摄影，主要用于商业摄影和艺术摄影。常见相机有林哈夫45、仙娜F1和SUPER 10K-HS等大画幅相机。

2. 中画幅相机。该类型相机使用介于36mm×24mm的画幅及4英寸×5英寸的画幅之间的成像尺寸感光载体，也是商业摄影及超级摄影爱好者常用的相机。常见相机有玛米亚RB67、哈苏H3DII-50、阿尔帕12ST等。

3. 全画幅相机。该类型相机使用36mm×24mm尺寸的感光载体进行摄影，是目前民用消费里面最好的相机，也是专业摄影师的选择。

4. 小画幅相机。该类型相机使用小于36mm×24mm尺寸的感光载体进行摄影，是大众的常用相机。小画幅相机主要有三种感光载体尺寸（APS-C画幅、4/3画幅及1/1.6～1/2.3英寸画幅），目前仅有佳能相机，是家中拍摄专业级相机中使用的画幅。

（三）按照取景器分类

1. 同轴取景器相机。该类型相机的特征为相机前部只有一个光学镜头，取景与拍摄共用一个光学镜头，所拍摄的照片不存在视差。目前该类型相机在市场上占有主要地位，单镜头反光相机、单电/微单相机以及大多数卡片机都采用同轴取景器。

2. 旁轴取景器相机。该类型相机的特征为相机前部有两个光学镜头，取景与拍摄分别使用一个独立光学镜头，所拍摄的照片存在视差，拍摄距离越近，视差越明显。

（四）按照用途分类

1. 消费型相机。该类型相机特点是价格便宜、使用方便，但是手动性能较差、测光和对焦功能差，低端相机画质不够好。为了适合初学者，消费型相机一般设置有场景模式、人脸识别、笑脸模式等，提高拍摄成功率。此类基本都没有手动功能。卡片机是消费型相机里面销量最大的。类单反相机外形特点比较像单反相机，无反光镜系统，有电子取景器，操控性类似于单反，但不可更换镜头，画质较好，可以供业余摄影爱好者使用。单电/微单相机是无反光镜系统或固定反光镜系统的可换镜头的相机，画幅有APS-C格式、4/3格式或全画幅格式，这类可以作为专业机的备机。

2. 民用型相机。该类型相机一般都是单镜头反光相机，它们的画幅一般是 APS-C格式或4/3格式，高端民用型相机可以达到全画幅。这类相机不但自动化功能强大，而且手动拍摄能力完整，对焦速度较快，成像品质较好，有一定连拍能力，高感光度条件下图像品质较好，非常适合业余摄影爱好者使用，也适合一般商业用途。

3. 专业型相机。该类型相机特点是画幅一般是全画幅或更大，对焦速度快，成像品质好，连拍能力强，高感光度条件下图像品质好。该类型相机一般都配合专业级镜头一起使用。有的相机还可以在特殊场合拍摄或拍摄特殊图像，如水下摄影、激光全息摄影、3D摄影等。

‖第二节　数码相机主要结构与功能‖

一、摄影镜头的类型与特性

摄影镜头，是指把空间的景物成像在平面感光片上的光学系统，也称为摄影物镜，通常由透镜组和镜筒构成。透镜由镜筒固定，镜筒一般由铝合金材料制成，外圈上装有光圈调节环、调焦环和变焦环等调节机构。

透镜表面通常镀有多层镀膜，目的在于提高镜头的透过率、减少光晕、提高反差、改善透过光的光谱成分、提高色彩还原能力。在照相机镜头的前压圈上，一般标有镜头的品牌、焦距、最大相对孔径、转接螺口直径等参数。镜头与机身的连接有固定式和可卸式两种，单反式相机一般均采用可卸式连接，可卸式连接讲究接口标准。

（一）镜头的光学特性

摄影镜头的光学特性是评价和选择镜头的主要依据。

1. 焦距。镜头的焦距，是指摄影镜头的焦点到镜头组合光心的距离。焦距的英文是Focal Length，所以常用"f"或"F"表示，其长度单位为mm。通常标注在镜头前压圈上和镜筒外圆周上，如"f=75mm""2.8／50""1：2.8／f=50"等形式，"75""50"是该镜头的焦距数值。焦距的长短直接影响拍照景物的范围和景物成像的大小，还影响镜头透光能力的强弱和景深的长短。

2. 视场角。通过镜头所能清晰观察到的景物范围称视场；视场的边缘与镜头（物方主点）所形成光锥形的夹角称为视场角（如图2-2所示），2ω 即视场角。照相机镜头的视角大小与所摄感光元件的大小及镜头的焦距有关，它们的关系为：$2\omega=2\arctan L/2f$。式中：2ω 为视角，f 为镜头的焦距，L 为感光元件的对角线长度。镜头的视角反映了照相机镜头拍摄景物范围的大小。视角越大，拍摄范围越大；视角越小，拍摄范围越小。

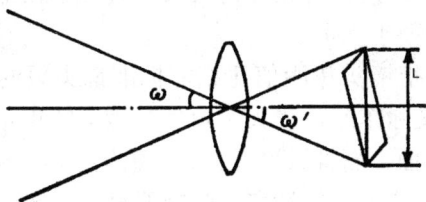

图2-2 镜头视场角

数码相机因为其感光元件的尺寸不同，所以同样焦距的镜头在不同尺寸感光元件的数码相机上，成像的视角也不同。举个例子来说，50mm焦距的镜头用在135全画幅数码相机上，其视角大约是46°，而用在APS-C画幅（感光元件对角线长度是135胶片的2/3）的数码相机上，其视角大约就是30°，与75mm焦距镜头在135全画幅数码相机上成像的视角相当。仅仅以镜头的真实焦距，无法比较不同相机的拍摄范围（成像视角）。对于用户来说，真正有意义的正是相机的拍摄范围（视角大小）。一直以来，大家通常以135全画幅数码相机镜头焦距来界定拍摄视角，所以也习惯于将不同尺寸感光元件上成像的视角，转化为全画幅数码相机上同样成像视角所对应的镜头焦距，这个转化后的焦距就是135等效焦距，也就是等效焦距。一般而言，APS-C画幅数码相机镜头转换系数为1.5，4/3格式画幅数码相机镜头转换系数为2。

3．通光量。镜头的通光量，是指镜头通过光线多少的能力，也就是说，光线通过镜头显示在呈像面上的明亮程度。镜头的通光量取决于透镜组的光线透过率、镜头的焦距和光圈的大小。透镜组的光线透过率越大，镜头的焦距越短，光圈的开孔越大，则镜头的通光量越大；反之，通光量越小。

4．分辨率。镜头的分辨率，是指镜头能清晰分辨被摄景物细微影纹的能力，又称鉴别率或解像力，其单位是"毫米/线对"。镜头分辨率是评价摄影镜头成像质量优劣的主要指标之一。

对照相机镜头成像质量的评价方法，除分辨率外，还有敏锐度、光学传递函数与调制函数及星点检验等。

（二）照相镜头的种类及其特点

摄影镜头的种类繁多，如果按照镜头视角不同或焦距长短（包括定焦和变焦）及其所摄画面影像的特点来区分，则常用的镜头主要有标准镜头、短焦距镜头、长焦距镜头和变焦镜头等。

1．标准镜头，是指视场角同人眼的视角相似（46°～50°）的镜头。135型照相机底片尺寸为24mm×36mm，对角线为44 mm，使用的标准镜头焦距为40～58 mm。用标准镜头拍照所得的影像范围、透视效果与人眼直接观察到的景物范围、透视效果大致相同，给人以逼真、自然的感觉。标准镜头的像差一般易于校正，因而成像质量较好，最大相对孔径也较大，有利于在低照度情况下拍照。而且，标准镜头的体积小，便于携带。

2．短焦距镜头，是指镜头焦距值比相应标准镜头短的镜头。因其焦距比较短，因而视角比较大，又称作广角镜头。短焦距镜头的焦距短，视角大，故能在较近的距离拍出较大的场面，而且景深大、立体感强。但有时易产生"夸张型"透视变形，焦距越短，距离越近，这种变形就越明显。短焦距镜头根据焦距长短和视角大小不同又分为普通广角镜头、超广角镜头、鱼眼镜头等。在135照相机镜头的系列中，一般把镜头焦距在24～40 mm的镜头称为普通广角镜头，焦距在17～24 mm的镜头称为超广角镜头，焦距在6～17 mm的镜头称为鱼眼镜头。鱼眼镜头的前镜片明显向外凸出，好似金鱼的眼睛，故称为鱼眼镜头。鱼眼镜头的焦距很短，因此，它的视角很大，可达180°，有的甚至可达230°，可拍出大范围的景物。但是，用超广角镜头和鱼眼镜头拍照，存在严重的畸变，影像的失真很大，画面感光不均匀，易出现中间感光多，四周感光少，同时画面四角的像质有显著降低的现象。因此，除特殊需要，一般不要用超广角镜头和鱼眼镜头拍照。

3．长焦距镜头，是指镜头的焦距值比标准镜头长的镜头，也称作望远镜头。望远镜头根据焦距长度的不同，可分为：中焦镜头（视场角在20°～30°，焦距在110 mm以下），长焦距镜头（视场角小于20°，焦距在135～200 mm），超长焦距镜头（视场角小于10°，焦距大于200 mm）。长焦镜头的焦距长，放大率大，能把远处较小的物体拍摄成较大的影像，便于抓拍人物生活中真实、自然的动态和行为表情。长焦距镜头景深小，有时易产生"压缩型"透视变形，焦距越长，距离越远，这种变形就越明显。长焦距镜头的最大相对孔径比短焦距镜头小，体积较大。

4．变焦镜头。在一定范围内，通过镜筒上变焦环进行调节，改变镜头的焦距，从而迅速改变画面包括的景物范围，这种焦距可变的镜头称为变焦镜头。焦距的变化范围一般都在变焦镜头上标出，如28～85 mm、35～135mm、70～210 mm等。变焦镜头上都有变焦环，调节该环可使镜头焦距值在预定范围内任意变化。变焦镜头最长的焦距值与最短的焦距值之比，称为该镜头的变焦倍率，上述变焦镜头的变焦倍率分别为3、4、3。

因为变焦镜头的焦距大小可连续、迅速地变化，所以一个变焦镜头，可以兼起若干个定焦镜头的作用，便于灵活地选择画面构图方式，拍出类似标准镜头、广角镜头、望远镜头的效果。变焦镜头由于"一镜走天下"，因而使用灵活，省了更换镜头的时间，有利于进行抓拍，而且，使用变焦镜头可减少外出拍照携带器材的总量，适于旅行摄影。在使用变焦镜头拍摄时，还可以在曝光过程中通过连续变焦，拍摄出具有特殊艺术效果的画面，如拍摄出具有"爆炸"效果的画面。由于变焦距镜头的透镜片数较多，结构复杂，工作状态复杂，以致从设计到生产诸方面，使得变焦距镜头的最大相对孔径很难做得较大，以及成像质量相对较差。

5．微距镜头，是指专门为近距离摄影设计制造的摄影镜头，这种镜头针对近距离调焦进行专门像差矫正。因此，使用这种镜头在近距离拍照可获得清晰的影像。目前市场上常用的微距镜头有35mm、40mm、50mm、55mm、60mm、90mm、100mm、200mm等的焦距。它们的放大倍率可达成1:1，甚至3:1。微距镜头也可用作普通摄影，还可以和近摄接圈或近摄皮腔配合使用，以获得更高的拍摄倍率。有的变焦镜头也有微距功能（标有Macro），设定于短焦端或长焦端，放大率一般为1:4左右，有的甚至可达1:1。

二、相机主要部件与功能

（一）光圈

1. 光圈的概念及作用。照相机物镜中一般都有调节进光孔径大小的光阑。旋转镜头光圈调节环，即可改变进光孔径的大小以控制光通量。这个可调节孔径光阑也就是俗称的光圈。

光圈的作用：（1）控制镜头的通光量。照相机通过控制光圈开孔的大小，使感光片获得正确的感光。在其他条件不变的情况下，开大光圈，通光量大；缩小光圈，通光量小。（2）调节景深的大小。光圈对景深的影响是：在其他条件不变的情况下，开大光圈，景深小；缩小光圈，景深大。（3）纠正像差的作用。从减少像差的角度讲，缩小光圈可以提高成像质量。但是在实际使用中，并不是光圈越小越好。因为，缩小光圈虽可减少球差、慧差，但是光圈过小，由于衍射现象会降低影像清晰度，这两者是矛盾的。

2. 相对孔（口）径、有效孔（口）径。照相物镜的相对孔径定义为：入射光瞳直径 D 与焦距 f 之比，用 1：F 表示，其中 F＝D：f 。当光孔直径取最大值时，即光圈开至最大时的相对孔径值，定义为镜头的有效口径。

3. 光圈系数及光圈的刻度标记。相对孔径的倒数＝焦距 f／入瞳直径 D，用"F"表示，定义为 F 系数或叫作光圈系数。

我国按照GB 9190—88标准规定，光圈系数0.7、1、1.4、2、2.8、4、5.6、8、11、16、22、32、64、90、128，并标刻在镜头光圈调节圈上。

（二）快门

照相机快门是用来控制感光片曝光时间长短的机构。

1. 快门时间。快门时间，是指曝光时，照相机快门开启的有效曝光时间。它表示照相机曝光时间的长短。每一部相机都有快门速度装置，快门速度以秒为计算单位，标刻在镜头速度调节环上（镜头快门）或机身的速度调节盘上（单反相机）或显示在液晶屏上。按我国GB 338—87标准，相机的快门速度的数值排列为：

……1、1/2、1/4、1/8、1/16、1/32、1/64、1/128、1/256、1/512、1/1024、1/2048、1/4000、1/8000……

实际标记时采用上述数值的化整值。为了标记方便，在快门时间是分数时，各挡的快门值以其分母的形式标之。即上述各挡快门时间以快门值的方式标记为：

……1、2、4、8、15、30、60、125、250、500、1000、2000、4000、8000……

可以看出，各挡速度均相差一倍，时间增大一倍，曝光时间也增加一倍，这样通过调节快门速度而达到改变曝光量。摄影时，快门与光圈的相互配合，便感光片得到合适的曝光量。

2. 快门的两种特殊标记。

（1）"B"门。"B"为"Bulb Setting"的缩写，通常标记在照相机最慢一挡快门值的后面，为手动的长时间曝光挡。当快门调在此挡时，按下快门钮即开始曝光，松开时曝光结束。因此，在该可进行任意的长时间曝光。

（2）闪光同步摄影挡。这个挡是专门针对焦平面快门而设置的。它的含义是：使用焦平面快门的照相机，在进行闪光灯同步摄影时，选用的快门不能超过这一挡。为区别明显，一般用不同的方式标记，如用不同的颜色或在这一挡的旁边加注记号等。

3. 快门的种类。按照相机快门的遮光结构和位置，可分为焦平面快门和镜头快门；按照相机快门的控制方式，分为电子快门和机械快门。两种分法可以交叉表达，如电子焦平面快门。

（1）镜头快门。镜头快门装在照相机的镜头上。快门启动时，首先从中心开启，开孔由小到大逐渐张开；全开后，又由大到小逐渐闭合，整个画面同时进行曝光。因此，它的各挡均能进行闪光同步摄影，但其最短快门时间难以做得很短。

（2）焦平面快门。焦平面快门的遮光幕装在照相机的机身后部、感光元件之前。焦平面快门的启闭是靠两个遮光幕完成的。它们前后追随，从片窗的一端向另一端做横向或纵向的扫描运动完成整个曝光过程。焦平面快门时间的控制幅度较大，目前的电子焦平面快门的速度最高可达1/12000s，最慢达125s，便于进行高速摄影或慢速摄影。

（3）电子快门。电子快门是现代电子技术在照相机中应用的产物，快门的启闭一般仍由动力弹簧的弹力控制。它与机械快门的主要区别在于以电子元件和线路（RC延时电路、执行元件和调时电路）取代了机械快门中的传动机构（如机械阻尼系统、机械控制机构以及快门时间的机械调节机构）。

4. 快门的功能。

（1）控制曝光时间。由各级快门挡级决定。

（2）控制被摄物体的瞬间状态。

（3）保护感光片不漏光。

5. 自拍机。自拍机"Selftimer"是快门的一个附属机构，起到延迟开启快门的作用。当按动快门按钮后，一般能使快门开启时间延迟8～12s。

（三）取景器

1. 取景器概念及其作用。在拍照时用来观察被拍景物影像的位置、范围和大小等画面构图的结构。拍照由目测转为用光学结构测距调焦后，取景器往往与各种测距调焦器配合，组成取景调焦系统。

2．取景器的基本性能要求。

（1）视场。取景器用来观察被拍景物的范围，它的视角（或视场）大小一定要和镜头的视角相一致。单反相机：取景范围不小于像幅面积的80%；其他相机取景范围不小于像幅边长80%。

（2）取景器的影像倍率。取景器的影像倍率，是指取景器里的影像尺寸比底片画面上的像尺寸，一般β<1；对于框式取景的相机β＝1。但为了使取景器所观察到的像足够大，以利于正确对焦，应使取景器的影像倍率尽量大。目前，像Nikon F5等高级的可换取景器相机，其β可达到2倍。

（3）取景器的亮度。取景器的亮度增加，取景观察舒服，成像清晰，测距精确，为此，对光学零件镀增透膜，增大相对孔径，采用全反射棱镜和用弗涅尔（环带）透镜等办法。

（4）视度调节。为了适合各种人眼观察，取景器一般装有视度调节机构，调节范围一般在2.5屈光度。

3．取景器的类型。取景器分同轴取景器和旁轴取景器两大类。

（四）调焦装置

调焦装置是照相机根据透镜成像原理，通过调节像距，使物距、像距和焦距满足透镜成像的共轭关系式，从而使被拍物成像清晰的装置。在手动调焦过程中，通过旋转镜头上的调焦环来改变镜头焦平面与底片的距离，并联动调焦观察窗，证实调焦清晰。照相机调焦的操作，按自动化程度的高低分为以下两种：

1．手动调焦（MF）。手动调焦，是指摄影者根据照相机内的验焦装置判断调焦情况，然后手动调节调焦环完成调焦。

2．自动调焦（AF）。它是在照相机内，既装有测距装置，又有调焦驱动装置，使用时，从测距到最后调焦均由照相机自动完成，省了手动调焦，使调焦更迅速而简便。这种调焦装置一般数码照相机中均采用。目前照相机的自动调焦装置有光电自动对焦系统、超声波自动对焦系统、红外线自动对焦系统。

（五）景深与景深表

景物是立体的而胶片上获得的影像则是平面的，在这三维变二维的摄影过程中，无论你怎样调焦也不可能把镜头前整个纵深空间同时清晰地成像。

1．景深的概念。景深，是指一定纵深范围内的被拍照的空间景物，通过镜头都能在同一像平面上结成在人视觉上认为相对清晰的影像，这一纵深长度，称作景深。

2．景深产生的原因。从光学成像原理来讲，不同距离的被摄体，通过照相机镜头后所形成的影像的像距不同，在像平面上，都被截成大小不同的"模糊的圆形光斑"，即分散圈。所以，感光元件上的影像其实是由与对焦平面相同距离的被摄体形成的"清晰的像点"和与对焦平面不同距离的被摄体形成的"分散圈"组成的。

但是，由于人眼分辨能力有限，当这个分散圈小到一定程度时，人眼分辨不出来。在这种情况下，人眼将会把实际的分散圈"误认"为是一个清晰的点，这样，底片上影像的清晰范围就扩大了，于是就产生了景深。那些超过人眼能分辨的最小分散圈（容许分散圈）的"光斑影像"构成了景深以外的模糊图像。

3．影响景深的因素。

（1）容许分散圈直径。在其他因素不变的情况下，容许分散圈直径越小，景深越大；容许分散圈直径越大，景深越小。一般135相机拍摄容许弥散圈直径规定为 $1/30$ mm≈0.0333 mm。

（2）光圈。在其他因素不变的情况下，光圈开孔越小，景深越大；光圈开孔越大，景深越小。

（3）焦距。在其他因素不变的情况下，镜头焦距值越小，景深越大；焦距值越大，景深越小。

（4）摄影物距。物距越远，景深越大；物距越近，景深越小。

4．超焦距。在摄影镜头焦距f和光圈数F均已确定的前提下、能够获得最大景深的物距U称为在该光圈、焦距条件的超焦距，用H（Hyperocal Distance）表示。超焦距摄影特点：

（1）当摄影镜头的焦距f和光圈数F选定后，对超焦距物平面调焦可获得最大景深。

（2）对超焦距物平面调焦时，可结成相对清晰影像的纵深范围H/2～∞。

（3）超焦距H越大，景深反而越小。

三、数码相机的参数设置

数码相机的自动化功能设置一般都是由相机内部一个微型电脑所控制，可以通过菜单进行设定。不同品牌相机允许设定的项目有一定差异，常见需要设定的项目基本相同。

（一）影像设定

影像设定一般由影像品质、影像大小两个选项组成。影像品质选项中用户可以根据不同的用途选择有损压缩的JPEG格式或无损原始格式的RAW格式。影像大小选项中用户可以根据需要选择拍摄大、中、小尺寸的影像。RAW格式是由感光元件直接获取的原始数据，它以12位、14位或22位二进制记录数据。严格地说，RAW格式不是图像文件，而是一个数据包，这个数据包不经过相机内的影像生成器的转换，所以前期的许多设定对数据包无效，前期设定中即只有曝光量正确与否对数据包起作用，其余的都没有"设定"，色彩、平衡、反差、锐化等都在RAW格式专用的转换软件中进行。换句话说，除曝光之外，一切都可以在后期改变。

（二）白平衡设定

白平衡设置就是色温设置。自从凯尔文用数学解释了色温，对色温量化后，就可以从胶片制造、光线运用、滤色镜校正、直到暗房还原的全部摄影环节中来把握色温，最终达到准确表达色彩的目的。对于初学者以及一般摄影工作者而言，通常将白平衡设定为自动。对于专业摄影者而言，可以自行精确设定拍摄色温达到精确再现色彩的目的。

（三）色彩设定

相机色彩模式设定提供一个基本近似的色彩样式，保证一般条件下能拍出最好的照片。在设定的时候，可以依据题材的要求，灵活确定使用哪一种模式。通常普通摄影者可以选择标准模式，比较专业的摄影者可以选择最少处理模式，为后期使用专业图像处理软件修饰图像留下足够的空间。常见色彩模式：风景模式（高饱和度）、标准模式（中饱和度）、人像模式（浅灰区略微偏品红的中饱和度）、鲜艳模式（高饱和度）、最少处理模式（基本不做处理）。另外，颜色空间一般设定为sRGB。

（四）感光度设定

在胶片摄影中，低感光度颗粒比较细，高感光度颗粒比较粗，粗颗粒只感受很少的光线便能够形成显影核，完成对银盐的还原。数码相机和胶片本来完全不同，它们有着惊人的相似之处，这就是越低的感光度影像质量越高，噪点小，画质越精细，同时影像过渡平滑，分辨率高，需要用较慢速度和较大的光圈，因而拍摄的难度也大。高感光度的一切与之相反。

噪点是对数码相机画质破坏最大的因素之一。"低画质"与"高画质"的区别就在于存在噪点的比例大小。噪点的出现会使画质变低而影响使用，因此降低噪点是提高画质的关键。数码相机的噪点主要产生于感光元件。在接受信号与输出的过程中，电路中产生的暗电流、高感光度放大电路过高的增益等都会对影像产生影响，表现形式为图像中本来并不存在的部位出现了色点、色斑、亮点，有的连成片，使人看不到影像本身的细节。通常感光度设定在ISO50～200低感光度区间，获得极为平滑、细腻的照片为宜。

‖第三节　摄影辅助器材‖

一、闪光灯

电子闪光灯是由脉冲氙灯制成的一种光源。一只灯管的闪光次数达5000次，有的可达万次以上，因此，可反复使用。脉冲氙灯是属于非连续点燃的灯，它的最大特点是可以产生连续光源难以获得的极强的瞬时功率，达到瞬间的高亮度（仅次于激光）。输出的最大峰值为1000万～5000万流明，总功能输出从微型闪光管到大型闪光管，范围在1000万～5000万流明·秒。电子闪光的色温与日光接近，一般为5500K左右。它的波长范围很宽，为200～1000nm，在400～500nm和900～1000nm

处有较高的峰值。闪光灯放电时间为1/10000~1/1000s，放电间隔时间，直流电为3~5s，交流电为10~15s。

电子闪光灯一般采用干电池或交流电作为供电方式，具有体积小、重量轻、携带方便、操作简单等优点。电子闪光灯的基本构成是气体放电管（脉冲氙灯）、电源、电容器和相关电路。脉冲氙灯，是由脉冲高压激发灯内的氙气电离，从而产生弧光放电（发光）的气体灯。

电子闪光灯相关电路包括：直流交流转换电路，整流、充电和显示电路，触发电路，正常闪光电路、自动调光的控制电路（自动调光闪光灯）等。

闪光灯内的脉冲氙灯闪光，需要有较高电压触发，而要提供高压储备，在闪光灯内是由专门电路完成的。闪光灯内的电源可以是交流电也可以是电池或其他的直流电源，使用交流电的闪光灯附加一个内置直流交流转换电路，将交流电先改成直流电，便于电容器的储蓄。闪光灯内的特殊电路可在数秒内，将低压电迅速充到数千伏的高压电，并储蓄在电容器中，使用时，通过触发电路放电闪光。

闪光灯按与照相机的结合方式分为内装式和单体式。

单体式电子闪光灯，它与照相机分离，由电池腔、灯体和灯头等构成。内装式闪光灯，它是照相机的一部分。一般功率比较小，除灯头外，其他电容器、集成电路与照相机合二为一，所使用的电池有单独的也有与照相机共用的。

二、摄影脚架

摄影脚架是摄影器材的重要组成部分。选好、用好摄影脚架，熟悉、掌握使用脚架拍摄的要领，会让摄影工作更有效率。摄影脚架主要由三脚架和独脚架构成。

（一）三脚架

三脚架是摄影最常用的相机固定装置，因它有三个支撑的脚架而得名。照相机固定在三脚架上，慢速摄影时可防止因抖动或震动而造成的影像模糊，也可进行远距离的遥控拍照以及自拍。

三脚架的牢固程度除了和管壁的粗细厚薄有关系外，还和支地点的材料、各节之间的连接、支腿和法兰盘的接点、法兰盘和云台的接触面、云台的刚性等很多因素有关。

（二）独脚架

与"三足鼎立"、架设稳定的三脚架不同，"金鸡独立"的独脚架也是常用脚架。独脚架使用时会与人的双脚组合成三脚架，分开双脚、自然站立，单手握紧脚架，其稳定也是非常高的。独脚架在携带性、使用灵活性方面具有独特的优势，在拍摄足球比赛等大范围、无规则运动的拍摄场合，独脚架的灵活性更显威力。独脚架并不适合长时间曝光的应用。独脚架的意义在于：在提供相当程度的便携性和灵活性的同时，把安全快门速度放慢3挡左右。

三、滤光镜

滤光镜具有过滤光线的作用。在黑白摄影中用滤光镜可以改变景物的影调，使所拍的照片更接近自然。在彩色摄影中使用滤光镜，可以改变光源的色温、被摄者的颜色或者达到特殊的视觉效果。

（一）黑白摄影滤光镜

黑白摄影中，用滤光镜使某种颜色在黑白底片或照片上产生的灰色调变亮或变暗。例如，用红滤光镜来拍摄黑白胶片，则蓝色的天空将比不用滤光镜拍出的天空呈现更暗的灰色调，得到深灰的天空醒目地衬托着翻滚白云的黑白照片。常见的黑白摄影滤光镜主要有红色、绿色、蓝色、黄色、橙色等颜色。

（二）彩色摄影滤色镜

彩色滤光镜是仅限于彩色胶片摄影使用的滤光镜，可分为两类：第一类是供日光型彩色片在灯光下拍摄或灯光型彩色片在日光下拍摄时转换光源色温使用的，称为彩色转换滤光镜；第二类是调整彩色照片微小偏色用，称为彩色平衡滤光镜。由于数码相机的广泛使用，现在这种滤光镜已经很少使用。

（三）偏振镜

摄影（包括黑白摄影和彩色摄影）活动中，偏振镜都会加深蓝天的色调，让白云显得更为突出。偏振镜还能透过玻璃或水面拍摄，消除炫光和反射光。

（四）特殊效果滤色镜

1. 天光镜（UV镜）。它可以用来削弱少量的蓝光和紫外光，也被大多数业余爱好者用来保护镜头。

2. 灰度镜。它可以用来改变光线的亮度，从而不同程度地调整拍摄的曝光量，其效果相当于收缩1挡、2挡、3挡甚至更多挡光圈。

3. 特技镜。这类滤光镜可以产生许多特殊效果，主要有星光镜、多影镜、分像镜、柔光镜和红外镜等。

四、其他附件

（一）快门线

快门线是间接启动照相机快门按钮的软线。它是一种为了减少手工按动快门时的震动而设计的附件。使用时，在固定好的照相机上，把快门线与照相机按规定的方式连接，按动快门线的另一端，即可控制快门的开启。通过快门线开启快门能最大限度地减少因用手按快门而使相机产生的震动。快门线有机械快门线和电子遥控快门线之分。

（二）遮光罩

遮光罩是用于遮挡杂光的摄影附件。它的作用是让所需成像的光线进入摄影镜头同时遮挡拍摄范围外的强烈直射光，以免杂光投射到感光元件上，降低影像的反差和清晰度（如逆光拍摄）。

【小结】

任何相机都由镜头、光圈、快门、取景器、调角器和机身组成。数码相机发展日新月异，各种附加功能（如GPS定位）层出不穷，但是相机基本摄影功能仍由以上六大部分承担，各个部分的基本性能和作用都没有发生变化。学习摄影时，只要使用一种相机，就可以基本学会相机使用技术，就可以使用相机拍摄出优秀的照片。

【思考题】

1. 摄影成像主要使用哪些光学原理？
2. 数码相机是如何记录影像的？
3. 常见的镜头类型有哪些？各有什么特点？
4. 光圈和快门的作用是什么？
5. 如何认识景深？
6. 闪光灯有什么作用？
7. 滤光镜有哪些类型？

第三章　拍摄技术

【教学重点与难点】

教学重点：光的基本特性，光位的变化与用光效果，闪光灯及其使用，人像摄影布光的方法，构图的要求，画面的组织结构，摄影位置的选择，摄影构图的基本形式，摄影构图原理，调焦的方法，曝光对影像质量的影响，影响曝光的因素，相机测光系统的性能与运用。

教学难点：闪光灯的使用，主体的位置处理，景别的区分，摄影构图原理，相机测光系统的性能与运用。

‖ 第一节　摄影用光 ‖

光，是摄影不可缺少的物质条件，是摄影的灵魂。摄影的用光作用：一是提供感光材料曝光所必需的光照度，解决摄影的技术问题；二是显现被摄体的外部特征（形状、影调、色彩、空间感、美感、真实感），给受众传递视觉信息。

一、光的基本特性

（一）光强

光强表示光源向某方向范围内发射可见光强弱程度的物理量。光源的发光能力越大，光强越强。

（二）光质

光质，是指光的硬软性质。所谓硬，是指光产生的阴影明晰而且浓重，轮廓鲜明、反差高。所谓软，是指光产生的阴影柔和不明快，轮廓渐变、反差低。硬光有助于质感的表现，软光适宜表现物体的形态和色彩。光质的硬、软同光源的大小、光源与被摄物体的距离有关。

（三）光比

光比，是指被摄体上亮部与暗部受光强弱的差别。光比大，被摄体上亮部与暗部之间的反差就大。主光和辅助光的强弱以及与被摄体之间的距离决定了光比的大小。调节光比的方法有两种：一是调节主光与辅助光的强度；二是调节主灯、辅助灯与被摄体之间的距离。

（四）光色

光色，是指光的颜色，通常被称为色温。拍摄时必须选择与数码照相机设定模式的平衡色温相一致的照明色温。当照明色温高于数码照相机设定模式的平衡色温时，如灯光模式用于日光，影像偏青紫色；当日光型模式用于钨丝灯光中，影像偏红色。

（五）光位

光位又称为光的方向，是指光源相对于被摄体的位置。光位决定被摄体明暗所处的位置，影响着被摄体的质感和形态。光位可以分为：顺光、侧光（前侧光、正侧光、侧逆光）、逆光、顶光和脚光。

二、光位的变化与用光效果

（一）顺光——也叫作正面光（如图3－1所示）

顺光，是指光线投射方向与摄影机光轴方向一致的光线。

1. 特点如下：

（1）被摄体造型具有完整性。

（2）被摄体有光泽感。

（3）色彩饱和。

（4）没有投影或很少有投影。

（5）没有强烈的明暗反差，影调较平及柔和。

2. 缺点如下：

（1）缺少立体感、空间感、质感。

（2）轮廓线不明显。

（3）透明感不强。

图3－1　顺光拍摄效果

（二）前侧光（如图 3 - 2所示）

前侧光，是从相机到被摄体的轴心成30°～50°的方向照明被摄体。其特点如下：

1. 受前侧光照射的被摄体，形成较好的明暗关系，因为它构成了受光面和背光面，受光面的面积大于背光面的面积，这样使画面整体造型效果趋向明亮。

2. 能比较好地表现景物的立体感、轮廓形态感和景物表面的质感。

3. 前侧光可以创造比较丰富的影调层次。和侧光相比较，它所造成的层次更丰富，影调更柔和；和顺光比，它的影调结构要丰富，反差要强。

（三）正侧光（如图 3 - 3所示）

正侧光，是从照相机到被摄体的轴心成直角的方向照明被摄体。

1. 特点如下：

（1）主要用于辅助光，很少作为主光源。

（2）可以最大限度地表现物体表面纹理、质感。

（3）影调和明暗对比强烈，有一定的艺术表现力。

2. 注意事项如下：

（1）很好利用正侧光所形成的光影来安排画面，力求达到理想的画面效果。

（2）适当处理好光比，明暗部层次都丰富；在曝光时，根据拍摄需要，决定曝光值。

图 3 - 2　前侧光拍摄效果

图 3 - 3　正侧光拍摄效果

（四）侧逆光（如图 3 - 4所示）

侧逆光，是从照相机到被摄体的轴心成135°的方向照明被摄体。

1. 特点如下：

（1）擅于突出物体部分优美轮廓线，刻画主体的立体感与质感。

（2）被认为是最具个性、表现力的光线，不但可刻画人物个性，静物摄影中可赋予物体灵气与生命。

2. 注意：画面中阴影面积大，根据需要控制好曝光，处理好明暗光比。

（五）逆光（如图3-5所示）

逆光，是光源正对着镜头，从被摄体后面射来的光线。

1. 特点如下：

（1）具有较强的表现力，有剪影效果，受到许多摄影家的偏爱。

（2）主体突出、造型完整、有清晰美丽的轮廓线条。

（3）能充分表达空间深度，渲染环境气氛。

（4）常用于透明体、半透明体的拍摄。

2. 逆光拍摄应注意以下几点：

（1）适当补光（即最少要强1级光圈）。

（2）逆光的光源是处在主体后上方，或偏向一侧，会使被摄体上下表面产生漂亮的轮廓线及高光。

（3）防止镜头吃光。

（4）为了拍摄剪影效果，只要主体与背景之间有足够的反差就无须加辅助光。

（5）选用暗背景，只有用暗背景烘托才能呈现出物体的美丽的轮廓光。

图3-4　侧逆光拍摄效果

图3-5　逆光拍摄效果

（六）顶光（如图3-6所示）

顶光，是指光线的投射方向和摄影机光轴方向大致构成垂直关系的光线。

顶光照明的造型效果如下：

1．顶光照明下，景物水平面的亮度高于垂直面的亮度，景物的亮度间距比较大，反差大，影调"硬"。

2．在顶光照明下的人物头部前额发亮，眼窝有阴影，鼻影下垂，颧骨凸出，显得不美。

一般来说，顶光照明对被摄体的立体形态、轮廓形态、质感表现不如其他光线的效果明显。

图 3-6　顶光拍摄效果

（七）底光（脚光）（如图 3-7 所示）

底光照明时，被摄体下明上暗，与人们平时的视觉印象相反，因此会产生变形感和恐怖感。广告摄影中常用底光表现物体的透明感。

图 3-7　底光拍摄效果

三、闪光灯及其使用

闪光灯是照明被摄体的工具，其前身是 19 世纪广泛使用的"镁粉"（又称作闪光粉），在拍摄瞬间点燃镁粉，照亮被摄体，后经改进成为"闪光泡"，20 世纪 60 年代发展为现在的闪光灯，称为电子闪光灯或万次闪光灯。

（一）闪光灯的照明特点

1．发光强度。发光强度极大，即使是闪光输出功率较小的内藏闪光灯，一次闪光的强度也相当于 50 只 100W 的灯泡。如果在近处对人眼闪光，可使人眼失明几秒钟。

2. 光质。闪光灯的发光的方向性非常好，即光质强，照明产生的光反差极大。为了减少光质，增加照明角度，闪光灯前面都加有散光罩柔化光线，为了取得进一步的效果，可加上柔光片，减弱光质。

3. 发光持续时间。发光持续时间极为短暂。它的持续时间因闪光灯的种类以及输出光量的不同而不同。一般情况下，输出光量越小，持续时间越短；输出光量越大，持续时间越长。例如，"SUNPARK"（新霸）5000型闪光灯，全光输出时，闪光持续时间为1/400s，半光输出时为1/800s，……1/128光输出时，闪光持续时间为1/50000s。

4. 色温。电子闪光灯的发光光谱均匀，显色性好，色温约为5500K。适合于日光片胶片拍摄，但一只闪光灯的发光色温并非一成不变，随着闪光灯管的老化，发光色温会发生变化，多数闪光灯呈下降趋势。

（二）闪光灯的参数

1. 闪光指数。闪光指数又称作GN指数，是为摄影者确定曝光参数而设定的参数。它是由感光度、闪光灯照射距离及光圈的系数三者综合起来表示的数值。在标准状态下，$GN=L×F$，其中L为闪光灯照射距离，F为光圈系数。闪光指数数值越大，发光强度越高，闪光指数增加1倍，发光强度增加4倍。摄影上把光能量全输出、感光度ISO100、标准镜头焦距、距离单位为米时闪光灯的指数称为标准状态下指数，简称为GN指数。

2. 有效照明角度。发光强度为轴心强度1/2值的光束夹角。对于矩形闪光灯，分为水平和垂直两个张角来定义。一般闪光灯，其角度为40°～60°，伸缩头位置不同，其角度也不同。

3. 闪光持续时间。闪光持续时间，是指闪光强度达到10%峰值的瞬间至它衰变为同一强度值瞬间的时间间隔。有效闪光持续时间，是指闪光强度达到1/2峰值的瞬间至它衰变为同强度值瞬间的时间间隔。

4. 回电时间。回电时间，是指闪光灯闪光之后至完全充电可以再次全光输出闪光所需的时间。

（三）闪光灯的种类

1. 内置闪光灯（如图3-8所示）。一般的小型数码相机和大多数非专业数码单反相机都配有内置闪光灯，内置闪光灯的闪光指数一般都比较小，只适合做补充照明，所以在一些顶级单反系统中并没有内置闪光灯。

2. 外置闪光灯（如图3-9所示）。一般是相机生产商为其相机产品所专门定制的闪光灯。这类闪光灯的特点是：闪光指数大，通常在18～56，可以适用于更多的场景拍摄；使用灵活，可操作性增强。

通常这类闪光灯通过相机的热靴或专用闪光插座接入，没有热靴的则可以通过闪光同步接口接入。在操作方面灵活度更高，可以控制闪光量的输出，可以改变闪光灯的方向，甚至一些高级的闪光灯可以进行离机无线遥控操作。

图 3 - 8　内置闪光灯

3．大型闪光灯（如图 3 - 10所示）。大型闪光灯一般在照相馆、影楼、摄影工作室等场合使用。这类闪光灯的特点是输出功率特别大，也不用闪光指数来计算闪光量，取而代之的是Ws（瓦特秒），一般来说，400Ws大约相当于闪光指数56。

图 3 - 9　外置闪光灯

图 3 - 10　大型闪光灯

4．特殊闪光灯。特殊闪光灯，是指非常规或非普遍使用的闪光灯，为一些专门的用途而设计，主要有以下两种：一是环形闪光灯，用于近摄或微距摄影，广泛用于医学摄影；二是水下闪光灯，顾名思义，用于水下摄影，有很好的密封性能和抗压能力。

（四）闪光曝光控制

1．闪光同步。所谓闪光同步，是指闪光灯在照相机快门完全开启的瞬间闪光，使整幅画面均感光。镜间快门的叶片启合方式是从中心向外张开，至完全开启后再向里闭合，镜间快门照相机的任何一挡速度都能达到闪光同步的效果。

帘幕快门照相机的同步速度以"X"或不同的颜色在速度盘上标出。照相机上标示出的闪光同步速度是闪光同步的最高速度，等于或低于这个速度都能使整个画幅感光。

2. 闪光曝光控制的方法。

（1）手控闪光曝光。手控闪光曝光是根据已知的闪光指数和闪光距离，根据GN=L×F确定光圈系数的曝光方法。很多闪光灯后背上列有表格供使用者选择曝光参数。各种闪光灯计算表如图3-11所示。

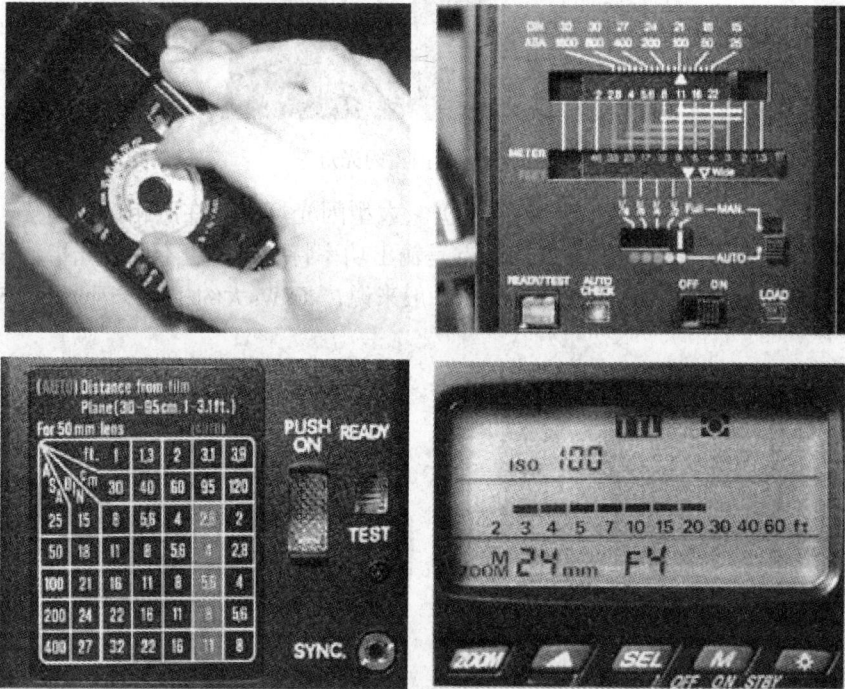

图 3-11　各种闪光灯计算表

快门速度的选择应该从两方面考虑：一是考虑照相机的闪光同步问题，选择闪光同步挡以上的快门速度；二是考虑背景曝光量问题，使用闪光灯照明只将主体及前景照亮，背景的曝光量仍由光圈和快门速度控制。使用闪光灯另一个注意事项是应该使闪光灯的发光角度尽量与镜头的视场角一致。如果发光角度过小，会使边缘画面过暗；如果发光角度过大，又浪费了光能量。

（2）自动闪光曝光。自动闪光曝光，是指由闪光灯或照相机的控制系统，通过控制闪光灯的闪光时间长短达到控制曝光量的方法。自动闪光灯是在普通闪光灯基础上增加了闪光量输出自动控制装置，由闪光灯前面的电眼接收照射到物体后返回的闪光强度，由电子线路进行光能量积分，待光线能量达到景物正确曝光要求时，会自动切断闪光电路，停止发光。

（五）闪光灯的使用

1. 单灯照明。单灯照明示意图如图3-12所示。

（1）将闪光灯插入照相机的插座，进行正面光摄影，这是最常见的闪光方式。这种闪光方式产生平光效果，被摄体立体感差；离主体近的背景上会有主体的投影。为避免投影，可升高拍摄点，使黑色投影落在下边，或拉大主体与背景的距离，或把纱布包在闪光灯灯头上使闪光变成柔和的漫射光。

（2）用反射闪光法使闪光经反射后照射被摄体，光照效果柔和。这时，闪光距离应是闪光灯至反射物的距离与反射物至被摄体距离之和。考虑到光量由于反射的损耗，对计算出的光圈值应加大1～2级。利用反射闪光法时，最好采用手控曝光模式。若是彩色摄影，反射物最好是白色或浅色的物体，以免影响色彩的再现。

（3）用同步连接线将闪光灯与照相机拉开一定的距离，形成前侧光效果，这是单灯照明的较好方法，对前后景物的较大的亮度差可稍加改善，以增强画面的层次感和立体感。

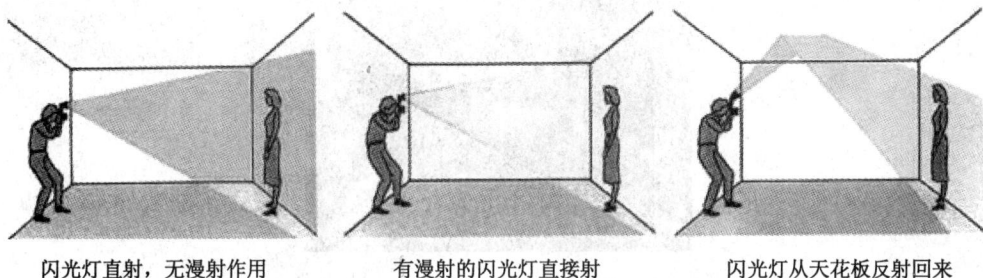

闪光灯直射，无漫射作用　　有漫射的闪光灯直接射　　闪光灯从天花板反射回来

图3-12　单灯照明示意图

2．双灯照明。双灯照明的灯分为主灯和副灯。两灯的连接既可用同步连接线又可用同步感应器。主副灯的布置可根据拍摄意图而定。通常，将插在照相机上的灯做辅助光使用，而将远离照相机的灯作主光使用，其光比约是1：4或1：3。主灯和副灯的GN若一致，可靠改变照射距离来控制光比。双灯照明中，最主要的是控制光比。

3．多灯的运用。使用多只闪光灯，大多在主光和辅光的布光基础上，分别加用第三只或第四只闪光灯用作轮廓光、背景光。做轮廓光的闪光灯通常置于被摄体的侧后上方以高位为宜，避免干扰镜头。

4．辅助光的运用。在日光下用侧光、侧逆光拍摄时，光线的明暗反差太大，暗部缺乏层次，此时可用闪光灯作辅助光照明，降低反差。具体方法是：对被摄体的亮部测光，确定曝光组合，再以曝光组合中的光圈系数和闪光灯的GN值为依据，求出闪光距离，这个距离称作临界距离。在此距离上对景物进行闪光灯补光时，景物的亮部与暗部同时受到闪光灯的照明，而闪光灯的照度又与景物亮部的日光照度相等，可获得2：1的光效；若使闪光灯延至原距离的1.4倍处，被摄体受到的照明仅为被摄体亮部照度的1/2，使光比增大到3：1；若使闪光距离延至1.7倍处，可获得4：1的光比效果；闪光距离延至2倍，则可获得5：1的光比效果。也可以不改变闪光距离，即在临界距离获得2：1的光比效果后，在闪光灯灯头前加一层薄纱，可获得3∶1的光比，也可以采取收小光圈、放慢快门速度的办法，保持日光曝光组合不变以获得预想的光比。在同步闪光时，快门速度的高低对闪光无影响，仅对日光照明有影响。利用闪光灯还可以提高反差，如阴天的漫射光照明，人物脸部缺少明暗层次，可用闪光灯模拟日光照明效果，在人物前侧方补光，增大脸部的反差。

图 3-13　辅助闪光效果

（六）人像摄影布光方法

这是指在专门的摄影室内拍摄的情况，完全依靠灯光照明，不需要任何自然光。按照各种灯光的造型作用，可划分为五种成分。

1. 主光（Main Light，Major Light），起照明和造型两个方面的作用。前者是使被摄体具有一定的亮度，实现曝光的过程；后者是确定受光与背光部分的比例，并将主体塑造成最佳形象（如图3-14所示）。

主光可以是直射光和散射光。直射光作主光时，明暗分界明显，具有力量感；散射光作主光时，光线均匀，效果柔和。摄影用光的效果主要由主光的位置决定。位置的任何一点变化都会使被摄体的整体和局部发生变化。主光灯的位置一般是在被摄体前方45°角。这个位置上的主光能把人物的体积、五官的形态很好地刻画出来，同时又具较好的明暗分布，为摄影常用的角度，但不是唯一的角度；主光一般采用稍高位的，以符合日常的效果，同时也使眼睛上的高光具有适当的位置，这对提神很有作用；主光与被摄体之间要有合适的距离，一般不应使主光距主体太近，否则会有投影过大的现象。

2. 辅光（Subsidiary Light），它的作用弥补主光的不足，是照明被摄体的阴影部分的光线。它可以显示阴影部分的细节，帮助主光塑造形象。它还能提高被摄体各个部分的照明，增加人物眼睛的光彩（如图3-15所示）。

辅光的光线要柔和，照射面积要大，应是能产生均匀照明的漫射、散射光线。如果拍摄全身人像，它应从头到脚都能照射均匀，对于集体照，要求它有足够的照射范围，照明整体。它的强弱决定这着被摄体亮面的光比，辅光的强弱与光比的关系成反比。太亮的辅光会消灭阴影，这时它的辅助作用也就消失了。成为和主光对立的矛盾，太弱的辅光又不能起实际作用，因此人像布光常用1：3或1：4的光比，只有在高调或低调照片时才用较小或较大的光比。在调整光比的过程中，一般只改变辅光的远近距离，而不轻易变更主光，因为主光的变更会影响对被摄体的照明效果。

辅助光的位置应靠近照相机，在多数情况下把辅光放在与主光相反的一侧，如果主光放在左侧，则辅光应放在右边，反之亦然。

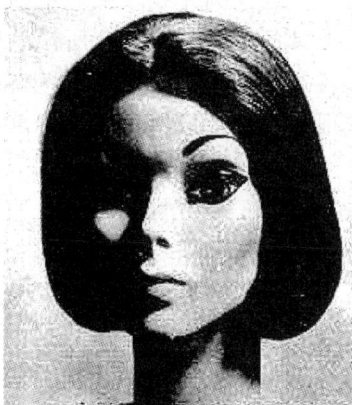

图 3-14　主光

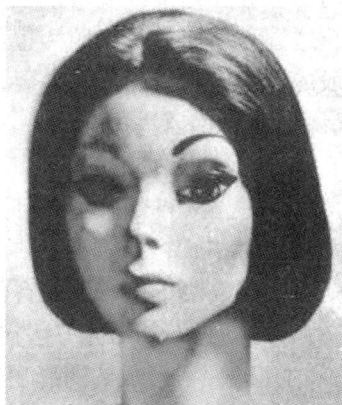

图 3-15　辅光

3．背景光（Bias Lighting），专门照亮背景的光线。它的主要作用是使背景与主体分离，表现主体的轮廓形状和交代空间。背景光可以用聚光灯也可以用散光灯。聚光灯做背景光可以产生背景边缘亮度较低，越靠近主体形象越亮的效果（如图3-16所示）。具体要求是：（1）最亮的区域应在主体的正后面。（2）亮区的边缘应不十分明显，逐渐消失在周围较暗的影调之中。散射光做背景光时明暗过渡缓和肉眼不易觉察到变化，处理起来也相对容易。

背景灯的位置应在被摄体的后面，不要在照片中出现，只要产生应有的效果并且不出现在画面中都是合适的地方。

4．轮廓光（Outline Light），是用来照亮主体轮廓的光线，它的主要作用是区分被摄体与背景的空间，增强画面纵深感。轮廓光的亮度以既

图 3-16　背景光

能形成明亮的轮廓又不失细部层次为宜。

轮廓光的位置在主体的侧后方。照明时应注意两点：（1）光源宜逆不宜顺。
（2）光斑宜窄不宜宽。

轮廓光不但用于人像摄影而且广泛用于表现透明和半透明的介质。如果用**轮廓光**照明玻璃器皿，会显得真实而华丽。

5. 发光（Hair Light），指专门照明头发的光线。它是用来表现头发的质感、丰富画面影调的光线。多用小功率的聚光灯照明。

发光的位置应是对准稍偏发型轮廓的后边，注意不要使它太靠前，因为靠前的发光会照射到鼻子和前额等处，产生不需要的高光。还要注意它的亮度，太亮的发光不但起不到加强头发质感、丰富影调的作用，反而会使头发的细节显示不出来。

使用以上五种光型，就可以在室内拍摄出各种各样的光线效果。室内摄影的光型不止这五种，而且每张照片也都不一定必须具备上述的光型。所说的方法也都是一般的方法。光线的配合主要取决于摄影者的意图和被摄体的个性特征，**摄影者要灵活地运用它们**。事实上，成功的佳作很大程度上取决于摄影者富有创造性的布光。

三角光，主光从45°角方向照明，因在人物的面部三角光区而得名，适合拍摄各种人像。

伦朗布光因取法于伦布朗的肖像画而得名。适合拍摄男性低调肖像照片（如图3－17所示）。伦布朗布光方法在本质上与三角光没有大的区别，只是主要表现3/4面人像时主光照射形成的阴影出现在离相机较近的半边脸上，并且阴影较多明与暗的光比为1∶9左右。

蝶型光，因在被摄人物的鼻子下方有一蝴蝶形投影而得名，适合表现女性（如图3－18所示）。蝶型光的布光方法与正面光的布光方法基本一致，不同的是要采用高位主光。

图3－17　伦布朗布光　　　　　图3－18　蝶型光

‖第二节 摄影构图‖

一、摄影构图的概念

（一）摄影构图

摄影构图是作者为了充分地表达作品的主题思想和形式美感，在拍摄时把个别或局部的形象组成有机的整体，使作品富有生命力、表现力和整体性。

（二）目的、特点

摄影构图的目的就是使作品符合人们的视觉规律，产生完美的形式。通过巧妙的艺术组织摄影使作品的内容顺理成章、主次分明、形式完美，实现创作意图。

由于摄影器材和摄影反映方式的特殊性，决定了摄影的取景构图受到空间和时间的制约。它只能反映正在发生并且进入相机镜头内的景物或事件。同时，照相机镜头与景物或事件的空间角度决定了构图的基本效果。

摄影构图分两步完成。通过拍摄时的取景获得构图的基本形式，利用后期制作时的取舍，精练造型表现。二者相辅相成，缺一不可。

二、构图的要求

（一）主次分明

"主"，是指主体；"次"，是指主体外的景物。主次分明就是说画面要有中心，表现要有轻重。画面主次关系的形成，一方面可以使表现意图明确，另一方面赋予画面结构以秩序。

（二）简洁生动

摄影被称为减法艺术，它的创作不同于其他造型艺术，是以取舍为根本。通过构图舍去非本质的、偶然的因素，同时又要选取那些具有动感的瞬间和鲜活的形象，以求得简洁生动的画面。

（三）技术手段灵活多样

摄影的技术手段也具有造型作用。曝光的控制、景深的把握、变焦镜头创造的美感，是摄影区别于其他平面造型艺术的特色之一。根据不同对象和个人的理解运用各种技术手段，会使形式更加多样。

（四）构图新颖独特

取景构图要讲求个人的新发现、新思想、新创意，避免与别人的作品雷同，还要避免与自己以往的作品雷同。要做到这一点，就要把学到的规律、法则加以灵活变通，熟练地运用，即所谓"无法而法"。只有独具慧眼的发现，把感觉与理性有机地结合起来，才可能创作出新颖独特的作品。

三、画面的组织结构

（一）主体和陪体

1. 主体，是指照片表达的主要对象（如图 3 - 19 所示）。摄影画面的组织，首要的任务就是确立对主体的造型表现，其他一切景物的存在与表现都应以突出主体为前提，除主体外的景物都是附属的、从属于主体的。作为主体形象，可以是任何事物，甚至是一个抽象形态和一个局部的质感。

图 3 - 19　主体

主体的位置处理有两种基本方法：一种是中心式布局；另一种是偏心式布局。所谓中心式布局，就是把主体安排在画面中心附近，具有空间分布均匀、平稳庄重、格式严谨的特点。适合表现正面人像、正面建筑等，由此而派生的横列式布局被广泛用于群体像的拍摄。中心式布局极易使主体突出，也易导致呆板，尤其是表现复杂的景物和具有一定方向性的主体时显得无能为力。偏心式布局，是指把主体安排在偏离中心的位置，具有形式活泼、对比强烈、适用范围广的特点。由于主体是除画面中心的任何位置，因此变化多、选择的余地大。在偏心式布局中有一种传统的方法，是把主体安排在画面的"黄金分割点"附近，称为"黄金分割构图"，被认为是最具普遍审美意义的布局方法。

主体的位置处理主要取决于摄影者的创作意图。一般说来，当强调平稳、庄重及装饰效果时多采用中心式布局；当强调活泼、空间的对比变化和纵深的层次时多采用偏心式布局。

2. 陪体，是画面中起陪衬、烘托主体作用的景物。陪体永远处于从属地位，其位置的处理方法变化多样，没有明显的规律。有的紧紧依附于主体，有的游离于主体之外。但是，无论怎样的陪体处理都不外乎为了实现构成情节、均衡画面、丰富形象等目的。

（1）构成情节。通过主体与陪体在内容上的联系，说明主体活动的性质。摄影的情节表现是借助情节的典型瞬间，经过观众的想象实现情节的表现。

（2）均衡画面。通过主体与陪体在位置、方向等形式上的联系实现画面的视觉均衡。

（3）丰富形象。通过主体与陪体在动态、性质、色调、大小等方面的差异实现画面形象的多样化。

陪体在画面中的作用是交叉并行的，常常是起着某种作用的同时也起着另外的作用。无论怎样，陪体的处理在任何情况下都不能削弱主体的表现。陪体所占的地位、面积、色调的轻重、线条的走向等都不能强于主体，不能造成喧宾夺主的局面。陪体还应与主体存在必然的联系，在内容上、形式上应息息相关，不能产生有之也可、弃之无妨的感觉。

（二）前景和背景

1. 前景，是指画面上位于主体前面，并超出一般陪体作用的景物。其特点是位于画面的最前方、成像大、概括性强，多以局部表现的方式出现。虽然前景和陪体一样是从属于主体的，但是其作用又超出一般陪体，具有特殊的表现力。前景的表现力主要有以下几个方面：

（1）概括地表现环境。通过具有典型特征的局部表现，交代出人物存在及事件发生的季节或环境。

（2）强调画面的空间感。通过前景与远景景物在大小、影调、色彩等方面的对比，提供想象空间的条件。

（3）说明内容。通过具有典型特征的前景说明主体的性质，或对主体表达不清的内容加以提示和补充。

（4）衬托主体。多用于虚化的前景和框架式的构图。通过前景与主体在形象的地位、影调、完整与残缺、清晰与模糊的对比，实现主体的突出。

（5）美化构图。通过前景的设置使画面形象具有多样化、多层次，改变了视觉效果的单一性，同时也对画面起到了装饰作用。

处理前景时要注意：一般情况下，前景的线条特征不应与边框平行，也不应构成直角，避免居中和上下左右的对称安排。

2. 背景，是指画面上主体后面出现的景物。其特点是景物范围相对较大，表现较为具体。在摄影中，背景在摄影中的作用主要有以下几个方面：

（1）表现环境。通过具有典型特征的背景可以让人们了解人物或事件所处的环境。

（2）充实主体的刻画。通过与主体有某种联系的背景给人以联想，用以衬托人物的职业，强调性格特征。

（3）衬托主体形象。通过背景与主体在形式方面的对比衬托主体形象。

（4）美化照片构图。通过背景的形象和形式上的变化特点达到装饰美化照片构图的效果。摄影中的前景和背景都属于环境表现的范畴，其作用基本相同。但是，前景成像大、"写意"性强，在环境表现上常常是以点代面，具有概括性。背景的空间范围大、"写实性"强、表现得比较充分、具体。

（三）画面的分割与黄金比

1. 画面的分割，是指由形象处理而产生的画面平面空间的变化，是构图形式的实质之一。取景构图中的重要内容就是根据对象的特点、主题的需要、作者的理解，分割画面的空间。分割要讲究空间的变化，分割要讲究空间的形式美。

2. 黄金比，也称为"黄金分割"、"黄金律"、"中外比"。意思是把任意长的一条直线划分为不等的两个部分，较短的部分和较长的部分之比应和较长部分与整个线段之比的比值相等，即a：b=b：a+b，其比值为0.618。依据这个比值构成的矩形称为黄金矩形，它具有可以无限分割并始终保持其固有比值不变的特性。

黄金矩形上的四个黄金分割点具有美的诱发作用，当画面中的主体或趣味中心临近这四个点中的任意一点并保持向中心的方向，就能产生较好的视觉美感。此时的空间安排，变化中有统一，对比中有和谐（如图3－20所示）。

图3－20　黄金分割画面

根据1：1.618的近似比例2：3布局，是人们对黄金分割法运用的简化形式，也称作"井字分割"（如图3－21所示）。这种分割方法简便易行，适用于各种不同比例的画面形式，把主体或趣味中心处理在井字交叉点附近，同样具有良好的视觉效果。

　　布置对角结构也是黄金分割的一种常见处理方式，当主体位于黄金分割点或井字分割点附近时，将其他景物布置在对应点的附近，可与主体取得呼应效果。

图 3 - 21 "井字分割" 画面

四、摄影位置的选择

　　选择摄影位置乃是取景构图之始，构图的一系列任务之解决，首先以选择恰当的拍摄位置为基础，主体、陪体、环境三者之间的关系在相当程度上也取决于拍摄位置的选择。所以，选择适当的摄影位置对强调主体和联系陪体、环境，表达作者的意图，都有极大的影响。

　　摄影位置，包括摄影方向、摄影高度和摄影距离三个方面。

　　（一）摄影方向

　　摄影方向，是指照相机与被摄体之间在高度、距离、镜头焦距不变的情况下，围绕着被摄体四周的不同拍摄点的改变。摄影方向的变化（如图 3 - 22 所示）与画面的结构有着密切的关系，在不同的拍摄点上所获得的画面其效果截然不同。方向的变化会带来主体外轮廓形式的变化、主体与背景关系的变化、透视效果的变化、明暗配置的变化和立体感的强弱等一系列变化。

　　由于改变摄影方向所引起的画面结构变化大体上可分为四种，即正面结构、侧面结构、

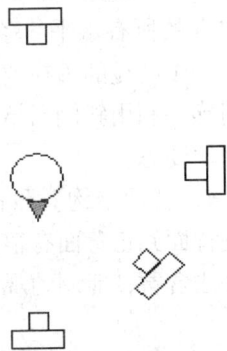

图 3 - 22　摄影方向的变化

斜侧面结构和背面结构。

1. 正面结构。照相机位于被摄体的正前方时拍摄的画面（如图 3 - 23 所示）。这是静态和缺乏方向性的结构，它主要表现被摄体的正面特征，画面呈平行透视效果，可使被摄体的横向和竖向的线条充分显示在画面上。正面结构最适合表现人物及建筑的对称结构，画面容易产生庄重、威严、静穆的气氛。但是，不利于表现人物或动物的奔跑、行走等运动姿态。

2. 侧面结构。照相机位于被摄体侧面拍摄的画面（如图 3 - 24 所示）。侧面结构则更有利于表现被摄体的侧面特征、人和物的外轮廓。在这种角度下的人物肖像，即使没有五官的详细刻画也足以显示出形象固有的特征。侧面结构还有利于发挥摄影特有的表现手法——追拍。另外，从透视上看，它和正面结构一样呈平行透视效果，不利于表现深度空间。

图 3 - 23　正面结构

图 3 - 24　侧面结构

3. 斜侧面结构。照相机位于被摄体斜侧面拍摄的画面（如图 3 - 25 所示）。斜侧面结构的构图不仅能看到被摄体的部分正面形象，同时也能看到部分侧面形象。斜侧面的拍摄点很多，但都有一个共同的特点，即画面呈成角透视效果，被摄体本身的所有水平线条在画面上变成与画面不平行的直线，并相交于画面左右两边，产生明显的透视效果，引导观众的视线进入画面深处。因此，照片具有很强的空间感。利用斜侧面结构表现运动能收到很好的效果。它适合表现人物、动物的各种运动姿态。

4. 背面结构。照相机位于被摄体的背面所拍摄的画面（如图 3 - 26 所示）。从侧背面到正背面有很多拍摄点，背面结构的画面以形体刻画为主，整体感强，表现手法含蓄，能调动观众的想象力。

图 3-25　斜侧面结构

图 3-26　背面结构

（二）摄影高度

高度，是指照相机与被摄体之间相对高低的位置变化。

摄影高度的变化影响地平线在画面中的位置；远近景物的展开程度；主体与背景的关系和透视效果。摄影高度有三种基本变化，即平拍、仰拍和俯拍。

1. 平拍结构。照相机与被摄体处于同一水平线上，镜头光轴与地面平行时拍摄的画面（如图 3-27所示）。平拍的景物不易产生夸张和变形的效果，画面表现较为规矩、忠实、自然，与人们平时的视觉效果相差无几。因此，感觉亲切，易于接受。其不利因素是平淡、缺少变化，容易造成地平线平分画面的现象。平拍结构适宜表现上下对称的结构和装饰性的效果。

图 3-27　平拍

2. 仰拍结构。照相机低于被摄体向上拍摄的画面（如图 3-28所示）。采用仰拍结构时，被摄体透视变化强烈，有利于强调被摄体的高度，能显示雄伟的气魄和夸张的效果。

3. 俯拍结构。照相机高于被摄体向下拍摄的画面（如图 3-29所示）。采用俯拍结构时，具有压缩高度的效果，能充分展示景物的分布范围。

图 3 - 28 仰拍

图 3 - 29 俯拍

（三）摄影距离

摄影距离，是指照相机与被摄体之间远近的变化。摄影距离的选择决定了画面的景别。照片有五种景别变化，它们有着各自不同的表现力，在实际应用中要根据创作意图进行选择。

1. 远景。以表现整体气氛为目的的画面（如图 3 - 30 所示）。远景是从被摄体的远处拍摄，景物范围广泛，没有明确突出的画面中心。在拍摄远景画面时，要从整体入手，注重大关系、大律动，细枝末节的表现不起实际作用。

图 3 - 30 远景

2. 全景。以表现整个被摄体及所处环境为目的的画面（如图 3 - 31 所示）。全景画面环境表现完整、内容中心明确。在拍摄全景画面时要注重主体表现的完整性；注重主体与环境的联系。在人像摄影中，全景被定义为全身像。在刑事摄影中，概貌摄影多用全景画面。

3．中景。以表现情节和动作性强的局部为目的的画面。在中景画面中，环境的表现往往是局部的、象征性的交代。结构中景画面时，要注重主体与陪体的联系；注重选取富有表现力的动态瞬间；注重环境的典型性。

4．近景。以表现神情或质感等细节为目的的画面（如图3－32所示）。近景画面能充分展示人物的形象特征和性格特征。结构近景画面时，用光显得更加重要，要注重眼神光的运用。

图3－31　全景

图3－32　近景

5．特写。以表现局部特征为目的的画面（如图3－33所示）。特写是将被摄体的某一局部充满画面，用细致入微的刻画揭示被摄对象的性质和特征，给人以鲜明、强烈的印象。

图3－33　特写

五、摄影构图的基本形式

构图形式，是指画面结构的特征。它是对构图实践的归纳和总结，是构图规律的体现。

（一）水平式构图（如图 3－34 所示）

水平式构图，是指景物以水平横线的特征呈现在画面上的构图形式。可由一条或多条水平线构成。它具有横向延伸的效果，属于静态的构图。

图 3－34　水平式构图

（二）十字式构图（如图 3－35 所示）

十字式构图，是指以十字骨架结构的画面。十字形，是一条竖线与一条水平横线的垂直交叉。十字形构图给人以平稳、庄重、严肃感，表现成熟而神秘，健康而向上。因为十字最能使人联想到教会的十字架和医疗部门的红十字等，从而产生神秘感。

图 3－35　十字式构图

（三）三角形构图（如图 3 - 36 所示）

三角形构图，是指画面中形象特点或分布呈三角形态的构图。特点是稳定、持久。三角形构图常常以多变的复合形式出现，多个不同方向、不同角度的三角形复合，极易在平稳中求得变化，在静止中带着运动。

（四）倒三角形构图

倒三角形构图，是指画面中形象分布呈反三角形态的构图。它与正三角形构图的特点相反，具有运动和不稳定的效果。

（五）直角构图（如图 3 - 37 所示）

直角三角形式构图一般是以画面的一个竖边为三角形的直线，底边为横线，立在画面一侧。直角三角形式构图，大都注意被摄物的方向性。

图 3 - 36　三角形构图

图 3 - 37　直角构图

（六）S 形构图（如图 3 - 38、图 3 - 39 所示）

S 形，实际上是条曲线，只是这种曲线是有规律的定型曲线。S 形具有曲线的优点。

S 形构图分竖式和横式两种，竖式可表现场景的深远，横式可表现场景的宽横。S 形构图，最适于表现自身富有曲线美的景物。

图 3 - 38　横式S形构图　　　　　　　图 3 - 39　　竖式S形构图

（七）圆形构图（如图 3 - 40所示）

圆形构图是把景物安排在画面的中央，圆心是视觉中心。圆形构图看起来就像一个团结的"团"字，用示意圆表示，就是在画面的正中央形成一个圆圈。圆形构图给人以团结一致的感觉，没有松散感，但活力不足，缺乏冲击力，缺少生气。

图 3 - 40　　圆形构图

（八）X形构图（如图 3 - 41所示）

X形构图，是指画面结构呈字母X形态的构图。具有丰满、空间感强的特点，在风景照片中经常应用。

（九）拱门式构图

拱门式构图，是指前景围绕主体四周形成类似拱门形状的构图。特点：主体突出、层次丰富、对比强烈。一般运用此种形式的构图都选择色调较重的景物作为前景，与主体形成明暗和色彩的对比。

图 3 - 41　X形构图

六、摄影构图原理

（一）对比

摄影构图中所说的"对比"就是对照的意思，是指任何一种差异所引起的相互衬托效果。包括形式的对比和内容的对比。对比的作用在于它可以营造特定气氛、加强对主体的刻画以及加强思想内容的表现。

摄影中常用的对比手法有以下几种：

1．虚与实的对比，是指由照相机镜头光学特性所形成的清晰与模糊的衬托效果。虚实相衬，可以使画面中的形象既丰富又概括，而且使实的形象更加突出。虚实对比的效果是利用了人的视觉生理和心理方面的作用，人的眼睛看清楚的影像时具有舒适感，看模糊的影像时容易产生视觉疲劳。因此，画面上清晰与模糊的影像同时出现，人的注意力总是停留在清晰的部位。

2．大小的对比，是指不同面积、体积、长度的景物配置在一起时产生的衬托效果。它可以加深对事物大小特征的印象和视觉上的强弱效果。在实际应用中即可以利用这一对比手法达到突出"大"或"小"的目的，也可以实现画面布局大小错落的效果。

3．明与暗的对比，是指不同明暗的影调配置构成的衬托效果。它能强调被摄体明与暗的性质，突出主要事物，营造某种气氛。

4. 疏与密的对比，是指景物配置上的松散与集中所构成的衬托效果。它能使画面产生节奏变化和主次的秩序。构图忌平、忌齐、忌均，也就是反对没有疏密变化。没有疏密对比的构图，或者是画面分散不能集中视线，或者是因太集中而显得拥挤、紧张，让人感觉没有喘息的机会。构图，应尽可能做到"疏密有致"。密不当，则易于板结；疏不当，则导致拖泥带水。

5. 动与静的对比，是指具有不同动感特征的景物配置所构成的衬托效果。它能使画面表现动的更动、静的更静的效果。在实际应用中一般是以整体的"动"衬托局部的"静"，或以整体的"静"衬托局部的"动"，它可以是线或形状的对比，"生命物"和"无生命物"的对比。摄影的追拍和慢门也可以产生动与静的对比。

6. 质感的对比，是指不同物质属性的景物配置所构成的衬托效果。这一手法有利于取得最佳的质感效果。当然，质感对比的效果在很大程度上还取决于光线条件。摄影的对比手法往往是交叉运用的，各种手法互为补充，相辅相成。

（二）节奏

1. 摄影的节奏，是指景物自身的运动或形式因素所构成的秩序。它具有三个特征：

（1）形式的重复，是指构成节奏的因素是以相同的面目重复出现在画面上。

（2）间隔的相等或相似，指重复出现的间隔是基本一致的。正如钟摆的每一次摆动、潮水的每一次涨落在间隔上是相等的一样。

（3）轻重的交迭，是指节奏是有起伏的，每一次重复必有中间的停顿。这种停顿或者是空间、或者是色调、或者是形象。

生理和心理相互作用的结果，形成了具有上述三个特征的节奏。

2. 在摄影中，节奏的作用主要体现在以下方面：

（1）给画面带来秩序，节奏规定了画面的排列和观众视线在画面上的移动线路。因此，赋予画面以节奏就是赋予了画面以秩序。所谓构图的美，是以秩序为前提的由于赋予了秩序而获得创造，也因置于无秩序状态而遭到破坏。可以说，美就是秩序，丑就是无秩序。

（2）加深视觉印象，节奏的起伏具有重复刺激效应，能加深人们的视觉印象。正如闪动的灯光远比不闪动的灯光更能引起人们的注意。

（3）表现情感，节奏的变化能控制人的感觉，产生不同的情感变化。明显、短促的节奏有紧张感，变化缓和、流畅的节奏有松弛感。

3. 节奏的表现形式主要体现在以下方面：

（1）重复形成的节奏，最简单的节奏形式是以相同的间隔重复出现某一形象，可以横向的重复，也可以是垂直或曲线式的重复，但必须在三个形象以上，因为节奏的产生不仅是形象的重复，其间隔也要重复。两个形象的间隔不能构成重复，因此也就不能产生节奏。

（2）渐变形成的节奏，物体的大小、形状、影调、线条、方向等都以逐渐的规律递增或递减，也能形成节奏。不过，这种节奏不像前面介绍的那样重复，而像音乐的渐强和渐弱那样，它们通过由大到小的渐变、方向的渐变、形状的渐变、影调的渐变等吸引观众的注意力。

在以渐变形成节奏的形式中，有一种特殊的渐变造型。在这个特殊渐变中，所有重复的形状都环绕着一个共同的中心，我们称为"发射"。发射的节奏对画面有强大的控制力，无论注意力在画面的什么部位，总会被拉回到这个中心上。在自然中，落日的光芒、车轮的辐条、各类花朵等都是这个节奏形式的明显例子。发射形式可分为点发射和线发射，日落的光芒、车轮的辐条等属于点发射；树木的结构属于线发射。

（3）复杂的节奏，在生活中还有另外一些运动形式，它们不局限于反复出现，这种运动形式表现在线条变化的随意性和形状变化的多样性。

（三）均衡

一幅画面在一般情况下应该是均衡、安定的，使人感到稳定、和谐、完整。画面的均衡属于视觉心理现象，在一定的条件下视觉均衡与杠杆原理是一致的。但是在造型艺术中质量不起实际作用，而取决于形状和方向；整体和部分的关系；各个部分的位置；色彩和影调等。在其他因素不变的情况下，面积越大，重力就越大。对于色彩来说红色就比蓝色重一些，明亮的色彩就比灰色重一些。在摄影中还有这样的现象，一个小巧玲珑的物体可以把观众的注意力吸引过去，引起人们的偏爱，这种偏爱甚至足以弥补由于它们的小巧所造成的不足。可见，在物理量和视觉力之间不可能通过量和质的表现来确定等量关系。所有造型因素的改变都可能影响照片的吸引力，也影响我们观看照片的方式。在物理现象中一旦达到均衡，物理量和力臂就不允许改变。在造型艺术中均衡是形状、方向、位置大小等因素都达到确定的程度，局部和整体之间具有必然的联系，各部分之间有机地联系在一起，以致不允许均衡因素的丝毫改变。一个不均衡的构图，它的组成部分之间缺乏整体的联系，往往显示出一种极力想改变所处的位置，以便达到一种更适合整体结构状态的趋势。这样一来，就给人一种偶然结合的印象，照片所要表达的含义也就变得不可理解。

摄影处理均衡的方法主要有以下几种：

1．位置的均衡，以画面中心为支点，通过位置上的左右或上下构成类似杠杆原理的均衡效果。其中，对称构图是位置均衡的最简单形式。

2．方向的均衡，利用被摄体运动方向的相互顾盼取得画面的均衡。

3．色块的均衡，通过黑色、白色、灰色三大类色块在量上的分布合理性达到画面的稳定。

（四）统一

统一，又称作多样的统一，是说构成整体的对象在本质方面和量的方面都被赋予了秩序的状态。画面的统一必须建立在多样的基础之上，它是部分与整体的关系问题，如果抛开多样而谈统一是毫无意义的。多样就是指具有不同要素的各部分，起码是两个以上部分。多样也可称为变化，在有限的画面中表现多种多样的东西自然离不开变化。同时，这种变化又是有条件的，就是构成某一造型对象的各个部分之间必须具有一定的共通因素。简单地说，就是拍摄意图的单一性。在选择景物时要保持主题的始终如一，这样才不至于偏离中心内容。还要注意：直线，特别是和边框平行的直线不能毫无间断地从画面的一端伸向另一端；不应使画面中的各个部分占据同等的面积，彼此没有任何造型上的联系。

摄影中有以下几种常用的统一方法：

1. 利用相互呼应求统一，即利用人与人、人与物、物与物之间在内容和形式上的联系形成画面的统一。

2. 利用相似组合求统一，利用被摄对象的相似、相异因素使之分离与结合形成整体感。

3. 利用视觉的连续性求统一，利用形象或形式因素，在排列组合上构成连续性，形成整体的感觉。

第三节　调焦与曝光

一、调焦

调焦，是指调节物像相对距离，使不同距离的景物按一定拍照要求清晰成像在像平面上，或者使某些景物成像模糊的过程。调焦是实现拍照过程的一个重要环节，其好坏直接影响影像质量。调节物像的相对距离时，必须使物距和像距满足高斯公式，才能使景物成像在像平面上。

（一）调焦的原理

1. 远距离调焦过程。远距离调焦过程，是指拍照距离远远大于镜头焦距的调焦过程。调焦时，由于物距远远大于焦距，所以这个过程可以看成调焦前后物距没有变化，即不必调节镜头与物体之间的距离，通过调节像距满足高斯公式即可达到调焦的目的。

2. 近距离调焦过程。近距离调焦过程，是指拍照距离与镜头的焦距在同一数量级的调焦过程。调焦时，根据成像倍率确定是否加接近摄装置，通过调节相机到物体的距离达到调焦的目的。

（二）调焦的方法

照相机调焦的操作，按自动化程度的高低分为以下两种：

1. 手动调焦。手动调焦，是指摄影者根据照相机内的验焦装置判断调焦情况，然后手动调节调焦环完成调焦。

（1）具有一定纵向深度的景物的调焦。通过调整光圈系数，利用景深预测将景物控制在景深范围内。

（2）突出主体的调焦。直接对主体调焦，尽量使用大光圈将主体之外的景物控制在景深范围之外。

（3）替代调焦法。在进行抓拍或密拍时，不宜直接对被摄对象进行调焦，但可以对某些与被摄对象具有相同拍照距离的人或物进行调焦，这就是替代调焦法。用替代调焦法时，因为替代人或物的调焦距离与被摄对象的拍照距离不可能完全一样，总有一定的差别，所以应尽可能地使用小光圈拍照，以获得较大的景深，避免将被摄对象拍得模糊不清。

（4）估计调焦法。在拍摄某些动态现场时，被拍对象的位置常常是不固定的，无法准确确定被摄对象的具体位置，若能估计被摄对象出现的大致范围，可以使用估计调焦法。使用这种方法时，将估计的距离调到调焦标志线上，并尽量使用小光圈。

2. 自动调焦。它是在照相机内，既装有测距装置，又有调焦驱动装置，使用时，从测距到最后调焦均由照相机自动完成，省了手动调焦，使调焦更迅速而简便。这种调焦装置一般数码照相机均采用。目前，照相机的自动调焦装置有光电自动对焦系统、超声波自动对焦系统、红外线自动对焦系统。

二、曝光

摄影中，通常将开启照相机快门使感光器件感光的这一瞬间称作曝光。曝光是拍照的最后一个环节，它直接关系到整个拍照过程的成败。曝光量是由光圈和快门共同控制和决定的。

（一）曝光对影像质量的影响

1. 曝光适中。曝光适中，是指能将原景物所有相对影调都充分表现出来的曝光程度。曝光适中的影像层次丰富，反差正常，能正确表现原景物的影调，亮部和暗部都能有细节。

2. 曝光过度。曝光过度，是指曝光用以感光的光能量超过影像所能表现的景物中高光细节的曝光程度。曝光过度的影像影调层次少，反差较大，不能表现物体的高光细节。

3. 曝光不足。曝光不足，是指曝光用以感光的光能量不足以使影像表现出景物中暗部细节的曝光程度。曝光不足的影像，影调层次少，反差较弱，不能表现物体的暗部细节。

（二）影响曝光的因素

1. 光源的强度。光源的强度决定了被摄物体的亮度。自然光强度与天气的晴阴，早、中、晚时间，季节，地理纬度等因素有关。使用人工光源时，被摄体接受的光强度与其到光源的距离有关。

2. 被摄体的亮度。被摄体的亮度与该物体受到光线照射的强度及该物体的反光率有关。反光率强的物体表面亮度大，被摄体受到光线照射的强度大，亮度也大。

3．感光器件的感光度。感光器件的感光度高，需要的曝光量就少；感光度低，则需要较多的曝光量。所以，在相同的光照条件下拍摄，如果使用数码相机不同的感光度，所需的曝光量是不同的，因此，照相机的光圈和快门组合应随着感光度的高低而进行调整。

（三）相机测光系统的性能与运用

数码相机都带有测光系统，对于确定各种光线下的曝光量以及获取准确的曝光效果提供了便利。无论是依赖数码相机的测光系统进行自动曝光，还是依赖这种测光读数去调定曝光，会发现常常会导致不正确的曝光效果。不正确的曝光主要体现在三种情况：一是逆光拍摄（如图3－42所示）；二是有大面积明亮背景的拍摄（如图3－43所示）；三是有大面积深暗背景的拍摄（如图3－44所示）。

图3－42　逆光拍摄效果

图3－43　大面积明亮背景的拍摄效果

图3－44　大面积深暗背景的拍摄效果

　　不管把测光系统对准什么色调的物体进行测光，照相机的测光系统总是"认为"被摄对象是中灰色调，并且照相机测光系统提供的是再现中灰色调的曝光数据。这就告诉了我们，测光系统是没有视觉的。当把照相机对准白色物体，测光系统不能感觉该物体是白色的，不再现为白色；当把照相机对准黑色物体，它也不能感觉该物体是黑色的，不再现为黑色。

　　测光系统所能做的，只是指出测光对象的亮度有多大，然后把这种测光亮度再现为18%的中灰色调需要怎样的曝光组合。当测光对象是18%反射率的中灰色调，包括测光范围内各种景物的综合亮度是呈18%的中灰色调时，按测光读数推荐的曝光组合就能产生准确的曝光（如图3－45、图3－46所示）。

图3－45　以18%的中灰色调测光效果　　　图3－46　以白雪测光效果

三、曝光补偿装置

　　在使用中央重点测光或重点测光方式时，有时画面主体因取景构图需要而不位于画面中央位置，或者在拍雪景、逆光或主体与背景反差巨大的画面时，都可用曝光补偿装置来确保主体的正确感光。

　　在一些相机上有专门的自动曝光补偿盘，刻有"–2、–1、0、+1、+2"标记（如图3－47所示）。有的还可作"±1/2"或"±1/3"的调节。调到"+1"就意味着按测光读数增加一挡曝光；调到"–1"就意味着按测光读数减少一挡曝光，以此类推。

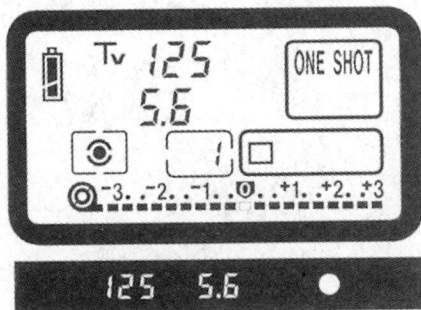

图3－47　自动曝光补偿盘

四、拍摄实际运用

拍摄中近景画面，常采用以下几种测光方法：

1. 采用近测量光的方法：当拍摄的主体是人物时，一般按人脸的亮度值确定曝光，使人物在画面中有较好的表现。

2. 拍摄其他物体时，应根据创作意图准确地控制画面的曝光。

3. 如果要将景物在画面中形成最佳效果，拍摄时不论景物表面反光率高低，应按主体物的表面亮度确定曝光，使其形成中级密度。

【小结】

拍摄技术这一章包括摄影用光、摄影构图、调焦与曝光三节的内容。主要介绍了光的基本特性、光位的变化与用光效果、闪光灯及其使用、人像摄影布光的方法、构图的要求、画面的组织结构、摄影位置的选择、摄影构图的基本形式、摄影构图原理、调焦的原理及方法、曝光对影像质量的影响、影响曝光的因素以及相机测光系统的性能与运用等方面的内容。教学重点在于闪光灯的使用，主体的位置处理，景别的区分，摄影构图原理，相机测光系统的性能与运用等。需要不断地在拍摄实践中积累经验教训，才能较好地提高自己的拍摄水平。

【思考题】

1. 简述不同光位的表现力和用光效果。
2. 简述闪光灯的特性及其使用。
3. 简述人像摄影常用的布光方法。
4. 简述摄影构图的特点及要求。
5. 摄影位置选择对构图有哪些影响？
6. 简述摄影构图的基本形式。
7. 简述调焦的原理及方法。
8. 简述数码相机测光系统的性能及运用。

第四章　摄录像技术

【教学重点与难点】

教学重点：摄像机内部基本结构及其功能，数码摄像机的制式和记录格式，运动镜头拍摄技巧、拍摄画质控制技巧，拍摄机位选择方法，录像片后期编辑步骤，镜头组接的句式及其组接的基本规则。

教学难点：画面构图技巧的理解，录像片后期编辑步骤。

‖第一节　数码摄像机‖

一、数码摄像机类型

摄像机是完成光电转换，摄取景物动态图像的设备。1954年，美国安培（AMPEX）公司推出了世界上第一台实用型摄像机，开创了图像记录的新纪元。20世纪70年代至90年代末，日本JVC、松下、佳能、索尼等公司大力研发和销售各类摄像机，促进了摄像机在社会各个领域的应用。1998年第一部家用数码摄像机问世以来，数码摄像机不断推陈出新，进入了飞速发展的时代。

数码摄像机按成像质量不同可分为广播级、专业级（业务级）和民用级（家用级），典型的广播级、专业级和民用级摄像机（如图4－1、图4－2、图4－3所示）。

图4－1　广播级摄像机　　　图4－2　专业级摄像机　　　图4－3　民用级摄像机

广播级摄像机图像质量好，技术指标高，性能全面，但体积大，价格昂贵，主要用于广播电视领域。专业级摄像机图像质量略低于广播级摄像机，技术指标和价

格比较适中，主要用于一般的教学科研、新闻采访、图像制作等业务领域。民用级摄像机技术指标稍低，外形小巧、操作方便，价格较低廉，主要用于家庭娱乐和要求不高的影像记录。

数码摄像机按存储介质不同分磁带式、光盘式、硬盘式、闪存卡式摄像机。

磁带式摄像机指以DV、Mini DV、Digital 8等磁带为记录介质的数码摄像机。磁带式摄像机录制的图像压缩比相对较小，画面质量相对较高，但图像下载速度慢。光盘式摄像机指存储介质采用DVD-R、DVR+R，或是DVD-RW、DVD+RW为记录介质的数码摄像机。光盘式摄像机操作简单，可直接通过DVD播放器即可播放，省了后期的编辑步骤。但由于录制的图像压缩比大，相对而言，光盘式摄像机录制的画面质量不如磁带摄像机。硬盘式摄像机指采用硬盘作为存储介质的数码摄像机。大容量硬盘摄像机能够确保长时间拍摄，其拍摄的素材，通过USB连线可以直接下载至电脑，使用方便。硬盘式摄像机不足之处是防震性能差。闪存卡式摄像机指采用闪存卡作为存储介质的数码摄像机，闪存卡摄像机转存电脑非常方便，摄像机体积也小。

数码摄像机按照传感器类型可分为CMOS与CCD摄像机。按传感器数目可分为单CCD（CMOS）与3CCD（CMOS）数码摄像机。

二、数码摄像机的结构

现代数码摄像机多为摄录放一体机，它的内部基本结构框图如图4-4所示。数码摄像机可以概括为由变焦距镜头、色温滤镜、分色棱镜组成的光学系统；CCD（CMOS）光电转换系统；由预放器、A/D与D/A转换、数字信号处理、编码器组成的信号处理系统，以及取景系统、声音系统、控制系统、存储系统、电源系统等几个部分组成。

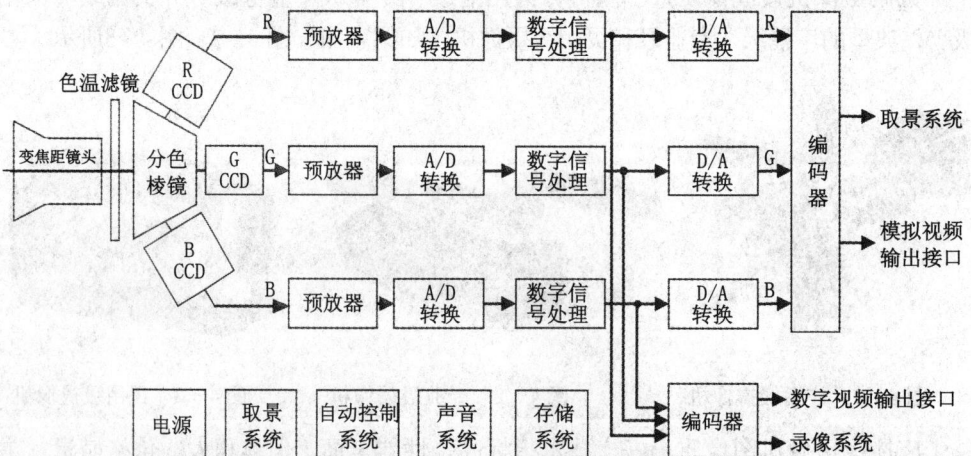

图4-4 数码摄像机内部基本结构框图

（一）光学系统

数码摄像机光学系统的功能是成像、色温校正和分色。

成像由数码摄像机的光学变焦镜头完成。数码摄像机不像单反数码照相机那样方便更换镜头。因此，为了满足拍摄的需要，数码摄像机的光学变焦倍数要比数码照相机的光学变焦倍数大，如一般家用级数码摄像机变焦倍数为10～22。许多数码摄像机还有数码变焦装置。

色温校正由数码摄像机色温滤镜完成。色温滤镜对照明光源进行校正，使之符合摄像机设计时的光谱特征，准确还原景物色彩。

分色一般由数码摄像机分色棱镜完成。数码摄像机分色棱镜的分色原理如图4－5所示。图中的棱镜表面涂有多层薄膜，这种薄膜称为干涉膜，它可以使某些光透过，而对另一些光则反射。干涉膜Mb能透过红绿光反射蓝光，干涉膜Mr能反射红光透过蓝绿光。当由红色（R）、绿色（G）、蓝色（B）任意组成的彩色光遇到干涉膜Mb时，蓝光被反射在B CCD（CMOS）上，得到蓝色光像。红光与绿光透过Mb到达Mr时，红光被反射在R CCD（CMOS）上，得到红色光像。最后绿光透过Mr在G CCD（CMOS）上得到绿色光像。因此，分色棱镜是根据光谱波长不同，利用光的干涉原理将彩色光分解成红色、绿色、蓝色三个基色，从而实现分色。

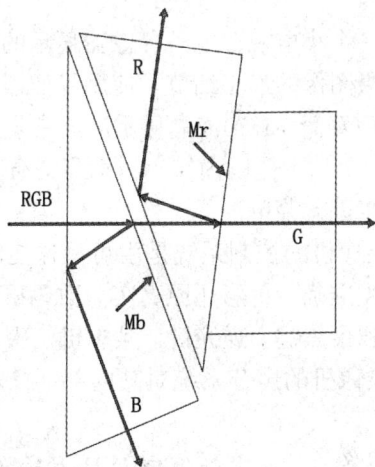

图4－5 分光棱镜的分色原理示意图

有的民用级摄像机只有单片在表面镀上点阵光学滤色器的CCD（CMOS），与数码照相机一样，通过对入射到CCD（CMOS）芯片上的光学图像的编码，产生出红色、绿色、蓝色三基色信号。

（二）CCD（CMOS）光电转换系统

CCD（CMOS）光电转换系统，由CCD（CMOS）摄取R、G、B光像得到R、G、B三基色信号，R、G、B三基色信号均是电压信号。

（三）信号处理系统

CCD（CMOS）得到的电信号十分微弱，预放器用于电信号的放大。

A/D转换是将模拟信号转换为数字信号，D/A转换是将数字信号转换为模拟信号。

数字信号处理的内容很多，如进行增益控制、彩色校正、黑白电平调整、γ校正等。

模拟信号编码器，可以将R、G、B三基色信号进行编码，根据不同的电视制式，输出不同的电视信号。一般数码摄像机都能输出全电视复合信号（AV）、亮度信号和色度信号分离的信号（S-Video），由亮度信号、色差信号组成的分量信号。这些信号通过输出接口，供不同的模拟系统（如监视器等）以及取景系统使用。

数字信号编码器，形成数字或者数字压缩格式的信号，由存储系统存储或者通过存储系统录制磁带存储，也可以通过数字输出接口，如数字分量串行接口（SDI接口）等，输到其他数字系统（如监视器等）使用。

（四）数码摄像机其他系统

1. 取景系统。数码摄像机的取景系统一般由电子寻像器和LCD液晶显示屏组成。

电子寻像器其实就是一个小电视，电子寻像器显示的图像分辨率较低，图像显得较粗糙，无法显示所拍摄图像的最小细节。使用寻像器可以避免过度消耗电量，增长拍摄时间和电池的使用寿命。LCD液晶显示屏通常位于数码摄像机的旁边，大多数可以在很宽的角度（270°）范围内转动，取景方便。很多LCD还有"菜单"操作功能，可以通过它直接进行菜单设置。

2. 控制系统。数码摄像机的控制系统是由可操作控制部件构成，通过它的控制，可以使图像清晰，曝光准确，色彩还原真实。数码摄像机的控制系统通过各功能键表现出来，如聚焦环和聚焦键、逆光键、菜单键、曝光键、电动变焦键等。

3. 声音系统。数码摄像机的声音系统对其内部话筒和外接话筒的声音信号进行放大。

4. 存储系统。数码摄像机的存储系统有DVD-RAM存储、硬盘存储、闪存存储、磁带录像存储等形式。许多数码摄像机兼备磁带录像存储和闪存存储，或者硬盘和闪存存储两种存储方式。

磁带录像存储部分包括磁头鼓、视频信号处理电路、录音磁头、音频信号处理电路、伺服系统和录像磁带等，其机械伺服系统比较复杂，也容易损坏，使用操作时应小心。

5. 电源系统。数码摄像机的电源系统包括电池、充电电路、电源电路等。

三、数码摄像机制式和记录格式

（一）数码摄像机制式

数码摄像机把被摄景物和现场声音转化成图像信号和音频信号，并以一定方式编码后形成电视信号，电视信号形成的方式就是制式。电视标准不同，编码方式就不同，制式也就不同。

1. 电视扫描方式。采用显像管的电视机或者电脑监视器，是通过电子束在屏幕上一行行地扫描后发光来显示图像。工作时，它把一幅图像分成两场来扫，第一场称作奇数场，只扫描奇数行（依次扫描1，3，5…行），而第二场（偶数场）只扫描偶数行（依次扫描2，4，6…行），通过两场扫描完成原来一幅图像扫描的行数。这种扫描方式称为隔行扫描，采用隔行传递信号的方式，可以节省带宽。

隔行扫描中，一个奇数场加上一个偶数场称为一帧，由于人眼具有视觉暂留效应，因此人眼感觉仍是一幅完整的图像。

如果每一帧图像由电子束按顺序一行接一行连续扫描而成，则该种扫描方式称为逐行扫描。逐行扫描可以得到比隔行扫描更高的图像质量，但逐行扫描增加了信号存储、制作、传输的难度和成本。

2. 电视制式。目前，日常能够接触到的电视制式有两种：PAL制、NTSC制。

PAL电视标准，每秒25帧，电视扫描线为625线，分辨率为720×576，宽高比为4：3，奇场在前，偶场在后。中国、欧洲等国家和地区采用PAL电视标准。

NTSC电视标准，每秒30帧，电视扫描线为525线，分辨率为720×480，宽高比为4：3，偶场在前，奇场在后。美国、加拿大等大部分西半球国家以及我国的台湾地区、日本、韩国、菲律宾采用这种制式。

在我国使用的摄像机大多数兼容这两种制式，使用摄像机时，应通过菜单置于PAL制上。PAL制和NTSC制视频可以通过编辑软件进行转换。

（二）数码摄像机记录格式

数码摄像机记录格式指数码摄像机表达、记录图像信息的方式。数码摄像机记录格式可分为非高清记录格式和高清记录格式两大类。

1. 非高清数码摄像机记录格式。数码摄像机非高清记录格式可分为非压缩记录格式和压缩记录格式两大类。非压缩记录格式诞生较早，它把全部图像信息未经压缩地记录到载体上。非压缩记录格式有D1、D2、D3、D5格式。非压缩记录格式的数码摄像机，图像质量很高，但其价格昂贵，一般用在广播、影视、广告制作专业领域。

压缩记录格式的数码非高清摄像机成像质量不同，记录格式不同。民用级数码摄像机非高清记录格式主要是DV格式。DV格式，全称为Digital Video，简称为DV，是最广泛使用的一种数字视频记录和播放的标准。专业级数码摄像机非高清记录格式主要有索尼公司的DVCAM和松下公司的DVCPRO-25等。广播级数码摄像机的非高清记录格式有索尼公司的Digital Betacam 和Betacam-SX，松下公司的

DVCPRO-50，JVC公司的Digital-S等。

2. 高清数码摄像机记录格式。高清是新一代的视频标准，目前还没有完全统一，但基本的标准是视频比例一定为16：9，画面分辨率高于或等于1280×720。

高清的非压缩记录格式数码摄像机很少有公司开发生产，市场极少能够见到。

民用数码摄像机高清压缩记录格式主要有HDV、AVCHD两种。HDV格式是在DV的基础上发展而来，使用DV磁带，记录的视频清晰度可以达到1920×1080。AVCHD是目前最先进的民用高清压缩记录格式，与HDV相比，它可以用更高级的压缩算法实现更高的画面质量。从发展趋势来看，DV格式已逐渐退出市场，HDV格式作为一种非高清到高清的"过渡"格式，也在逐渐淘汰，AVCHD格式正在主导民用摄像机市场。

专业数码摄像机高清压缩记录格式较多，其主流记录格式有D6-HD（松下）、D5-HD（松下）、DVCPRO-HD（松下）、HDCAM（索尼）、HDCAM-SR（索尼）等。

‖第二节　摄像技法‖

一、画面与镜头

（一）画面与镜头的概念

画面，是指摄像机拍摄下来的一幅幅图像，一幅图像就是一幅画面，不同的图像就是不同的画面。当摄像机的位置变化、镜头焦距改变、拍摄角度变化、被拍摄主体运动，或者使用特技，就会打破原来的画面，转为一个新的画面。

摄像所称的镜头，从拍摄的角度来看，是指摄像机从开机到关机这段时间里所拍摄录制下来的所有画面。从编辑角度来看，镜头指前后两个编辑点之间的所有画面。一个镜头可以表现为一种景别、一种构图的画面，也可以表现为多种景别、变化构图的画面。在拍摄中，只要摄像机不停机，在编辑中不剪断，就是一个镜头。在拍摄中是一个镜头，但在编辑中可以分成几个镜头。一部电视录像片就是由很多不同拍摄技法、不同时间长度的镜头衔接而成的。

（二）镜头的种类

1. 根据画面的内容区分。

（1）实镜头。实镜头，是指画面中有人物，并且人物占有画面一定面积的镜头。

（2）空镜头。空镜头，是指画面中主要是风景、静物，或者人物在这些画面中所占的面积（比重）很小的镜头。

（3）特技镜头。特技镜头，是指通过特技机生成的镜头，主要在特技画面制作中产生。

（4）动画镜头。动画镜头，是指镜头画面为连续图画的镜头。

（5）字幕镜头。字幕镜头，是指以文字、图表组成的镜头。

2．根据取景景别区分。

（1）远景镜头。远景镜头，是指摄像机摄取远距离大范围景物的镜头。远景一般表现广阔空间或开阔场面，用来渲染环境气氛。远景镜头中人物只占据很小的面积。

（2）全景镜头。全景镜头，是指摄像机摄取被摄对象的全貌及其所处环境的镜头。全景镜头一般表现人物全身形象或某一具体场景全貌。

（3）中景镜头。中景镜头，是指摄像机摄取被摄对象的主要部分和事物主要情节的镜头。中景是被摄主体大部分呈现的画面，中景镜头一般是表现成年人膝盖以上部分或场景局部的画面。

（4）近景镜头。近景镜头，是指摄像机摄取被摄对象更为主要部分的镜头。近景镜头是突出人物的精神、物体的质感或特征的镜头。近景镜头表现成年人胸部以上部分，人所处的环境空间几乎被排除画面以外。

（5）特写镜头。特写镜头，是指摄取被摄对象某一局部的镜头。特写镜头一般表现成年人肩部以上的头像，或表现被摄对象局部画面，或细致描写人的手部，身体上或服饰上的特殊标志，手持的特殊物件及细微的动作变化。

3．根据镜头持续时间的长短区分。

（1）长镜头。长镜头，是指实际拍摄时间或两编辑点之间的画面持续时间在20s以上的镜头。

（2）短镜头。短镜头，是指实际拍摄时间或两编辑点之间的画面持续时间在1s或1s以下的镜头。

（3）中镜头。中镜头，是指实际拍摄时间或两编辑点之间的画面持续时间在1～20s的镜头。

4．根据叙事情节区分。

（1）主观镜头。主观镜头，是指摄像机的视点直接代表某一画面中人物的视点所拍摄的镜头。主观镜头能使观众产生与画面中人物相同（或相似）的主观感受。

（2）客观镜头。客观镜头也称作中立镜头，是指摄像机采用大多数人在拍摄现场所共有的视点所拍摄的镜头。客观镜头能把画面内容客观地表达给观众。

5．根据摄像机拍摄运动情况区分。

（1）固定镜头。固定镜头，是指摄像机处于静止的位置，画框相对固定的镜头。固定镜头常常用来描述或强调细节，或者展示故事发生的背景环境。

（2）运动镜头。运动镜头，是指摄像机的机身、机位、镜头焦距有一者改变，画框发生变化的镜头。运动镜头突破了画面框架的空间限制，通过运动拍摄，带来视点、视角、景别、空间、形象等的不断变化，使更多的景物展现在人们眼前，增强了画面的动感和空间感，形成了多变的审美效果和逼真的视觉感受。运动镜头是摄像中用得最广泛的镜头。

二、摄像方法与技巧

（一）摄像操作基本要领

1. 持机方法。持机，是指摄像人员在摄像过程中采用的握机方式，主要包括：肩扛式、徒手持机式、固定架固定式三种方法。

(a)　　　　　　　(b)　　　　　　　(c)　　　　　　　(d)

图 4-6　持机方法

肩扛式持机如图 4-6（a）、图 4-6（b）所示。摄像时身体要尽量平衡站稳，也可以依托电线杆、墙壁、大树等来稳定摄像机。需要移动摄像时，尽可能以身体的运动代替步伐的移动，尽量避免身体上下垂直起伏运动。

徒手持机如图 4-6（c）、图 4-6（d）所示。这种持机的方式机动性较大，可单手腋下夹机，双手抱机。拍摄过程中要注意呼吸的调整，尽可能避免在抢拍镜头时画面抖动。

固定架固定式持机方式是把摄像机固定在三脚架、轨道车、升降车、防震架等辅助固定设备上的持机方式。这种持机的方式所摄画面稳定，图像清晰。拍摄时，人的身体不能倚靠在三脚架或摄像机上，以免造成画面的抖动。

2. 摄像操作基本要领。摄像操作基本要领可以概括为"稳、清、平、准、匀"。

"稳"就是尽力做到稳定。电视画面不稳，镜头晃动会影响画面内容表达，破坏观众的欣赏情绪，使眼睛疲劳。拍摄中应充分利用三脚架及其他各种支撑物，尽量用广角镜头。肩扛式持机、徒手持机拍摄时要保持正确的持机姿势、呼吸方法和脚步移动方式。

"清"就是力求画面清晰。除非为了某种效果，拍摄都要做到画面清晰。要保证镜头清洁，拍摄时尽可能减少抖动，运用合适的光圈保证有足够的景深。

"平"就是所拍摄画面中的地平线一定要平。被摄对象在画框里要"横平竖直"。

"准"就是摄取的景物范围应与录制的要求相一致。构图要准确，即准确地摄取一定范围的景物，通过画面构图准确地向观众表达出所要阐述的内容。聚焦要准确，要防止失焦的情况发生。色彩还原要准确，摄像机使用前务必调整白平衡，如果在室外拍摄，每隔1～2h应进行一次白平衡调整。

"匀"就是在运动摄像过程中，速度要均匀，加速或减速时的变速要均匀，不要时快时慢，断断续续。如果运动摄像过程中，速度不均匀，就会对观众的某种心理进行诱导，可能产生与拍摄意图不一致的观感，因此在拍摄画面时一定要保证机位移动以及变焦时的流畅。可利用镜头上的电动变焦装置和带有阻尼的云台、移动车等来形成运动的匀速变化。

另外，运动摄像要控制好起幅和落幅。起幅指整个运动镜头开始时的静态画面，落幅指运动镜头终结时的静态画面，从起幅过渡到"运动"，从"运动"到落幅，加速和减速也应缓慢、均匀，要符合视觉习惯，不可太突然。运动摄像中还特别要防止"刷墙式"的来回横扫和"拉风箱式"的往复变焦。

（二）运动镜头拍摄技巧

运动镜头，是指采用摄像机的推、拉、摇、移、跟、甩等形式的运动进行拍摄的方式，是突破画面边缘框架的局限，扩展画面视野的一种方法。运动摄像符合人们观察事物的视觉习惯，以逐一展示的形式表现被拍摄物体。在表现固定景物或人物的时候，运用运动镜头技巧还可以改固定景物为活动画面，增强画面的活力。

1. 推镜头。推镜头，是指摄像机沿光轴向被摄主体推近拍摄连续画面的摄像方法。在摄像机推进中主体由小变大，画面是由面到点，把观众的注意力引导到要表现的主体上来，起到描写细节、突出主体的作用。

推镜头也可以采用改变变焦距镜头的焦距，使镜头的视角由宽变窄，拍摄范围由大变小，实现推近。

推镜头可以借用移动车使摄像机向前推进。推镜头可以缓推和急推，一般来说，缓推显得舒畅，由远到近，由弱到强，循序渐进；急推则急促有力，猝不及防，产生紧张、慌乱感或兴奋感。

2. 拉镜头。拉镜头与推镜头相反，是指摄像机沿光轴逐渐远离被摄主体拍摄连续画面的摄像方法。拉镜头使被摄主体逐渐远离观众，画面由局部转到整体，由小景别到大景别，逐步展现人、物与周围环境的联系。

拉镜头也可以采用改变变焦距镜头的焦距，使镜头的视角由窄变宽，拍摄范围由小变大，实现拉远。

运用摄像机变焦镜头进行变焦"推"、"拉"，造成的空间变化效果不如移动摄像机机位造成的推拉效果强。

3. 摇镜头。摇镜头，是指摄像机机位不动（即以点为轴心），摄像机镜头做上下或左右转动拍摄连续画面的摄像方法。这类镜头主要是表现周围环境中的事物，纵览场景全貌，或者介绍被摄对象之间的联系。

摇镜头既可以上下摇也可以左右摇，根据内容的需要还可以灵活自如地连续转动，造成独特的艺术气氛或者观看效果。

摇镜头要把内容表现得有头有尾，要求开头和结尾的画面都能看清，并且两个头尾之间一系列的画面也应该是被表现的内容。镜头的运动速度一定要均匀，起幅应先停滞片刻，然后逐渐加速、匀速、减速、再停滞，落幅要缓慢。

4. 移镜头。移镜头，是指摄像机以线（摄像机机位变化）为轨迹，边移动边拍摄连续画面的摄像方法。移镜头有横移、纵移、曲线移动方式。横移拍摄，使摄像机的机位进行左右移动拍摄；纵移拍摄，使摄像机的机位进行前后移动拍摄；曲线移动拍摄，摄像机在移动拍摄的同时，还伴随着改变摄像机镜头的光轴方向。

5. 跟镜头。跟镜头，是指摄像机追随着运动中的被摄主体拍摄连续画面的摄像方法。跟镜头可以造成连贯流畅的视觉效果，不管是横向还是纵向，摄像机始终跟随着被摄主体，使观众仿佛跟着主人公一起走、一起看，一起感受画面中环境的气氛。

6. 甩镜头。甩镜头也叫作闪摇镜头，是指从镜头的起幅疾快地摇到落幅的拍摄方法。甩镜头的特点是摇摄中间的画面短时间变得非常模糊。甩镜头能表现事物时间、空间的急剧变化，造成观众心理的紧迫感。

7. 升镜头。升镜头，是指摄像机垂直地从低到高拍摄连续画面的摄像方法。升镜头可以表现从点到面的关系、依次展示空间层次关系。镜头升起过程中，被摄主体在画面上视觉重量减轻、变弱，表现出退出、离开，可以反映出主体特有的心态和情绪。

8. 降镜头。降镜头，是指摄像机垂直地从高到低拍摄连续画面的摄像方法。可以表现从面到点的关系。常常被用于影片、段落开始的时候，实现在一个镜头内介绍整体、突出主体形象，表现参与感与进入感。

9. 虚镜头。虚镜头，是指拍摄过程中调节摄像机镜头上的调焦环，改变画面的焦点，使画面产生虚化效果的拍摄连续画面的摄像方法。虚镜头常常用于时空的转换、过渡。

10. 综合运动镜头。综合运动镜头，是指在一个镜头里把推、拉、摇、移、跟等多种运动镜头，不同程度地、有机地结合起来拍摄连续画面的摄像方法。在实际拍摄中，被拍对象是非常复杂的，特别是一些大的复杂的场面，需要实现景别和方位的各种连续变化，这时，常常是各种运动镜头的有机结合与综合运用。

（三）画面构图技巧

摄像画面构图与摄影画面构图概念类似，是指镜头画面的布局与构成。具体来说，是指在一定的画幅中筛选对象、组织对象、处理好对象的方位（角度）、运动方向，以及线条、色调等造型因素。摄像构图的根本意义在于积极主动地调度观众的视线，引导观众该看什么，不该看什么，因此摄像构图要从观众观看角度出发，设计好各种画面的构成，以取得最佳的视觉效果。例如，对于没有人物的画面，在做环境介绍时，根据所要表现的对象，要找出主要对象（或能表现环境特色的对象）作为构图的依据。需要突出某个对象时，应以该对象作为构图结构的中心。对于有人物的画面，人物通常是要表现的主要对象，应以人物为画面构图的依据，摄像机常伴随人物的"表演"做复杂的位置设置和角度选择，或跟随人物运动。

与静态摄影构图不同，摄像中被摄对象运动，或者摄像机运动，或者两者同时形成综合的运动，会使构图不断发生变化，画面的构图结构和情节重点会发生相应的改变，被摄主体在画面中的位置及画面形象的透视关系也随之变换。摄像人员要根据变化的特点在运动拍摄过程中组织画面，使拍摄意图（思想）得到充分的表达。

与静态摄影构图不同，电视画面的画幅是固定的，不能像照片那样在事后进行剪裁和修饰，拍摄只能在现场的镜头前一次完成，虽然拍摄可以进行安排和组织（如电视剧、音乐电视等），但拍摄完成后的电视画面的构图关系及画面结构不能像图片那样进行后期加工。

与静态摄影构图不同，摄像构图是动态的均衡，其均衡的界限不局限于一个画面中，而是穿插于一组或一段镜头之中，因此在运动摄像构图中，可以建立均衡同时又打破均衡，在变化中求得整个画面的统一、均衡。

（四）拍摄画质控制技巧

数码摄像机自动化程度很高，已基本"傻瓜"化。但是，由于拍摄时光线情况不佳，拍摄对象的移动以及摄像机的运动，使用自动操作方式拍摄时，常常出现焦点不实、被摄对象模糊、色彩还原不准等现象，造成画质低下。因此，对于专业人员来讲，手动操作是拍摄的首选，自动操作只是在对画质要求不高或应急情况下才使用。

1. 手动聚焦。一般情况下，当拍摄远离画面中心的景物，拍摄位于布满灰尘或水滴的玻璃后面的物体，拍摄位于栏栅、网、成排的树或柱子后的主体，拍摄一个在暗环境中的物体，拍摄快速运动物体或者移动物体后面的目标物，拍摄反差太弱或无垂直轮廓目标物的时候，往往会让画面处于失焦和准焦游移状态，摄像机往往不能跟着被摄物的运动而"咬住"焦点。选择手动聚焦方式，可以将焦点锁定在固定位置，防止焦点来回变换。手动聚焦需要一定的训练，才能应用自如。

2. 手动亮度调整。以全自动模式在逆光、夜景条件下摄像时，逆光往往使主体或人物正面全黑，背景很亮，夜景往往是黑暗中灯光过曝，画面质量很差。将全自动模式切换到手动模式，按动亮度调整键（或者手动曝光菜单）进行画面亮度的调节，逆光时将亮度调亮，夜景时则调暗，就会大幅改善画面质量。一般应依据寻像器或是LCD液晶显示屏上数字数据或直方图进行调节，也可直接依据寻像器或是液晶屏幕上的画面亮度进行调节。

3. 手动光圈使用。在推、拉、摇、移等运动摄像过程中，画面亮度有时会产生很大的变化，这种变化会引起摄像机输出信号的幅度剧烈的变化，在此过程中，如果使用自动光圈拍摄，摄像机会通过电信号反馈立即驱动机件缩小或放大光圈，光圈变化会使画面忽亮忽暗。因此在一个镜头中画面亮度有变化的情况下，用手动光圈调节方式进行拍摄更能保证质量。

目前，专业级或广播级的摄像机都具有自动光圈调整、手动光圈调整以及即时自动光圈调整等控制方式，以处理不同条件下的景物亮度变化。

4. 快门的应用。专业摄像机也有快门，与照相机的快门作用有所不同，有减光的作用。在有些场合下可以用它来减光以增大光圈从而缩短景深。在拍摄高速运动物体时，用适当的快门速度值可减小拖尾，增加清晰度。例如，某款摄像机的电子快门包括SLS（慢速快门）、ECS（扩展清晰扫描）及1/60s~1/2000s 8个挡位。选择SLS模式，用于在光线暗淡的条件下拍摄物体。ECS用于在拍摄监视器屏幕这类物体时获得没有水平噪声带的影像。1/60s~1/2000s 6个挡位主要用来拍摄快速移动的物体，拍摄时可以根据物体的移动速度选择一个合适的快门速度。

5. 手动调制黑白平衡。专业摄像机具有自动白平衡及手动白平衡功能。一般自动白平衡能够自动校正的色温在2500K~7000K，超过此范围，就应当使用手动白平衡功能进行白平衡的校正，以保证景物色彩准确再现。调制白平衡时，摄像机对白色物体取样，几秒钟就自动完成白平衡调制。

摄像机黑平衡的正确与否也会影响所拍摄景物彩色的正确还原，尤其是画面黑色部分。当初次使用或者长时间未使用摄像机以及遇上突然的温度变化时，就需要进行黑平衡调制。黑平衡调制不良，画面中黑色部分就会带彩色。调制黑平衡时，盖好镜头盖，摄像机对黑色取样，几秒钟就自动完成黑平衡调制。

三、拍摄机位选择

机位选择就是考虑摄像机的位置安排问题。在日常生活中，人们对事物的观察是连续的，获得的空间感是统一完整的。但电视画面是镜头分开拍摄后组接起来的，因此人物或运动物体在空间关系上的连续性就容易被打乱。为了在不同机位、不同角度拍摄的镜头画面能保持位置、方向上的统一，保证镜头画面组接后观众视觉的自然过渡，拍摄时就要遵循轴线的规则，合理安排好拍摄机位。

（一）轴线

所谓轴线，是指由被摄对象的视线方向、运动方向和相互之间的关系形成的一条假定的直线。

沿被摄人物的视线方向假定一条直线，就是视线方向轴线。汽车行驶，人物运动，沿前进方向假定一条直线就是运动方向轴线。两人对坐着进行交流，在两人之间连一条线，就是关系轴线。

（二）轴线规则

为保证被摄对象在电视画面空间中的位置和方向的统一，摄像师必须始终将摄像机安排在轴线同一侧的区域内进行机位和角度等的调整，这就是摄像的轴线规则。轴线规则的要领是保持在轴线一侧180°之内区域进行机位设置、角度安排和对画面景别的处理与表现。

一般拍摄中，摄像者应以大景别、主角度交代空间方位及人物、环境间的关系，确定拍摄轴线，随后的拍摄都必须在这条已确定轴线的一侧完成。

（三）越轴

镜头越轴亦称为"离轴""跳轴"，即在拍摄时摄像机安排超越轴线一侧180°范围的界限。如图4-7所示，3号摄像机相对于1号、2号摄像机而言，所摄镜头就是越轴镜头。

拍摄中，如果上下两个镜头分布在轴线的两侧，则这两个镜头互为越轴镜头。若互为越轴镜头连接在一起，则两个镜头中人物的方向表现相反。

摄像中，可以借助一些能起到视觉过渡作用的处理方法与手段，以创造镜头画面的

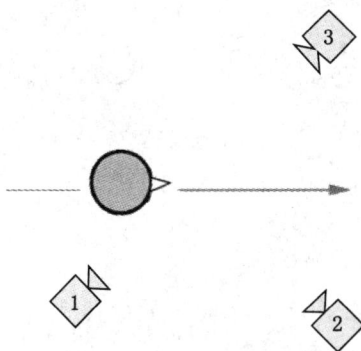

图4-7 越轴示意图

合理越轴。合理越轴，其实质是为了建立新的轴线，目的是获得丰富多变的屏幕样式和实现对画面再造空间的处理与表现。越轴需要较高的技巧。

（四）机位安排

1. 机位三角形原理。在关系轴线的一侧选择三个位置，这三个位置就可以构成一个底边与关系轴线相平行的三角形，如果将摄像机的机位设置在这个三角形的三个顶端位置上，就形成一个相互联系的三角形机位布置，这就是机位三角形原理。机位三角形原理几乎能够被用于一切场景，是摄像机位置进行安排的普遍规则。

对于一条关系轴线来说，可以有两个机位三角形的布机方法。如图4-8所示。

2. 机位三角形的安排种类。

（1）外反拍三角形外。反拍三角形架设机位法布置如图4-9所示。外反拍，是指在轴线一侧两个方向基本相对的拍摄角度。外反拍镜头又称作过肩镜头，多用于画面中表现两个主体的交流，前景人物背向摄像机，后景人物面向摄像机，画面具有明显的透视。

（2）内反拍三角形。内反拍三

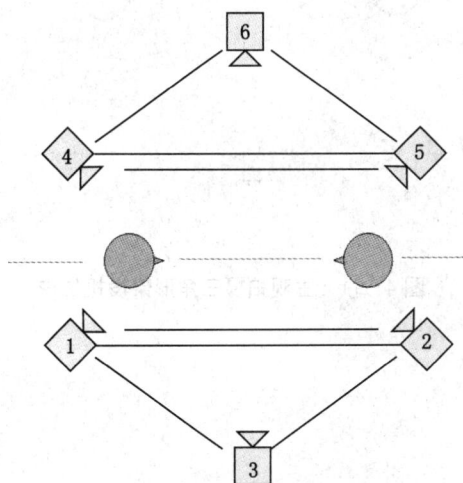

图4-8 机位三角形示意图

角形架设机位法布置如图4-10所示。内反拍，是指在轴线一侧两个方向基本相背的拍摄角度。内反拍镜头可以在画面中集中表现人物的神态语气，可使观众对画面保持较为充分的注意。内反拍要注意人物在画面中的位置和朝向，应尽量保持人物视向的前方留有一定空间。

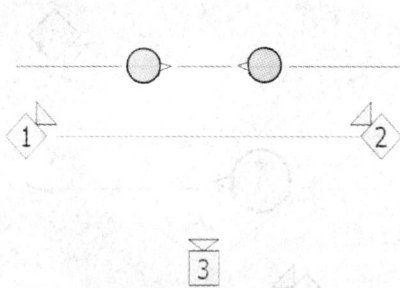

图4-9 外反拍三角形架设机位法　　图4-10 内反拍三角形架设机位法

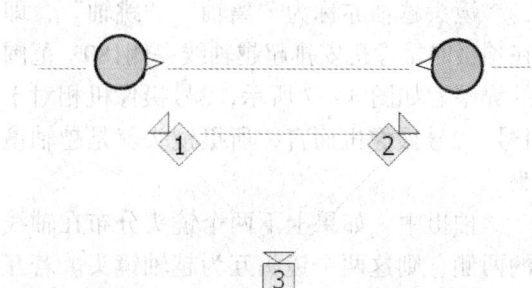

3. 主观拍摄三角形。主观拍摄三角形架设机位法布置如图4-11所示。主观拍摄三角形的机位让主体人物正面对向镜头，利用近景或特写，以骑轴拍摄来表现两个位置相对主体人物的交流关系。主观拍摄角度是一种较为特殊的带有主观角度的拍摄方式。

4. 平行拍摄三角形。平行拍摄三角形架设机位法布置如图4-12所示。平行拍摄三角形，是指在轴线一侧的机位拍摄镜头的光轴成平行角度。平行拍摄三角形机位布置是一种较为客观角度的拍摄方式。

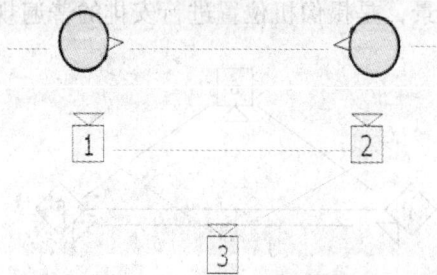

图4-11 主观拍摄三角形架设机位法　　图4-12 平行拍摄三角形架设机位法

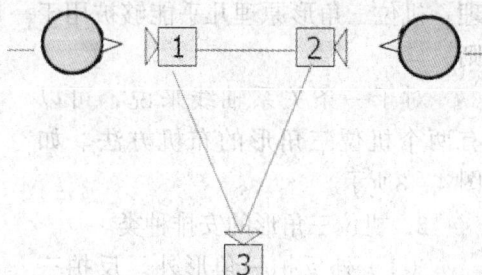

‖第三节　录像片后期编辑‖

一、录像片后期编辑设备与软件

（一）硬件设备

现代后期编辑设备都是非线性编辑（简称非编）系统设备，非线性编辑借助计算机来进行数字化编辑，几乎所有的工作都在计算机里完成，对素材的调用也是瞬间实现，可以按各种顺序排列，具有快捷简便、随机的特性。

民用非编系统很简单，只要有一台性能良好的计算机，再配置一套非编软件即可。

专业级非编系统设备，除运算速度较快的计算机和非编软件外，还有硬件IO板卡输入输出通道（俗称为非线性编辑卡）。非编卡集音视频信号的实时采集、压缩、解压缩、回放于一体，其加速的3D引擎、实时生成三维特技、高质量的字幕工具能够加速编辑，获得高质量特技效果。目前专业级非编系统占了国内业界的主要份额，典型的非编系统如大洋U-edit系列、索贝T7系列、新奥特维纳斯系列等。

广播级非编系统是视频编辑行业主流的非编系统。广播级非编系统的主要特征就是建立在工业计算机平台之上，速度快、安全性高，基本携带数据库系统，除了编辑，还具备完善的素材管理、检索系统。另外，广播级非编卡一般都是高端的具备复杂运算的非编板卡，一般是全接口IO板卡。目前国内主流的广播级非编系统有大洋D3系列、索贝E10系列、极速X系列、新奥特喜马拉雅系列等。国外如美国Avid公司的Avid media Composer Adrenaline，日本Canopus公司的EDIUS Broadcast、EDIUS NX等。

（二）编辑软件

编辑软件是对视频源进行非线性编辑的软件，通过对加入的图片、背景音乐、特效、场景等素材与视频进行混合，对视频源进行切割、合并，通过二次编码，生成具有不同表现力的新视频。典型的专业编辑软件有Adobe Premiere Pro、Final Cut Pro、EDIUS、Avid media composer等，入门级编辑软件有Sony Vegas、会声会影、Video Edit Magic以及Windows XP自带的免费视频编辑工具Movie Maker等。

另外，合成软件，如AE、Combustion、DFsion、Shake等，三维软件，如3DMAX、MAYA、Softimage和Zbrush等可以辅助编辑制作特效、动画。

1. Adobe Premiere Pro。Adobe Premiere是Adobe公司的非编软件。其最新版本为Adobe Premiere Pro CC。它是易学、高效、精确的视频剪辑软件。它提升使用者的创作能力和创作自由度，是视频编辑爱好者和专业人士广泛采用的编辑软件。Premiere提供了采集、剪辑、调色、美化音频、字幕添加、输出、光盘刻录的一整套流程，并和其他Adobe软件高效集成。Premiere开放性好，拥有众多的第三方插件，极大地扩展了自身的功能。目前这款软件被广泛应用于广告制作和电视节目制作中。

2. Final Cut Pro。Final Cut Pro是Apple苹果电脑公司推出的非编软件。其最新版本为Final Cut Pro x10。Final Cut Pro凭借精确的编辑工具，可以实时编辑所有影音格式，单击一下即可将作品输出到苹果设备、网络、蓝光光盘和DVD上。Final Cut Pro支持多机位剪辑、多声道音频剪辑、内容自动分析等功能。例如，内容自动分析功能，在剪辑的过程中，Final Cut Pro会在后台对原始素材进行分析，从而大幅提升素材文件的准备速度。内容自动分析功能可帮助扫描素材，并根据操作人员喜欢的工作方式生成元数据，提供有范围依据的标签，这些标签涉及素材属性、摄像机数据、镜头类型以及镜头里面是一个人、两个人或者一群人。可以用这些标签来分类、过滤或者搜索片段。

3. EDIUS。EDIUS是日本Canopus公司的非编软件。其最新版本为EDIUS 7。EDIUS提供了实时、多轨道、多格式混编、合成、色键、字幕和时间线输出功能。EDIUS 7让操作人员可以使用任何视频标准，输出视频能达到1080p50/60或4KB数字电影分辨率。拥有数百种转场特技，多种视频滤镜效果。可以采集HDV，DVCPRO-50、DVCPRO-HD原始信号，获得高品质高清画面。

4. Sony Vegas。Sony Vegas是索尼公司推出的视频编辑工具。其最新版本为Vegas Pro12。Vegas有较为强大的功能，较高的可靠性，并简单易用。Vegas可以方便地对视频素材进行剪辑合成、添加特效、调整颜色、编辑字幕等操作。Vegas还可以将编辑好的视频迅速输出为各种格式的影片，直接发布于网络，刻录成光盘或回录到磁带中。Vegas 12提供了全面的HDV，SD/HD-SDI采集、剪辑、回录支持。

5. 会声会影（Ulead Video Studio）。会声会影是由Corel公司的消费级的视频编辑软件。其最新中文版为会声会影x7。会声会影操作简单易懂，界面简洁明快，在国内普通用户中的普及度较高。会声会影的成批转换功能与对捕获格式完整支持，让剪辑影片更快、更有效率。会声会影影片制作向导模式，只需要三个步骤就可快速做出影片。

二、录像片后期编辑步骤

广义的后期编辑的流程，包括把原始素材镜头编辑成录像片所必需的全部工作过程。当接到已拍摄好的素材镜头和已录制好的声音素材时，首先应确定编辑方案，然后检查素材、组接镜头、合成音响，最后审查修改成片。编辑方案一般是指编辑人员了解了录像片的稿本内容，在领会和理解了该录像片用途以及制作要求的基础上，对全片的基调、节奏、镜头段落的衔接等进行全面的分析考虑后，提出的编辑方法。录像片后期编辑的操作一般在非编系统中完成。

用非编系统编辑录像片，操作步骤如下：首先创建一个"项目文件"；再对拍摄的素材进行采集，存入计算机，再将素材导入项目窗口，通过剪辑并在时间线窗口中进行装配、组接素材；再为素材添加特技、字幕；再配好解说、添加音乐、音效；最后合成影片、导出文件，或者输出"片子"。每种非线性系统编辑软件具体操作不完全相同，但差异并不是很大。

（一）新建项目，设置项目参数

新建项目是编辑录像片的第一步，编辑人员应该按照录像片的制作需求，配置好项目参数设置。有的非编软件如Premiere，要先在弹出窗口的页签中进行项目参数设置，而后才能打开软件，进入编辑工作界面。

（二）素材采集和导入

1. 素材采集。将拍摄录制在磁带上的视音频信号通过非编卡或者视频采集卡采集存放到硬盘上，这一过程称为素材采集。在非编系统中采集素材，应先将录像机的视频、音频输出与非编系统采集卡上相应的视频、音频输入用专用线连接好，保证信号畅通，然后设置采集的素材源、素材采集的路径以及压缩比，视频信号的亮度、对比度、色度及音频信号的音量等相关参数。有条件时，还要接好视频监视器和监听音箱，便于对编辑过程的监视和监听。

大多数非线性编辑系统是实时地把磁带上的视音频信号转录到磁盘上，因此采集很费时间。还有如BETACAM SX和DVCAM、DVCPRO等，可以通过QSDI等数字接口实现素材的4倍速采集，提高素材的采集效率。采集时应尽量使用数字接口，例如QSDI接口、CSDI接口、SDI接口、DV接口、IEEE1394接口等。

2. 素材导入。素材包括各种手段得到的准备用来编辑的视频和音频文件，包括采集的视频素材，拍摄存储在硬盘上的视频、音频，各种数字化的声音，电子合成音乐以及各种动画素材、图像素材等。通过导入命令将这些素材导入项目面板。素材数量大，还可以在项目面板上分成子文件夹存放。导入素材过程中，应审查素材，发现问题，及时补救。

（三）视频素材组接

拍摄获得的各组视频是分散的、单一的，必须经过删减、组合等后期加工，才能浑然一体。后期编辑的重点就是利用视觉秩序和逻辑来进行视频素材组接，也就是镜头组接。

视频素材组接在非编软件时间线窗口进行。组接前通常需要进行剪辑，也就是确定入点和出点，即确定该段视频素材的开始位置和结束位置。入点和出点一般可以先在素材源监视器窗口中设置，设置的入点和出点之间的内容便是保留下来的素材。剪辑完成后，只需点击"插入"按钮，就能将修剪后的素材插入时间线。利用时间线窗口也可以设置素材入点和出点，方法是从项目窗口中拖动素材到时间线视频轨道的某个位置，直接用工具箱剪辑工具剪辑，剪辑点就是入点或者出点。

组接下一段素材，再按照上述步骤，重新选择好新的素材入点和出点，添加到时间线窗口中接在前一素材的后边，完成了两个镜头间的组接。视频素材组接完成后，可在"预览窗"观看效果，进行修改，直到满意为止。

（四）修饰

1. 添加转场。转场起着装饰、美化作用。它使素材连接更加和谐，过渡更加自然，画面更加美观。转场有模拟切换台的功能，可以实现两个镜头之间的软切换，如"淡入淡出""画像"等，也可以利用转场将切换做得很酷、很炫。但要防止滥用转场，影响画面本身意思的表达。

转场的设置非常简单，几乎所有的非编软件只需拖动欲添加的转场特效到两段素材的连接地方。转场特效默认状态下会自动调整距离，以适应两段素材，如果需要调整转场特效的持续时间、位置等，可以打开转场特效窗口进行参数设置。

2. 添加视频特效。视频特效能够改变素材的颜色和曝光量、修补原始素材的缺陷，可以抠像和叠加画面，扭曲图像，可以为影片添加粒子和光照等各种艺术效果，它是为"片子"添加艺术效果的重要手段。特别是使用的素材不是同一时间、地点的画面，它们之间的颜色会有差异，需要运用视频特效进行校正。

视频运动特效包括视频在画面上的运动、缩放、旋转等效果。设置时可以选中时间线窗口中的素材，打开特效控制面板，展开"运动"选项后，即可对视频运动特效进行设置。

3. 添加音乐、解说，进行音效设置。无论是同期声还是后期的配音、配乐，都是一部"片子"不可或缺的。添加音乐、解说，进行音效设置可以在时间线、音频调音台窗口操作。

4. 添加字幕。片头片尾的片名、说明性文字等都需要字幕制作。一般在非编软件中有单独的字幕设计窗口。在这个窗口里，可以制作出各种常用字幕类型，可以进行字幕对象的属性、填充、笔画、阴影项目的设置。不但可以制作普通的文本字幕，还可以制作图形字幕。

（五）"片子"的输出

几乎所有的非编软件支持多种方式的输出。可以输出到录像带上，录制时将非编卡中的音视频输出端口与磁带录像机（摄像机）的输入端口连接好，将影片回录到录像带。可以直接输出刻录视频光盘，可以输出视频文件，通过对影片的输出格式和压缩比的设置获得不同压缩比及不同类型的视频文件。

三、镜头组接基本规则

镜头组接，就是将各组镜头单独的画面按照视听规律和影视语言的语法章法，通过一定的合成手段，对原始素材进行选择、剪辑和组合。一部"片子"只有视听语言准确流畅，才能很好地叙述事件、表达观念和情绪，而视听语言的形成与表达效果，主要取决于画面组接的质量。

（一）镜头组接的句式

由一系列的镜头按照一定的排列次序组接起来，之所以会产生连贯、对比、联想，以及快慢不同的节奏，组成一部为观众所理解和喜爱的"片子"，是因为镜头剪辑和组合遵循了一定的规律。镜头剪辑和组合的形式与方法，称为蒙太奇。

蒙太奇是法语Montage的译音，原是法语建筑学上的一个术语，意为构成和装配。后被借用过来，引申用在影视制作上就是剪辑和组合，即镜头的组接。

变换不同视觉距离的镜头，可以形成各种蒙太奇句式。

1. 前进式句式。前进式句式是景别从远景—全景—中景—近景—特写，视距由远而近，景物的范围由大到小，把观众的视线逐渐地从对象的整体引向局部，用来表现由低沉到高昂向上的情绪和剧情的发展。前进式蒙太奇句子具有一定的视觉冲击力。例如，

  远景 大海，远处几只渔船。

  全景 一只渔船在海上作业。

  中景 几个渔民奋力拉网。

  近景 满网的鱼。

  特写 几条活蹦乱跳的鱼。

2. 后退式句式。后退式句式是景别从特写—近景—中景—全景—远景，把观众的注意力从对象的局部引向整体，它的作用在于抒情，或表现由高昂走向低沉情绪等等。例如，

  特写 一张痛苦挣扎的男人脸。

  近景 几只手在拼命地按着这个挣扎的男人。

  中景 几个穿便衣的男人押着这个已经戴着手铐的男人走向警车。

  全景 警车从围观的人群中开走。

3. 环形式句式。环形式句式是把前进式和后退式的句式结合在一起使用，由全景—中景—近景—特写，再由特写—近景—中景—远景。也可以反过来运用。环形式句式可以造成景别及至观众的情绪呈波浪、循环往复的发展情形。

4. 穿插式句式。穿插式句式的景别发展不是循序渐进的，而是时大时小，远近交替，从而形成波浪起伏的节奏。

5. 等同式句式。等同式句式镜头内容在变化，但是表达这些内容的景别基本保持不变，如特写—特写—特写—全景—全景—全景等。这类句型有加深印象、强调情绪、积累思想等效果，达到突出主题的目的。

6. 跳跃式句式。跳跃式句式也称为两极镜头，适用于情绪大起大落，事件跌宕起伏等场合，如远景—特写—远景—特写—全景—近景—远景。它可以表现情绪上的突然变化，注意力的突然集中，以及空间距离的变化。

（二）镜头组接的基本规则

镜头组接的目的就是用镜头像语言一样去表达拍摄者的意思。我们通常可从拍摄者拍摄的主题及画面的变化，感受到拍摄者透过镜头所要表达的内容，因为在镜头画面里隐含了镜头组接规则的缘故。

1. 符合事物的时空变化顺序。事物的发展都是有先有后、有始有终。一般要

按照事物发展的时间顺序进行镜头组接。例如，人乘飞机，先登机，后起飞；文艺演出，先表演，后鼓掌，再谢幕。有些事件不是固定在某一地点不变，而是所处的空间位置在不断地发生变化，镜头组接时，一般要按照事件发生地点的先后变化顺序进行组接。例如，有时一个现场会先在室内开，然后再到室外去参观，最后又回到室内总结。编辑时，则不应室内室外，跳来跳去，而应把室内镜头编成一组，然后再编室外镜头，最后再编室内总结镜头，在空间上给观众一种明确的层次感。

2. 符合人的思维逻辑。人们总以生活逻辑、思维逻辑来理解事物。不同的镜头组接、排列顺序会使人产生各种不同的视觉感受和连续思维。例如，有三个镜头：（1）孩子开心的笑脸；（2）孩子的爸爸推门而入；（3）孩子恐惧的脸。如果按照（1）（2）（3）的顺序组接，它所表达的意思是这个孩子很怕见到他的爸爸，也许在这个孩子的记忆中爸爸带给他的都是些不愉快的事情。如果按照（3）（2）（1）的顺序，就可以理解为孩子正在一个他认为不安全的地方，见到爸爸后，恐惧心理完全释放，于是开心地笑了。因此，镜头组接应合乎人的思维逻辑、认知规律，否则可能引起歧义，不能准确表达拍摄意思。

3. 景别过渡要自然、合理。两个相邻镜头组接得合理、顺畅、不跳动，就要注意景别的变化不宜过分剧烈。景别的差距过大，将产生画面的明显跳动，就不容易连接起来。表现同一拍摄对象的两个相邻镜头，如果景别差别不大，组接时，就会产生跳动，好像一个连续镜头从中间被截去了一段。特别是同机位、同景别镜头，不能相接，如果相接，必须插入其他镜头或者加入叠化或白场等特效处理。

4. 符合轴线规则。遵循轴线规律拍摄下来的镜头，在进行组接时，就能使镜头中主体物的位置、运动方向保持一致，合乎人们的观察规律；否则，就会出现方向性混乱。

5. 动接动、静接静。动，是指的是画面内主体的运动，静，是指的是画面主体静止或者画面本身是固定的镜头。如果画面中同一主体或不同主体的动作是连贯的，就可以动作接动作，达到顺畅、简洁过渡的目的，这就是"动接动"。如果两个画面中的主体运动是不连贯的，或者它们中间有停顿时，这两个镜头的组接，就必须在前一个画面主体做完一个完整动作停下来后，接上一个从静止到开始的运动镜头，这就是"静接静"。"静接静"组接时，起幅与落幅时间间隔为一两秒钟。运动镜头和固定镜头组接，同样需要遵循这个规律。如果一个固定镜头要接一个运动镜头，则运动镜头开始要有起幅；相反，一个运动镜头接一个固定镜头，那么运动镜头要有"落幅"。否则，画面就会给人一种跳动的感觉。当然，为了特殊效果，也有静接动或动接静的情况。这种情况下，组接需要一定的技巧。

6. 镜头组接的时间长度要适宜。每个镜头的停滞时间长短，是由要表达的内容的难易程度，观众的接受能力来决定的。远景全景等镜头范围大的画面包含的内容较多，观众需要看清楚这些画面上的内容，所需要的时间就相对长些。而对于近景、特写等镜头范围小的画面，所包含的内容较少，观众只需较短时间就能看清，画面停留时间可短些。同一幅画面中，画面亮的部分比暗的部分容易看清理解，如果该幅画面是表现亮的部分内容，镜头长度可以短些，相反，表现暗的部分内容，则镜头长度长一些。同样的道理，同一幅画面中，重点要表现动的部分时，画面要短些；表现静的部分时，则画面持续长度应该稍微长一些。

7. 镜头组接的影调色彩要统一。相邻镜头之间组接，要保持画面总体的明暗特征和总体色彩特征基本一致，要保持光线照明效果基本一致，防止突变，造成观众不适。

8. 表现主题与画面节奏要和谐。不同的题材、样式、风格为主题的"片子"，以及"片子"内容中情节的展现、人物的情绪变化、环境气氛变化，其节奏不同。风光片、叙事片、人物传记等题材节奏平缓，体育、娱乐等题材节奏相应快些。组接时要严格掌握镜头的长度和数量，整理调整镜头顺序，保证主题与画面节奏的和谐。

【小结】

本章包括数码摄像机、摄像技法、录像片后期编辑三部分，其内容是摄录像技术最基本的知识、原理、方法。数码摄像机一般依据记录格式决定性能质量。摄像要掌握操作要领，要使用运动镜头摄像技巧表现对象；要谋划动态构图，用手动操作控制画质；摄像中机位应符合轴线规则，用机位三角形原理安排机位。

编辑的主要工作是组接素材，修饰素材，通过变换不同视觉距离的镜头顺序进行组接可以形成不同的镜头句式，产生不同的画面理解；镜头组接应遵循一定的规则。

【思考题】

1. 数码摄像机是如何分色的？
2. 比较摄像构图与摄影构图的异同。
3. 拍摄机位选择为什么要符合轴线规则？
4. 简述非线性编辑系统上编辑录像片的步骤。
5. 通过观看一部影视片，理解镜头组接的基本规则。

第五章　现场摄影

【教学重点与难点】

教学重点：现场摄影的概念，现场摄影的一般原则与实施步骤，现场摄影各内容拍摄组成及拍摄要点，现场摄影的方法，现场摄影卷宗的制作。

教学难点：现场摄影各内容的拍摄要点，现场摄影各拍摄方法的具体应用，现场摄影卷宗的制作。

‖第一节　现场摄影概述‖

一、刑事案件现场和现场勘验检查

（一）刑事案件现场及其分类

刑事案件现场，是指刑事案件发生的地点和留有与案件有关的痕迹、物品的一切场所，是侦办案件取得揭露和证实犯罪证据的主要来源。犯罪现场除实施犯罪阶段的地点和场所外，还包括预备犯罪和实施犯罪后的一些地点和场所。

构成刑事案件现场，必须具备三个要素：一是时间、空间要素；二是被侵害对象及周围物质环境变化的要素；三是犯罪嫌疑人犯罪行为的要素。三要素之间相互关联、彼此依存、缺一不可。时间、空间要素是刑事案件的基本条件；被侵害对象及周围物质环境变化是刑事案件现场的必然结果；犯罪嫌疑人的犯罪行为必然与时间、空间、现场变化同时存在，这是刑事案件现场的重要内容和基本要件。构成刑事案件现场的三个基本要素是刑事案件现场区别于其他现场的客观依据，同时也决定了刑事案件现场的特点。其特点包括：一是现场上储存着有关犯罪嫌疑人的信息；二是现场上保留着犯罪证据；三是现场状态容易发生变化或遭到破坏。

在实际案件侦破中，现场分为多种，根据案件的性质可分为命案现场、盗窃案现场、抢劫案现场、强奸案现场、爆炸案现场、纵火案现场、投毒案现场、交通肇事现场等；根据作案实施的顺序又可分为第一现场、第二现场等；根据自然或人为对现场的变动情况，可分为原始现场、变动现场、伪造现场、假案现场等。

（二）现场勘验检查

刑事案件现场勘验检查，是指侦查人员、专业技术人员为查明案件事实，收集有关证据，获取有关线索，依法运用刑事科学技术手段和专门的调查方法，对与犯罪有关的场所、痕迹、物品、人身、尸体等进行勘验、检查，对刑事案件进行调查的一种侦查活动。

根据《公安机关办理刑事案件程序规定》第195条的规定，刑事案件现场勘验检查的任务是查明犯罪现场的情况，发现和收集证据，研究分析案情，判断案件性质，确定侦查方向和范围，为破案提供线索和证据。该规定第197条规定，刑事案件现场勘验检查应当按刑事案件现场勘验检查规则的要求拍摄现场照片，制作现场勘验检查笔录和现场图，对重大、特别重大案件的现场，应当录像。

现场勘验检查人员依法利用笔录、绘图、摄影、录像录音等方式，记录现场勘验检查过程和客观所见，并编成卷的文书影像资料称为现场勘验检查卷宗。现场勘验检查卷宗的主要内容包括：勘验检查笔录、现场图、现场照片、现场录像等，卷宗以文本、电子文档的形式进行保存。勘验检查笔录是以文字的形式客观、全面、系统、连贯地记录发案时间、地点、勘验检查过程、勘验检查所见，以及与犯罪有关的情况，其不足之处是受文字形式所限表述不够直观，同时还会受人的视觉、感觉等影响而对现场认识和理解不够准确，甚至产生偏差。现场图是以制图学的原理和方法，以简练的几何图形、线条和符号的形式，直观、形象地记录现场的具体位置、重点物品和状况，以及它们之间的相互关系，可以弥补现场笔录中有些地方难以用文字准确说明的缺陷，但是其表现形式只能表示空间上形成的变化，而无法表现现场痕迹、物品的具体形态。现场摄影和现场录像是对现场笔录和绘图的进一步的客观、全面、形象、精确的补充。现场摄影是以静止的照片形式，客观、形象地记录现场，它弥补了现场笔录和绘图不够形象的缺陷，但不能反映现场的连续性变化过程。现场录像是以声像并茂的连续、运动的画面记录现场，具有连续性、运动性、完整性的特点。勘验检查笔录、现场图、现场照片及现场录像这四种现场记录的表现形式各有特点、相辅相成、相互印证、相互补充、缺一不可，共同构成了现场记录的完备体系。

二、现场摄影的概念

刑事案件现场摄影是运用专门的拍摄方法和技术手段，将案件发生的场所和与案件有关的痕迹、物品，客观、准确、全面、系统地予以固定、记录的专门摄影。是刑事现场勘查中不可缺少的重要组成部分和记录手段，为分析研究案件现场提供形象的图像信息，为技术检验和鉴定工作提供条件，为刑事诉讼和审判提供证据。

由于现场摄影是用摄影的方法，以图片的形式记录和再现现场的，所以它具有摄影的一般特点，即拍摄的迅速性、记录的客观性、照片的形象性；又由于现场摄影有别于普通摄影，因而决定了它固有的特点。

1. 拍摄的迅速性。从现场拍摄的角度来说，与现场笔录、绘图相比，现场摄影可以在很短的时间内完成固定、记录犯罪现场的任务，体现了现场拍摄的迅速性。随着数码相机在刑事摄影中的运用，其迅速性不仅体现在拍摄上，还体现在照片的处理和传输上，使得现场照片变得更加快捷方便。

2. 记录的客观性。现场摄影中，由于镜头成像的科学性、客观性，使得现场摄影能够客观正式地记录现场。只要全面系统地将现场拍摄下来，就可以弥补现场勘查对某些细节的忽略或认识上的主观性和片面性。由于现场摄影的证据作用及要求，现场摄影所记录的内容必须客观、真实地反映现场的原始状况，反映犯罪行为与痕迹物证之间的关系，不允许增加和减少、修饰、改变甚至伪造现场状况，以保证现场证据的真实、客观和合法。

3. 形式的形象性。现场摄影是以图像这种非常形象化的形式再现现场的。现场摄影可以形象地记录和再现现场环境，客体及痕迹的位置、形态、大小、色泽、质地以及相互关系等。一套好的现场照片会使没有到过现场的人犹如亲临现场，可以很清楚地了解犯罪现场的有关情况。

4. 程序的合法性。现场摄影是依据《刑事诉讼法》以及《刑事案件现场勘查细则》的有关规定而进行的侦查行为，其工作程序、方法、内容均有法律规定，是法律规定的执法行为。现场摄影作为现场勘查的组成部分，其工作程序是严格按照法律的规定和办案的要求以及《刑事科学技术工作细则》《现场摄影、录像要求》等有关规定进行的，在程序上是合法的。现场摄影程序上的合法性，既是侦查的需要，也是法律的要求。

5. 技术的科学性。现场摄影在技术上的科学性体现在两个方面。首先，现场摄影所运用的摄影技术本身就是一门科学技术，它是依赖光学、化学、机械学、电子学以及计算机技术等科学技术的发展而诞生的；其次，现场摄影在痕迹、物品的发现、提取等具体操作中也是按照科学的方法、手段进行的，与现场勘查的科学性要求相一致。

6. 手段的专门性。现场摄影是一项专门性的工作，这种专门性包括两个方面的含义：一是使用手段的主体必须是具有侦查权的刑事技术人员或由侦查机关聘请的专业技术人员。二是手段本身的专门性，即针对不同的现场和不同的对象而采用专门的器材和技术方法，如特种光源的运用、模糊图像处理系统的运用等。

三、现场摄影的设备器材

（一）数码相机

近年来，随着我国电子技术的迅猛发展，数码摄影在刑事摄影领域迅速普及。数码摄影机以其拍摄成像快捷、可靠性高、即时重拍、自动平衡，曝光增益、处理容易，管理方便、快递快捷，潜力巨大等优点，越来越广泛应用于现场摄影，在现场摄影工作保证质量、提高效率、扩大拍照范围等方面，起到了巨大作用。

按照公安部的规范要求，现场摄影所使用的数码相机应具备成像元件系CCD或CMOS的单镜头反光式机身，并应具备配备标准定焦镜头、焦距在广角至中焦范围变焦镜头、微距镜头的条件；现场摄影所取得的数字图像文件采用RAW、TIFF、JPEG等格式；影像的文件格式及其文件大小，必须确保数字影像质量，数码相机拍摄的图像文件不得小于1MB。另外，选择那些CCD高于500万像素、具备夜间摄影、感光度调节等功能的摄影机，才能为现场摄影的正常进行和保证成像的质量提供先决条件。

（二）近拍装置

近拍装置是现场摄影中拍摄手印、足迹、伤痕等各种痕迹以及其他细小物品时所需的装置。需要近距离拍摄时，必须使用近拍装置，与数码相机配接的近拍装置有微距镜头、近摄镜、近摄接圈、近摄皮腔等。

（三）三脚架和快门线

三脚架是现场摄影不可缺少的相机固定装置。现场摄影中有时需要在环境较暗的条件下低速拍摄，有时需要进行直线连续和回旋连续拍摄，有时需要拍摄细小的痕迹或物品，为保证拍摄质量，必须使用三脚架加以固定。应当配备升降方便、转动灵活、牢固稳定、携带方便的三脚架。另外，最好配备一架万能云台。

快门线是在长时间曝光时，为防止手指按动快门相机震动造成影像模糊而使用的，一般和三脚架一起使用。

（四）照明设备

照明设备，是指用于摄影的人造光源。由于案件现场的具体光线条件各不相同，有时甚至很差，摄影光源则是保证现场拍摄成功的一个极为重要的因素。因此，现场摄影必须具备良好的照明灯具。现场摄影常用的光源分为持续发光光源和瞬间发光光源两大类。持续发光光源主要有普通白炽灯、日光灯、碘钨灯、现场勘查灯、多波段光源、手电筒、小型聚光灯等；瞬间发光光源主要有电子闪光灯、微距闪光灯、环形闪光灯等。

（五）滤光镜

数码相机使用的滤光镜主要是红外滤光镜、紫外滤光镜和偏振镜。类型和功能运用各不相同。

（六）比例尺

现场拍摄具有检验鉴定价值的痕迹物证时应在被拍痕迹物证同一平面上放置比例尺，以标示原物体或痕迹的大小。比例尺有黑底白刻度比例尺、白底黑刻度比例尺、黑白相间比例尺、彩色比例尺、透明比例尺等，以mm为刻度单位，误差不超过1/10mm。现场摄影时还应具备钢卷尺、皮尺，用于拍摄步法、交通工具痕迹和大型物证。比例尺的使用规定如下：

1. 比例尺于画面或特征下方居中部位。

2. 比例尺应与被拍物的主要特征在同一水平面上。

3. 比例尺与相机光轴垂直。比例尺上不得有反光。

4. 根据被拍物体颜色和使用的感光片种类选择比例尺种类。深色客体要选黑底白刻度线的比例尺；浅色客体要选白底黑刻度线的比例尺；彩色客体要选彩色比例尺；透明客体要选透明比例尺。

5. 要根据被拍物体长度来选择比例尺的长度（一般比例尺长度≥物体长度）。

6. 需要摄影提取具有检验鉴定价值的重要痕迹时，应加放直角比例尺。拍摄步幅时，应放置贯通画面的皮尺。

（七）附属设备

除上述摄影器材外，还应配备现场勘查痕迹物证编号签、柔光、反光、遮光器具、闪光同步感应器等器材。以上设备器材应有序放在专用的包、箱中并经常检查可靠性、完备性和有效性，以备随时使用。

四、现场摄影的一般原则及步骤

（一）现场摄影的一般原则

1. 现场拍摄应当及时、全面、客观、准确。

2. 现场拍摄所需器材设备应完备有效，能随时投入现场使用。

3. 遵守勘查秩序，服从统一指挥，与其他技术勘检工作协调配合开展。

4. 现场拍摄前拍摄人员应对拍摄内容和表述方法筹划构思，拍摄时应依照一定步骤和顺序，系统连贯、有条不紊地进行。

5. 现场拍摄人员应对现场所有场景、细目进行全面、细致的拍摄，对一时难以甄别是否与案件有关的痕迹、物品也应按照要求拍摄。

6. 现场拍摄的画面应主题明确、主体突出。对其他勘验人员要求拍摄的画面，如不明白其拍摄意图和所表现的主题内容时，应主动问明。

7. 现场摄影应尽量避免将勘查人员和勘查器材、车辆等拍入画面。

8. 现场摄影应清晰、准确地反映出所拍摄的主题内容，合体、准确地选择光源和光照角度，要防止反光和不良阴影破坏画面主题内容。

9. 拍摄重要物证时要请见证人过目。需提取拍摄的物品要先拍摄固定其原始状况，提取时要办理手续。所提取的物品均应妥善包装、保管，避免损坏、丢失。贵重物品或保密文件必须由专人保管，拍摄后及时送还。

10. 当现场物品所在环境、位置影响反映轮廓、形态特征时可先固定其原始状况，然后移至适当背景、光线条件下拍摄。

11. 勘查结束后及时查看图像，发现有误要及时补拍。

（二）现场摄影的实施步骤

1. 了解案情。拍摄人员到达现场后，应与其他勘检人员一同了解案件发生、发现的时间、地点和经过；了解现场原始状况、变动情况及保护措施；了解出入现场的人员及原因。

2. 固定原始现场。在巡视现场的同时或详细勘查开始之前，首先应迅速准确地对现场概貌状况进行拍照固定。

3. 拍摄构思和拍摄计划。根据现场状况，明确现场拍摄的内容、重点，研究制订拍摄计划。当两人以上共同承担现场的拍照任务时，要共同制订拍照计划，统筹安排拍照的先后顺序，分工明确具体任务和责任范围。

4. 确定拍照次序。

（1）先拍概貌，后重点部位、细目。

（2）先拍原始的，后拍移动的。

（3）先拍容易破坏、容易消失的，后拍不容易破坏、不容易消失的。

（4）先拍地面，后拍上部。

（5）先拍急，后拍缓。

（6）先拍易，后拍难。

（7）现场方位拍照要根据具体情况灵活安排。

5. 查漏补缺。整个现场拍摄完毕后，应检查拍摄的照片，如果需要补拍应及时向现场指挥人员提出将现场保留。

‖ 第二节　现场摄影的内容 ‖

现场摄影的内容包括现场方位摄影、现场概貌摄影、现场重点部位摄影、现场细目摄影和现场突发事件与意外情况摄影。现场摄影几个方面的拍摄内容应有机地组合在一起，构成一套系统、完整、准确、全面的现场照片。

一、现场方位摄影

（一）现场方位摄影的概念

现场方位摄影以整个现场和现场周围环境为拍照对象，反映犯罪现场所处的位置及其与周围事物关系的专门摄影。

每起案件都是在某一特定的地点、时间内发生的，并具有其特定的环境条件，将其记录在案是现场摄影中不可缺少的一项重要内容。现场方位摄影可以说明案件发生的具体地点、位置和环境特点，以及现场与周围环境间的联系等。因此，现场方位摄影在说明犯罪现场与现场周围有关的景物、道路、环境、季节、气候、气氛的同时，还应拍摄用于确定现场具体地点、方向、位置的标志物等。

现场方位摄影既可在现场静态勘查时进行，也可在动态勘查之后进行。总之，现场方位摄影的时机以不影响现场勘查和现场摄影的顺利进行为佳。

（二）现场方位摄影的拍摄要点

1. 取景构图。以远景画面构图，要把中心现场安排在画面的黄金分割点附近。取景范围要大，要选择距离中心现场较远、较高的地点为拍摄点，远景画面，突出重点，显示现场。要注意将一些能反映现场位置及周围环境的永久性、半永久性标志物（如商场、车站、街名、门牌、路标等）作为前景一起拍入画面。

2．镜头和拍摄方法的选择。用标准镜头大景深俯拍。

一般采用"单向法"；环境复杂的现场方位拍摄采用"相向法"；现场范围较大时，可采用"回转法"或"直线法"将现场方位拍摄成连接片，画面衔接处应避开现场重点部位。

3．拍摄用光。使用自然光拍摄。夜间现场应在白天补拍，气象条件恶劣时应在气象条件转好后补拍。

（三）现场方位照片的相关要求

1．现场方位照片中心现场的标示。现场方位照片中心现场应使用符号（↓）标示。

2．现场方位照片数量。现场方位照片通常用一张照片表示（如图 5 - 1 所示），特殊情况可由一组照片表示（如图 5 - 2 所示）或拼接照片构成（如图 5 - 3 所示）。方位照片的组合不得超过4张。

图 5 - 1 一张照片表示方位

图 5 - 2 一组照片表示方位

图 5 - 3　拼接照片表示方位

二、现场概貌摄影

（一）现场概貌摄影的概念

现场概貌摄影，是指以整个现场或现场中心地段为拍摄对象，反映现场的全貌以及现场内各部分关系的专门摄影。现场概貌摄影的内容是除现场环境以外的整个现场以及现场范围内各地段、各区间上的一切物体和现象（如图 5 - 4 所示）。

图 5 - 4　现场概貌照片

现场概貌摄影的内容反映了现场原始的全貌及内部概况，为分析案件性质、犯罪过程、犯罪手段提供了全面完整的影像信息，对案件侦破具有重要的作用和意义。

现场概貌摄影的特点是全面反映整个犯罪现场状况，重点反映犯罪现场内部物与物、物与犯罪活动以及犯罪痕迹间的联系及其特点。因此，现场概貌摄影必须准确反映整个现场范围，全面反映现场内痕迹、物品的分布状况和所在位置以及彼此间的联系，反映犯罪嫌疑人出入现场的路线，从而使人们了解犯罪现场发生的案件性质、特点，作案人的作案手段、目的、过程，痕迹物品所在的部位以及彼此之间的联系，表明现场各个具体细节等。照片内容应能对现场范围、整个状况和特点有一个全面、完整的反映。

（二）现场概貌摄影的要求

1. 要求保证原始状况固定。到达现场后要立即弄清现场的保护情况并巡视现场范围，要在巡视现场的同时或在详细勘查现场之前，迅速拍摄固定现场场景、物品的原始状态、位置和相互关系。对原始状态已经变动和改变的现场，应尽力弄清楚变动的原因、变化的范围及程度，并尽快了解进出现场的人员及原因。

2. 要求保证全面完整。范围大、案情重大的现场，概貌内容多而杂乱，拍摄前一定要制订拍摄计划。

（三）现场概貌摄影的拍摄要点

1. 取景构图。各个层次的概貌均以全景画面构图，每个层次的概貌画面内要反映出所属全部重点部位，现场中心或重点部位应置于画面黄金分割位置。

2. 镜头和拍摄方法的选择。用标准镜头大景深拍摄，一般采用单向拍摄法、相向拍摄法或多向拍摄法，也可以拍摄连接片，要尽量避免重要场景、物品互相遮挡和重叠。

3. 拍摄用光主要使用自然光拍摄。光照要均匀柔和；使用灯光或闪光灯照明时，尽量用反射光照明；室外逆光条件拍摄概貌时，应在镜头前加遮光罩，并应给主体的正面补光。

三、现场重点部位摄影

（一）现场重点部位摄影的概念

现场重点部位摄影，是指记录现场上重要部位或地段的状况、特点以及与犯罪有关痕迹、物品与所在部位的专门摄影。其作用是反映物证与现场及现场上物证与物证之间的关系。

（二）现场重点部位摄影的内容

现场重点部位摄影可以充分反映案件的性质，对分析作案人的作案目的、作案过程以及案件的侦破都具有特别重要的意义，是现场摄影的核心内容。就某一案件来说，现场重点部位可能是一处，也可能是多处；案件的性质不同，案发地点环境不同，实施作案的手段也因人而异。因此，不同案件现场的重点部位摄影，拍照对象也有所不同，应根据现场具体情况进行。

1. 命案现场的重点。这类案件多数情况下都有尸体或尸块、尸骨、血迹等，各种痕迹物品相对集中。凶手案件现场应重点拍摄现场出入口、尸体的位置与姿势（如图 5 - 5 所示），搏斗、行凶、移尸的部位和与案件有关的痕迹、凶器、衣物等遗留物所在的位置以及血迹喷溅滴落的状况等。

图 5-5　尸体的位置与姿势

2．盗窃案件现场的重点。重点拍摄被破坏和被盗窃的保险柜、桌、柜等所在的位置、外形、大小及其被破坏的状况和程度；被移动物品的状态和位置；遗留在现场的作案工具、痕迹、物品的位置及相互关系；作案人进出现场的路线和出入口状态。

3．抢劫案件现场的重点。拦路抢劫案件现场应重点拍摄犯罪嫌疑人的守候地点、来往路线、搏斗痕迹，以及遗留在现场的足迹、有关痕迹、物品及位置；入室抢劫案件现场应重点拍摄出入口，被破坏的门、窗、作案工具及其破坏痕迹，被抢劫处的状况（如图 5-6 所示），犯罪嫌疑人接触过的物品等。

图 5-6　被抢劫处的状况

4．纵火案件现场的重点。重点拍摄起火点及其位置，留有引火物的部位以及燃烧最严重的或可以说明某种问题的部位，有纵火痕迹的物品，留有破坏工具痕迹、手印的没用烧完的门、窗、桌、椅、柜等物品及痕迹所在部位，被烧死的尸体等。

5. 爆炸案件现场的重点。爆炸案件大多发生在商场、车站、娱乐场所、火车上、汽车上等公共场所，应重点拍摄爆炸点的位置，被炸对象及其被破坏的程度，爆炸抛出物的状态及位置，留有引爆物品及残留物（如雷管、导火索等）的部位，被炸死的尸体，冲击波所涉及的范围及具体位置等。

6. 投毒案件现场的重点。重点拍摄尸体及其所在位置、倒卧姿势，留有呕吐物、排泄物的部位，留有可疑食物、药物以及盛装食物和有毒物质器皿的位置，剩余的食物、毒物及其所在位置、状况，死者附近因中毒死亡的动物、昆虫等。

7. 强奸案件现场的重点。重点拍摄实施强奸或进行搏斗的位置，留有痕迹和物品的位置，如留有死者足迹、身体压痕的地方，沾有血迹、精斑的衣服、床单所在部位，犯罪嫌疑人袭击被害人、作案人逃跑的路线等。

8. 交通肇事案件现场的重点。重点拍摄事故形态（碰撞、碾压、翻车）以及车与车、人与车相撞的碰撞点位置等情况。

（三）现场重点部位摄影的拍摄要点

1. 取景构图与画面数量。分别以全景、中景或近景画面构图，重点与概貌相结合，反映局部与整体的关系；原始与变动相结合，重要痕迹、物品应安排在画面的黄金分割位置；技术运用合理、保证正确反映画面数量要根据案情合适选取，宁多勿少；避免遗漏。

2. 镜头和拍摄方法的选择。使用标准镜头，以单向法、相向法或多向法拍摄；要选择合适的拍摄方向和角度；角度适当，避免变形。

3. 重点部位拍摄用光与概貌摄影相同，光照要均匀柔和。

四、现场细目摄影

（一）现场细目摄影的概念

现场细目摄影，是指记录现场上发现的与犯罪有关的、具有检验鉴定价值和证据作用的细小局部状况和各种痕迹、物品，以反映其形状、大小、细节特征的专门摄影（如图 5 - 7 所示）。在案件侦破过程中，现场细目照片对于揭露与证实犯罪有重大的意义和作用。

现场细目摄影的对象是具有检验鉴定价值和证据作用的细小局部状况和各种痕迹、物品，包括：与人密切相关的各种痕迹、作案工具、现场遗留物、各种微量物证等。

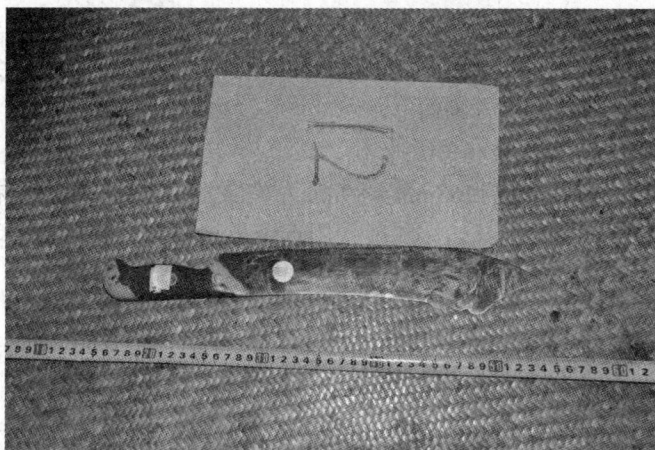

图 5－7　现场细目摄影

（二）现场细目摄影的要求

1．要准确地反映细目在现场上的位置及其特征。拍摄细目时，要准确地反映出细目的所在位置，证明所拍的细目确系现场上遗留并被提取的，还可以为研究痕迹形成的条件和变化，为分析案情提供客观的依据。一般可先拍所在部位，后拍其形态大小，再拍细节特征。

2．保证被拍痕迹、物品清晰、完整、不变形。拍照中要使用中焦或标准镜头，调焦要准确，保证拍摄的痕迹物品影像不变形。要运用三脚架和快门线。取景构图时，要完整地反映被拍物，既要充分利用画面，又要留有余地。如果被拍摄物体太小，可使用近拍或放大装置进行拍摄。

3．按照比例摄影的原则拍照。

4．特征反映要清晰明显。根据痕迹物证的形态特点选择不同的配光强度和配光方向。一般情况下，痕迹花纹的方向决定配光方向，痕迹花纹的深浅决定配光的角度。尤其是拍摄细小的痕迹物品时，由于使用近拍装置，拍摄距离非常近，调焦要求耐心、细致和非常精确，这样才能保证影像清晰。

5．拍摄要及时。现场上有些痕迹物品，随着时间的推移，容易受人为或自然条件的影响而发生变化。例如，雨地、雪地上的手印、足印、粉尘痕迹极易损失甚至消失。室外遗留的痕迹，一旦遇到风吹雨淋，极易被破坏；雪地上的痕迹，阳光照射后，会很快融化消失；尸体损伤，会随着尸体的腐败而发生变化或遭到破坏。因此，现场痕迹、物品作为重要的证据，必须及时拍摄。

6．坚持先拍摄后提取的原则。细目摄影，应尽量在现场上将其拍摄下来，尤其是对不便提取的痕迹物品，要运用各种痕迹物品的拍摄方法和技巧反复拍摄；对在现场拍摄确有困难的或须采用特种检验摄影方法拍摄的痕迹物品，应带回实验室拍摄，但也要坚持先拍摄后提取的原则，以防在提取的过程中遭到人为破坏。

7. 注意分类编号。现场同类型痕迹、物证有两件以上的，应当分别编号，并将痕迹、物证及其编号签摄入画面。

（三）现场细目照片的相关要求

现场细目照片的尺寸应为63mm×89mm左右或89mm×127mm左右。现场细目摄影属于近距离摄影的技术范畴，一般采用近距离拍摄和比例尺拍摄。

五、现场突发事件与意外情况摄影

（一）现场突发事件与意外情况

1. 犯罪分子继续犯罪、毁证、自杀等行为。
2. 抓获、搜查、突击审查、击毙犯罪分子。
3. 发现、获取重大证据或重要情节及过程。
4. 爆炸、起火等突发性情况。

（二）现场突发事件与意外情况拍摄要求

平时要进行应急思想教育、器材准备和开展针对性技术演练。当现场出现突发事件时，现场摄影人员宜用"超焦距调焦法"等技术手段，迅速、准确地抓拍、抢拍突发事件的全过程。

‖ 第三节　现场摄影的方法 ‖

研究现场摄影的拍摄方法必须紧密结合现场摄影内容的整体性和拍摄的目的性，同时也必须明确案件性质不同，现场环境不同，拍摄对象、目的和要求不同，其拍摄方法往往也不同。只有灵活运用拍摄方法，才能顺利地完成现场摄影的任务。

一、单向拍摄法

（一）单向拍摄法的概念

单向拍摄法，是指从一个方向对现场某一被拍物或现场某一侧面进行拍摄的一种摄影方法（如图5-8所示）。

在现场摄影的实践中，单向拍摄法在现场摄影中应用比较广泛，多用于现场重点部位摄影和现场细目摄影，也可以用于一些场面小、环境不太复杂、拍摄内容较少的现场方位摄影、现场概貌摄影。其特点是简单、快捷，适合拍摄范围不大的犯罪现场，不足之处是只能反映被摄场景的一个侧面。

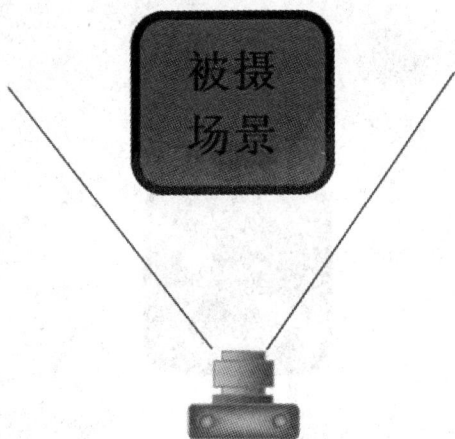

图 5 - 8　单向拍摄法

（二）单向拍摄法的步骤和方法

1. 先确定拍摄内容、目的、范围，以便正确选择拍摄点，合理取景构图。

2. 准确调焦，确保影像合适的反差和层次。

3. 准确曝光。

（三）单向拍摄法的要求

1. 运用单向拍摄法拍摄现场概貌和现场重点部位时，应将摄影机镜头处于水平位置，尽量不用仰拍或俯拍手法；在拍摄现场细目时，应将摄影机镜头垂直于被拍物平面，以免影像变形。

2. 单向拍摄法多用小光圈、较低快门速度，以获得较大的景深，保证整个画面中的影像都清晰。

3. 尽量使用顺光或前侧光。

4. 要注意选择适当的拍摄角度、拍摄高度、拍摄距离，以获得较好的拍摄效果。

二、相向拍摄法

（一）相向拍摄法的概念

相向拍摄法，是指从两个相对的方向、相等的距离对被拍物进行拍照的摄影方法（如图 5 - 9 所示）。

相向拍摄法的特点是能反映被拍物相对的两个方向和侧面的情况，充分反映现场中心部位状况及其与前景和后景的相互关系。相向拍摄法非常适合从两侧或从两端方向拍摄的对象。

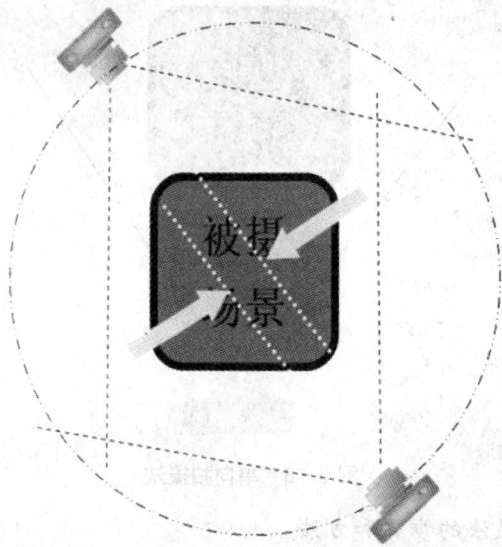

图 5-9　相向拍摄法

（二）相向拍摄法的步骤方法

1. 根据拍摄对象和要求，确定是否需要用相向拍摄法。

2. 根据拍摄范围、内容和光照条件，选择恰当的拍摄距离、拍摄方向、拍摄角度，确定两个相对的拍摄点。

3. 取景、调焦、曝光。

（三）相向拍摄法的要求

1. 两个拍照点应尽可能做到拍照的两个方向相互对应，以能够表现背景和中心物体周围的有关痕迹、物品为原则，但相对的两个拍摄点和被拍物中心不一定在一条直线上。逆光情况下如果出现反光现象，可调整拍照点或在相机镜头上加偏光镜、遮光罩来消除；逆光时应增加曝光以保证所拍摄的画面影调一致。

2. 尽可能使两个拍摄点到中心部位或目标的距离和高度相等，以保证两张照片的影像大小、比例关系基本一致，以便互相印证。

3. 相向拍摄法的两次拍摄条件、放大倍率、照片的尺寸及影调、色调要一致。

4. 拍摄较窄长的物体时，应从其两侧拍摄，避免从两端纵向拍摄造成影像变形。例如，尸体切忌从头到脚两个方向拍摄，应从尸体两侧拍摄（如图 5-10 所示）。

5. 相向拍摄相对的两个画面中，要包括共同的参照物以反映物体间的关系，不可遗漏参照物；否则，就会让人对现场状况无法理解。

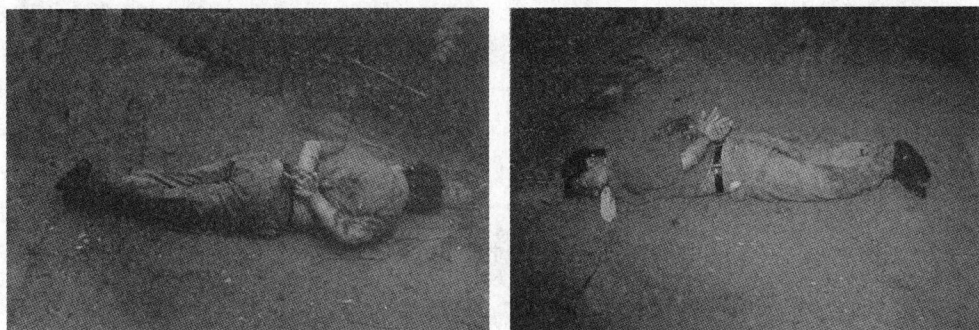

图 5 - 10　相向拍摄法拍摄尸体

三、多向拍摄法

（一）多向拍摄法的概念

多向拍摄法，是指以现场某一被拍物为主要目标，从几个不同的方向、以相等的距离对被拍物进行拍摄的摄影方法。其特点是能充分反映被拍物不同侧面的状况，反映周围景物及所遗留痕迹、物品的分布状况以及它们之间的相互关系。

运用多向拍摄法时，根据现场环境状况，以及被拍物的特点和拍摄要求，可进行三向交叉（如图 5 - 11所示）或十字交叉等多向拍摄（如图 5 - 12所示）。多向拍摄法能更充分、更全面地反映被拍物的不同侧面的状况及其与周围有关物体之间的联系，因此，被广泛运用于现场概貌摄影和现场重点部位摄影。

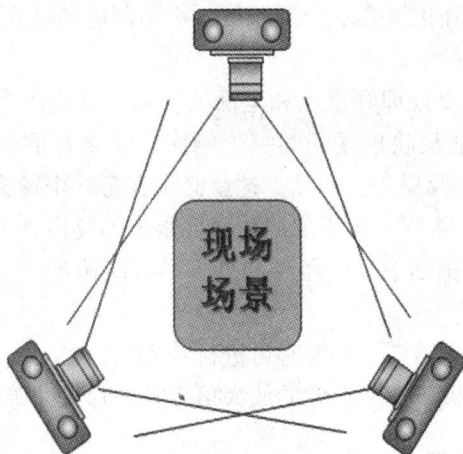

图 5 - 11　三向交叉拍摄法

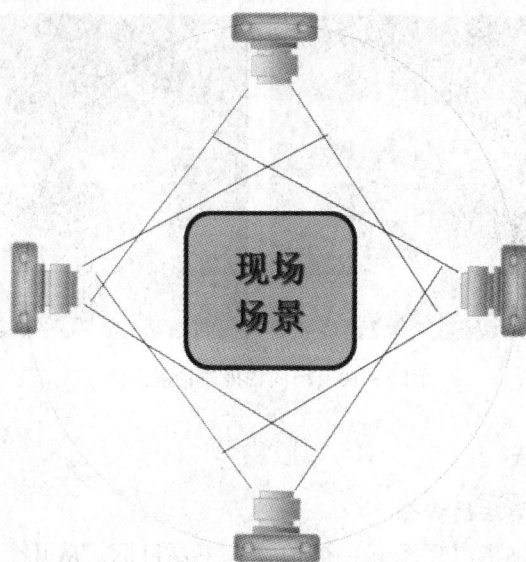

图 5 - 12　十字交叉拍摄法

（二）多向拍摄法的步骤方法

1. 根据拍摄对象和现场环境的特点，确定从几个方向拍摄，并且要对每个拍摄点的拍摄方向以东、南、西、北为序加以记录。

2. 根据所确定的拍摄方向、拍摄范围和被拍物，选择每一个镜头的拍摄点，每一个拍摄点到被拍物的距离应相等。

3. 根据现场情况和拍摄要求合理取景、正确调焦和曝光。

（三）多向拍摄法的要求

1. 取景构图时，要处理好重点和全面的关系。这是因为多向拍摄法的每一个镜头都是独立的，只能反映现场的某一个侧面。既要有重点地反映主要目标的全貌，又要反映周围景物及痕迹、物品，这就必须在每一个镜头的取景构图时，处理好重点和全面的关系；否则，拍摄的照片就会重点不突出，主次不分明。

2. 各拍摄点与被拍物中心的距离和高度尽可能相等，以保证每张照片的影像大小、比例关系一致。

3. 应尽量避开逆光拍摄，必要时可进行补光。

4. 每张照片的拍摄条件、影像的放大倍率及照片尺寸等要一致。

四、回转连续拍摄法

（一）回转连续拍摄法的概念

回转连续拍摄法，是指固定摄影机机位，只转动摄影机改变拍摄方向，以水平或垂直方向将现场进行分段连续拍摄，最后将这些照片拼接在一起，成为一张完整照片的拍摄方法（如图 5 - 13所示）。

左转第二幅　　　正中第一幅　　　右转第一幅

图 5 - 13　回转连续拍摄法

　　这种拍摄法可以完整地反映现场及现场周围的景物，适合于现场范围较大、拍摄点无法后移的现场，一般用于场面较大的现场方位摄影和环境较小的室内现场概貌摄影。

　　（二）回转连续拍摄法的步骤和方法

　　1. 选择正对场景中部的位置，将配标准镜头的相机安装在三脚架上，相机要能左右转动。调整镜头光轴水平并指向场景中部，拍第一幅画面。

　　2. 镜头光轴分别向左、右转动小于20°的相等角度，分别拍摄第二幅、第三幅画面。相邻画面间要留有约画面宽度1/5的影像重叠区，以利于拼接照片。

　　3. 宜采用"超焦距调焦法"大景深拍摄。对于同一个现场，所拍摄的画面控制条件应基本一致。

　　（三）回转连续拍摄法的拍摄要求

　　1. 拍照点应选在能够看到现场全貌并正对现场中心的位置，把主要被拍对象安排在画面的结构中心或前景醒目的位置上，避免被其他物体遮挡。

　　2. 转动照相机改变拍摄方向时，要使照相机保持水平，要避免转动轴移位（转动轴应在摄影机镜头的中心），以减少影像的变形。照片影像的变形长度取决于摄影机水平程度和摄影机转动时转动轴的位置。

　　3. 两个相邻画面的拼接点应选在有明显标志的、纵向直线条物体上，不可选在与案件有关的主要物体上；两个相邻画面要有适当重叠区，重叠区应占每个画面的1/5。

　　4. 回转连续拍摄的所有画面控制条件要一致。

　　五、直线连续拍摄法

　　（一）直线连续拍摄法的概念

　　直线连续拍摄法，是指将照相机垂直于被拍物表面，即照相机的焦平面和被拍物平面保持平行和等距，照相机沿着被拍物表面向左右呈直线移动，并将被拍物分段连续拍摄成若干画面，然后将这些照片拼接在一起，形成一张完整照片的拍摄方法（如图 5 - 14所示）。

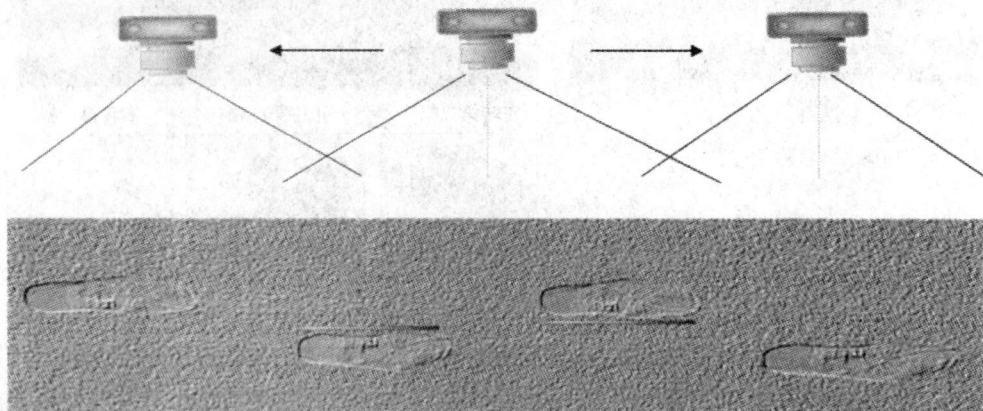

图 5 - 14　直线连续拍摄法

直线连续拍摄法在现场摄影中，适用于存在同一平面内的被拍物，如狭长路段、成趟足迹、房屋正面、篱笆、道路、长条车轮痕迹等。这种拍摄法的优点是在拍摄平面痕迹时，不容易产生变形。

（二）直线连续拍摄法的步骤方法

1. 将摄影机镜头的光轴垂直于被拍物的平面，等距离地移动摄影机，从取景器内观察，确定物距，确定每个画面的拍摄点和拍摄张数，选好两个相邻画面的拼接点。

2. 使用标准镜头相机沿与场景平行且等距离的同一条直线左右平移，镜头光轴保持与场景平面垂直。

3. 镜头指向场景中部拍第一幅，再向左右平移，分别拍摄第二幅、第三幅等。

（三）直线连续拍摄法的要求

1. 拍照时，每幅画面物距必须相等，同时要求摄影机镜头光轴垂直于被拍物面。

2. 拼接点选择要恰当，要避开重点物品或痕迹，确定所拍摄的画面拼接线时，应避开现场重点物品和痕迹物证的主要特征。相邻画面间要留有约画面宽度1/5的影像重叠区，以利于最后拼接照片。

3. 直线连续拍摄法拍摄的所有画面控制条件要一致。

4. 对于有证据意义的痕迹物品，要在被拍物的同一水平面放置比例尺进行比例摄影，以显示被拍物的实际大小。

5. 不可将无关的物品摄入画面。这种拍摄法多为近距离且垂直拍摄，因此很容易将拍摄者的双脚、三脚架支架以及灯影、人影摄入画面，从而影响画面效果。

六、测量拍摄法

测量拍摄法，是指将带有标准刻度的比例尺和被拍物一同摄入画面，以测量原物大小及客体间距离的摄影方法。测量拍摄的具体方法有厘米比例尺拍摄法、深度比例尺拍摄法、测量带拍摄法、方形比例尺拍摄法、坐标测量系统拍摄法等。在现场摄影中最常用的是厘米比例尺拍摄法，主要用于现场上有关痕迹、较小物品或尸体、活体上损伤等现场细目摄影。

‖ 第四节　现场摄影卷宗的制作 ‖

现场摄影卷宗的制作，要按我国国家标准GB/T 29351—2012《法庭科学照相制卷质量要求》的规范进行。本标准适用于各类刑事案件现场照片的制卷，也适用于治安案件和灾害事故现场摄影卷宗的制作。刑事案件检验照片和其他证据照片制卷也应参照本标准。

一、数字影像使用规范

（一）数字影像的拣选、存储和传输

数码相机拍摄的数字影像，在制作现场勘查、检验鉴定和科学实验等照片卷时，可对所需的原始数字影像文件进行适当处理，但图像处理仅限于改善图像质量与调整图像大小。图像处理过程应具有客观性和可重复性。

与案（事）件有关的数字影像文件，应当保存原始数据，原始数字影像文件不得做任何处理，并有主办案（事）件单位存储并备份，存储的原始数字影像文件应注明案（事）件的名称或编号等相关信息。

根据案件侦查的需要，数字影像文件可以用于网上查询，但要按照数字影像文件规定的格式进行。静止数字影像文件采用JPEG格式，数字视频文件采用MPEG格式。数字图像文件用于网络传输时，可以对数字影像文件进行适当压缩，但不得小于200KB。指纹图像转换为灰度图像，灰度等级为256，其图像大小为512像素×512像素，分辨率为500dpi。足迹图像转换为灰度图像后，文件大小为200～300KB。其他数字图像用于网上传输时，可以是彩色图像，文件大小为200～300KB。

数字影像文件应使用光盘、硬盘等存储介质，或者使用磁盘阵列、磁带机等设备。必要时，可异地备份。

（二）数字影像资料的管理

数字影像资料应作为档案保存管理，并由主办案（事）件的单位负责数字影像资料的整理登记工作，除有特殊原因外，主办案（事）件的单位保存一年后即应移交档案部门归档保管。

未破案件和已破杀人、爆炸、放火、强奸、绑架、投毒、伤害致死、入室抢劫、涉枪、特别重大或者采用特殊作案手段盗窃、计算机犯罪、重大毒品犯罪等案件的数字影像资料应当永久保存；其他已破案件的数字影像资料应保存30年。

（三）数字影像的制作和规格

数码相机拍摄的数字影像在输出时，可以将图像直接打印或制作成照片粘贴在卡片纸上，并做必要的标划和文字说明。照片的几何形状应以横幅矩形为主，竖幅矩形不应过多。必要时，可裁剪少量方形或圆形，不得裁剪成棱形或三角形。照片的长度比例应在8∶5左右。照片的尺寸应根据画面内容和组合编排需，按以下尺寸制作：

1. 直接反映现场方位、概貌、重点部位的主要照片和重要细目照片，尺寸为90mm×130mm、100mm×150mm、130mm×180mm、120mm×200mm左右。

2. 辅助反映现场局部场景、特写照片，尺寸为60mm×90mm、90mm×130mm、100mm×150mm左右。

3. 直接反映痕迹物证的照片，比原物大或放大。

4. 指纹印比原物大或放大3倍左右，掌纹印比原物大或略放大，足迹比原物大或放大0.5倍左右，弹壳痕迹放大4倍左右，弹头痕迹放大10倍左右。

5. 其他痕迹物证照片的放大倍率，以清晰反映形象特征为前提，一般应为60mm×90mm、90mm×130mm、100mm×150mm左右。

6. 连接后的照片宽度为60～90mm、长度为150～300mm。拼接照片宽度不小于89mm（3.5英寸）、长度不大于305mm（12英寸）。

二、现场照片卷宗的构成

（一）封面（如图5－15所示）

封面包括：案卷编号、份号、密级、案卷题名、制作机关和制成时间等内容。案卷题名应包括：案件发生时间、案件发生地域、案件名称、案卷内容等。案件名称应与现场勘验笔录、现场图的案件名称一致，一般应包括被侵害对象及侵害结果，也可使用有案件代号、案件性质的名称。

（二）封二（如图5－16所示）

封二应包括如下内容：现场地点、案件名称、案件性质、发案时间、拍照时间、拍照人、制卷单位、制卷人、审签人、生效标识域、案卷页数、卷内照片张数，案卷份数等。

秘密

宁公刑现照字〔2014〕第020084号
份号：1

"2014.02.20"宁乡县城郊乡嘉城花园5栋1单元102室
周X家被盗案

现 场 照 片

宁乡县公安局

二〇一四年二月二十日

"2014.02.20"宁乡县城郊乡嘉城花园5栋1单元102室周X家被盗案　现场照片

图 5－15　封面

现场地点：宁乡县城郊乡嘉城花园5栋1单元102室

案件名称：周×家被盗案

案件性质：盗窃

拍照时间：2014年2月20日

拍 照 人：谢××　曾×

制卷单位：××县公安局

制 卷 人：谢××　曾×

审 签 人：唐××

二〇一四年二月二十日

本卷共　13　页　照片　25　张

本卷共　2　份　第　1　份

图 5－16　封二

（三）案情简介

案件简介的内容包括报案时间、案件发生或发现时间及地点、报案人及被害人或事主的姓名、职业、家庭住址及案件发生、发现经过。案件简介应通俗易懂、简练准确。如果现场照片与现场勘查笔录组合在一起反映现场情况时，则案卷可以省略案情简介。对以上内容所注明的时间要准确，一般用24时制表示。

（四）目次

段落层次较多的照片案卷应编写目次。目次的内容应包括各段落层次的标题和所在页码，标题和页码之间用"……"连接。例如，

（五）正文

正文部分包括：照片、标引线、符号代号、文字说明等。

1．照片部分。

（1）照片内容。在现场拍摄的与案件有关的一切场景和细目照片；从现场提取的痕迹物证，经过技术处理后拍摄的照片；从电视机屏幕或计算机屏幕上拍摄的现场录像画面的照片或图像处理的照片。

（2）现场照片的编排。现场照片的编排，就是把现场照片以一定的逻辑思维或以作案人的活动轨迹为线索排列组合起来，形象地再现犯罪现场的整个面貌，通过现场照片的编排把反映现场不同内容的画面影像有机连贯地编排在一起，以真实、系统、全面、客观地再现犯罪现场的全貌。

现场照片编排的基本要求上简明扼要、系统连贯，照片布局合理、疏密相间适当；内容循序渐进，有充分的说服力，使人通过观看全套现场照片后，就能够了解案件发生的时间、地点、案件性质、作案手段、侵犯对象、造成的后果以及痕迹物品遗留部位和它们的相互关系。例如，某盗窃案现场照片的编排（如图5-17所示）。

2．文字说明。应批注文字说明的对象有：照片内容必须用文字表述的；经标引或附注图解后仍不能清楚准确地反映照片内容时要附注文字说明，如时间、名称、方向、距离、高度、相互间的内在联系等；在画面上有标注符号、代号的照片，一般应对符号、代号所示内容附注文字说明；用相向、多向、十字交叉等方法拍摄的多张方位、概貌照片和通过特种光源，技术手段显现拍摄的痕迹物证照片，要对所使用的拍摄方法、手段附注文字说明；划分段落层次的照片卷，应在段落层次前后附以概括内容的文字标题。这种文字说明一般写在照片的下边或右侧。

文字说明的使用要求：文字内容要通俗、简练、严密、准确。术语要与相关专业的规范术语一致。专业性较强的文字说明内容，要经参与现场勘验的有关专业

人员审定。文字说明不得使用"同上""同下"等用语。文字说明要打印，字体以宋体或楷体为宜，字号要根据内容有所区别。段落标题可用初号或1号字。层次标题可用2号或3号字。主画面说明可用3号或4号字。从属画或图解、符号、代号说明可用5号字。文字说明中带有符号、代号时，应在符号、代号位置留2～3个字的字位。带计量单位的，一般应采用阿拉伯数字。数字要写成小数，一般不写分数。不带计量单位的10以内的数字，可按中文一、二、三书写。文字说明中一律采用法定计量单位，并书写该计量单位的符号或代号，如毫米应写作mm。文字说明应印刷或贴附在照片下方或右侧，距照片边缘5～10mm的居中部位。同一版面的两张照片可用同一文字说明时，文字说明应打印在两张照片中间。涉外案件现场照片的文字说明，应用中、外两种文字来写。

　　3. 标引线。现场照片的标划不是必须对每张照片做出标引，标引是为了重点突出物体与物体之间的相互关系，强调某一主体的位置、方向、范围，说明特写镜头与犯罪现场重点部位的关系以及主画面与若干附属画面的关系等需要强调的情节。另外，凡主画面与若干附属画面组合在同一或相邻版面时，非经标引不能表达主题内容与位置关系的，则应标引。标划的方式主要是标引线或标引符号。标引线使用要求如下：

01. "2014·02·20"宁乡县城郊乡嘉城花园5栋1单元102室周×家被盗案现场方位

02. 现场楼栋概貌

03. 5栋1单元楼栋前侧概貌

第1页　　　　　　　　　　　　　　　　　第2页

04. 1单元门口处概貌

06. 周家住宅防盗门门锁现状

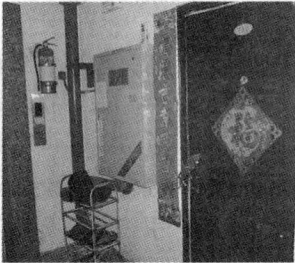

05. 周家住宅门口处概貌

07. 门把手旁撬压痕迹细目

第3页 第4页

08. 客厅南向概貌

10. 鞋柜上军功章位置现状

09. 客厅北向概貌

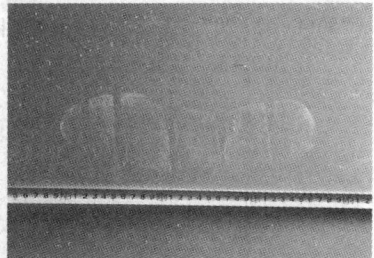

11. 室内地面鞋印细目1

第5页 第6页

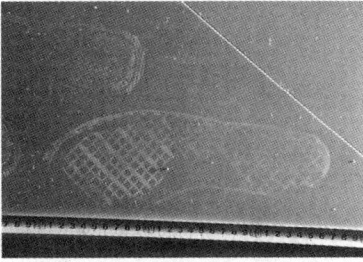

12．室内地面鞋印细目2

14．室内过道东向概貌

13．室内地面鞋印细目3

15．主卧室南向概貌

第7页

第8页

16．主卧室北向概貌

18．次卧室北向概貌

17．主卧室衣柜现状概貌

19．次卧室南向概貌

第9页

第10页

20. 次卧室双人床上物品现状

22. 客卧室南向概貌

21. 客卧室北向概貌

23. 客卧室衣柜内物品现状

第11页   第12页

24. 客卧室双人床上物品现状

25. 客卧室南侧床头柜内物品现状

第13页

图 5 - 17 某盗窃案现场照片

（1）标引线应处于同一或相邻版面，一般不得隔版面。

（2）标引线应为连续的单线条，线条宽度不宜超过0.8mm。

（3）标引线颜色以红色或黑色为宜，用色种类不应过多。

（4）标引线应平行于卡片纸的一边。必要时可以用折线，折角应为直角。一条标引线的折角不应超过两处。

（5）标引线的线端指向要准确，不应离被标引位置太远。不应把线端画在较小的被标引对象上。

（6）当标引线必须通过与线条颜色相同或相近的照片影像部位时，应改为易于辨别的颜色通过该部位。

4. 符号、代号。

（1）为直接明了地在画面上标示现场、重点部位、细目或痕迹物证特征的具体位置，以及现场方位、概貌照片的坐标方向，可使用符号、代号。

（2）符号、代号应用红色、黑色或白色标画。线条宽度不应大于0.5mm，长度不应大于5mm。

（3）符号、代号要清晰醒目，种类不宜繁杂。符号、代号标画的位置要准确。

（4）画面需要标注的符号、代号较多，或不宜在画面上直接标注符号、代号时，应用标引线引至画面以外的图文区标注。

三、现场照片卷宗的制作

1. 将案件文件夹中的所导入的案件照片按照勘验检查顺序依照"方位—概貌—重点部位—细目"的组合形式分别编号（01，02，03…），并以该照片的说明文字将照片重新命名备用（如图5-18所示）。

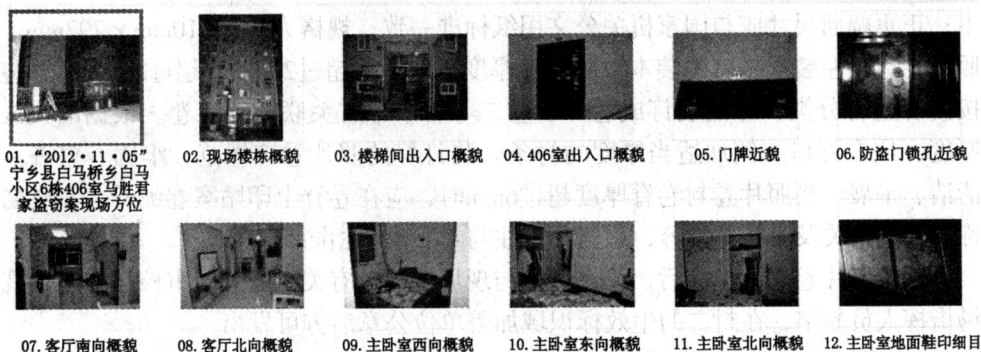

01. "2012·11·05"宁乡县白马桥乡白马小区6栋406室马胜君家盗窃案现场方位　02. 现场楼栋概貌　03. 楼梯间出入口概貌　04. 406室出入口概貌　05. 门牌近貌　06. 防盗门锁孔近貌　07. 客厅南向概貌　08. 客厅北向概貌　09. 主卧室西向概貌　10. 主卧室东向概貌　11. 主卧室北向概貌　12. 主卧室地面鞋印细目

图5-18　将照片编号备用

2. 在桌面或者自己习惯方便的地方建立一个"暂存资料"文件夹，将编排好的照片复制一份存入该文件夹备用（如图5-19所示）。

图 5 - 19　在桌面建立一个"暂存资料"文件夹

3．使用制卷系统制作封面、封二、案情简介及目次，并将"暂存资料"文件夹中的照片制作照片卷宗（如图 5 - 20所示）。

4．现场照片的装订和审签。现场照片卷宗制作完成后，应使用90～150g/m²的白色纸张或照片级打印纸或彩色相纸进行打印。

现场照片最后要制成完整的现场照片卷宗。现场照片卷宗应为左装式平订平装本；正页幅面尺寸应与国家机关公文用纸标准一致，规格为A4型210mm×297mm。照片卷应为左装式平订平装本。照片卷厚度一般不得超过20mm，超过20mm时，应按内容进行分类，分别装订成卷一、卷二等若干个有关联的照片卷。根据图文区厚度，应在订口一侧加适当厚度的衬条。装订好的照片卷应规范、牢固、整齐、清洁、平展。当照片卷封卷脊厚度超过6mm时，应在卷脊上印贴案卷编号、案卷名称、制卷机关及时间等内容，用竖形标注与封面内容相同的卷名。

现场照片卷宗制作完后，要经过参与现场勘查的有关专业人员审核，并经过现场指挥人员签字，在封二的生效标识域加盖单位公章后方可发出。

5．现场照片卷宗制作完成后，将"暂存资料"文件夹中的所有照片按照不大于300K的规格压缩，录入到全国公安机关现场勘查信息系统，并编辑好照片的相关信息。

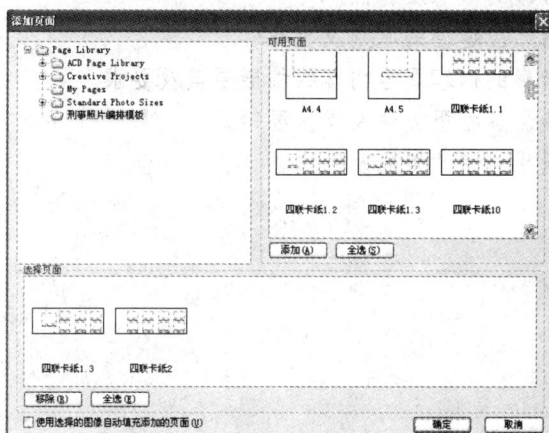

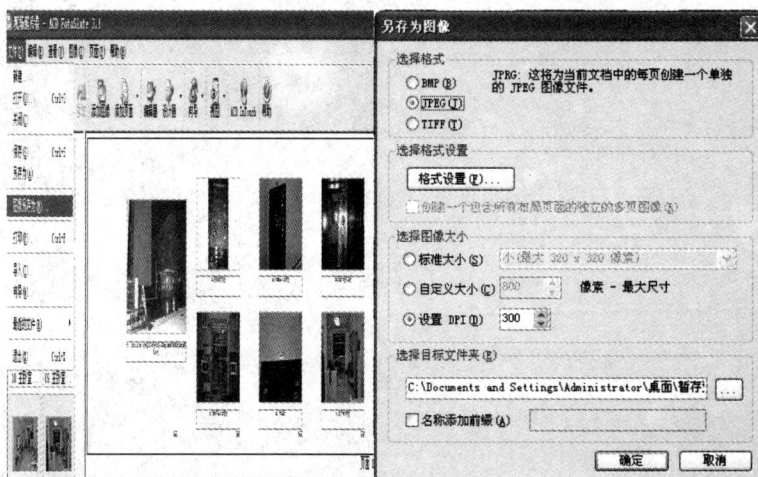

图 5 - 20　制作现场照片卷宗

【小结】

本章包括现场摄影概述、现场摄影的内容、现场摄影的方法及现场摄影卷宗的制作四节的内容。从现场摄影的概念、现场摄影的器材、现场摄影的一般原则和步骤对现场摄影进行了重点介绍，同时对现场摄影各方面的内容及拍摄要求做了详尽的介绍。在现场摄影的拍摄方法上介绍了单向拍摄法、相向拍摄法、多向拍摄法、回转连续拍摄法、直线连续拍摄法及测量拍摄法六种方法及各种方法在现场摄影中的应用。现场摄影卷宗的制作重点介绍了数字影像使用规范、现场照片卷宗的构成及现场照片卷宗的制作。教学重点在于培养学生掌握现场照片的拍摄及现场照片卷宗的制作。

【思考题】

1. 简述现场摄影的概念及特点。
2. 简述现场摄影应遵循的原则及步骤。
3. 简述现场摄影的内容及各内容的拍摄要点及要求。
4. 简述现场摄影各拍摄方法及操作要领。
5. 简述现场照片卷宗的组成及制作。

第六章 常规物证检验摄影

【教学重点与难点】

教学重点：配光检验方法（包括定向反射配光、暗视场配光、均匀配光、侧光配光、掠入射配光、侧透射配光和正透射配光），改变入射光线角度，可以显著地改变被检验物体上各种物质的相对亮度，从而增强痕迹与承痕体之间的反差。

教学难点：偏振光摄影，由于构成物体的各种物质具有不同的起偏或退偏作用，因而可以改变各物质之间的相对亮度，从而消除或减弱背景干扰。

‖ 第一节 物证检验摄影的基本要求 ‖

物证检验摄影，是指应用摄影专门方法对犯罪现场或搜查、技术检验过程中提取和发现与案件有关的痕迹、物品的成像记录和检验。物证检验摄影有以下基本要求。

一、要完整地反映被摄物体

将痕迹物证的整个轮廓、特征及其所处的位置和痕迹物证之间的关系反映出来。例如，某犯罪现场发现一个饮料瓶子，饮料瓶子上有一枚潜在汗液手印。拍摄提取饮料瓶子上手印时，需要用三个画面才能反映完整，第一个画面是反映饮料瓶子在现场中所处的位置，第二个画面是反映饮料瓶子的全貌，第三个画面是反映手印的形态特征。

二、要准确地反映被摄物体

根据刑事技术鉴定工作的要求，必须准确反映被摄物体、痕迹的尺寸大小和花纹形态，这就要做到以下几点：

1. 拍摄痕迹物证时必须使镜头主轴垂直于被摄物平面，以保证所拍摄痕迹物证的影像不变形。如果用小偏角定向反射摄影方法拍摄物证，需要在后期数字图像处理过程中将偏角摄影时造成的影像变形校正过来，以利于物证检验鉴定。

2. 拍摄痕迹物证时必须放置比例尺，以便准确反映其大小。放置比例尺时应注意的事项如下：

（1）比例尺要放在被摄物同一平面上；

（2）比例尺放在痕迹物证的下侧或右侧，间隔要小；

（3）根据被摄物体的颜色选用比例尺，浅色物体用白底黑刻度比例尺，深色物体用黑底白刻度比例尺，具有深、浅两种颜色的物体可用黑白相间的比例尺；

（4）应用彩色模式拍摄痕迹物证时，选用彩色比例尺，以便打印或扩印放大时校色用；

（5）用透射光拍摄透明物体时，应放置透明比例尺；

（6）拍摄重要痕迹物证时，应放置直角比例尺；

（7）加用比例尺的长度不小于被摄物体长度。

三、要清晰地反映被摄物体

清晰图像是物证检验鉴定的重要条件，但在痕迹检验鉴定实践中常常遇到的是微弱痕迹，这就需要采用合适的物证检验摄影方法获得痕迹物证的清晰影像。要想获得清晰图像必须掌握分色摄影、偏振光摄影、配光检验摄影以及红外线、紫外线摄影和光致发光摄影等方法。

四、检材、样本的影像要反映一致

根据刑事技术鉴定工作的要求，对检材和样本的拍摄条件，如配光方向、角度、影像的色调等尽可能一致。但是在鉴定工作中常遇到检材与样本图像不一致，如影像大小不一致、色调不一致、影像方向不一致和影像变形等。物证检验摄影中拍摄的检材与样本图像不一致，可以通过数字图像处理技术进行影像校正。

根据刑事技术鉴定工作的要求，物证检验摄影拍摄的痕迹物证图像的放大倍率要求如下：

指印放大3倍，掌印放至原大，足迹放大0.5倍，弹底痕迹放大4倍，弹头痕迹放大10倍，其他痕迹物证以清晰反映形象与细微特征为前提，一般应在63mm×89mm或89mm×127mm左右。

用Photoshop软件可以将拍摄的物证照片制作成所需要的放大倍率。制作原物大图像的方法如下：打开所需要调整倍率的图像，用鼠标右击"吸管工具"，选择"度量工具"，如图6-1所示；在图像的比例尺上量取1cm的距离（保证水平量取，即H=0），并在格式窗口下面的标尺工具栏显示出1cm的放大尺寸，即w：26.14（cm），如图6-2所示，可知当前图像的放大倍率为26.14倍；点击窗口中的"图像"菜单，点击"图像大小"，如图6-3所示；查看当前图像文档的尺寸，宽度为48.47（cm），如图6-4所示；用当前文档的宽度（48.47cm）除以文档的放大倍率（26.14），即48.47÷26.14=1.85（cm），即原物大文档的宽度值，如图6-5所示；最终获得的原物大图像如图6-6所示。如果制作3倍大的图像，用当前文档的宽度（48.47cm）除以文档的放大倍率（26.14）再乘以3，即48.47÷26.14×3=5.56（cm），如图6-7所示，获得的3倍大图像如图6-8所示。

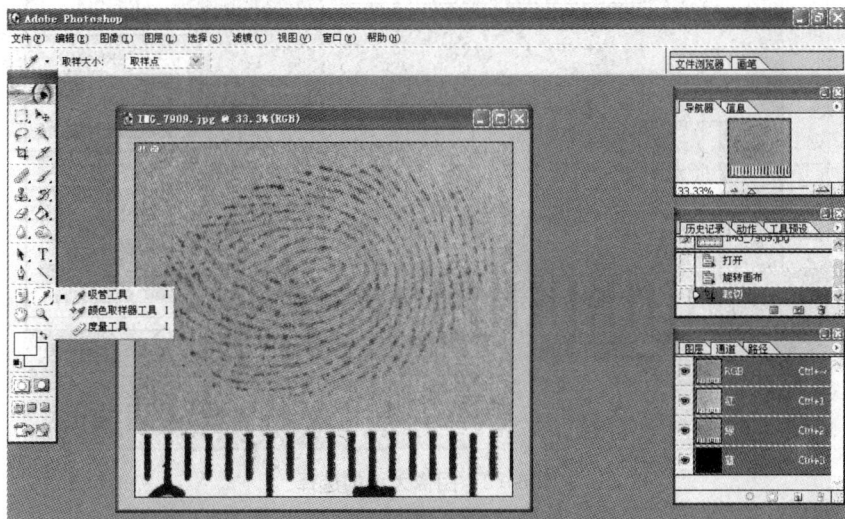

图6-1　选择度量工具

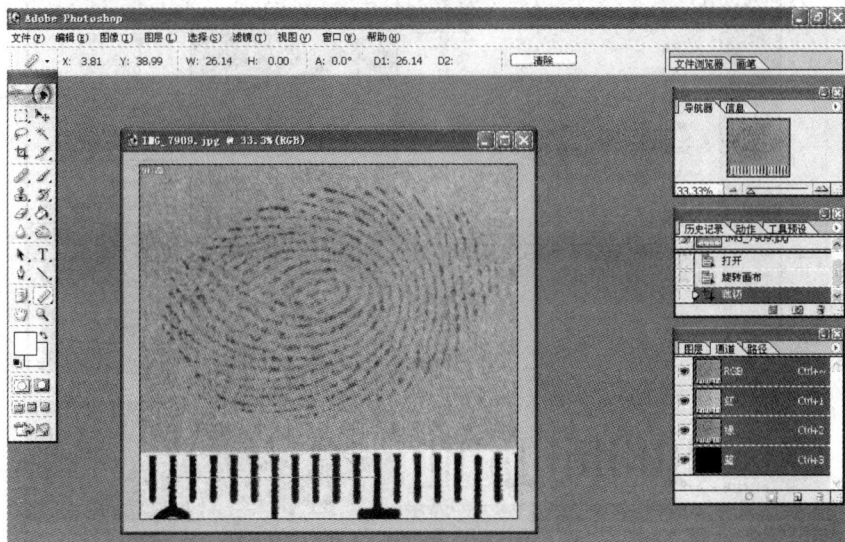

图6-2　量取图像的比例尺的1cm

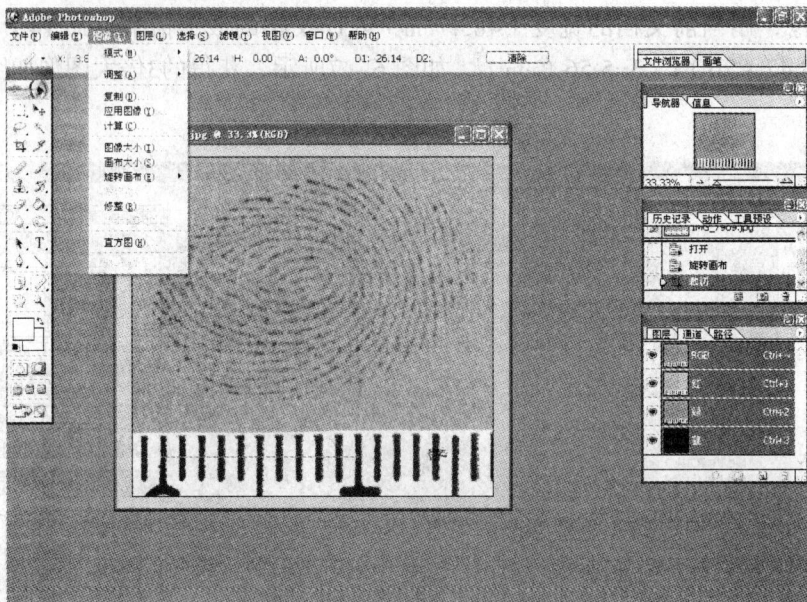

图 6-3　图像大小的选择

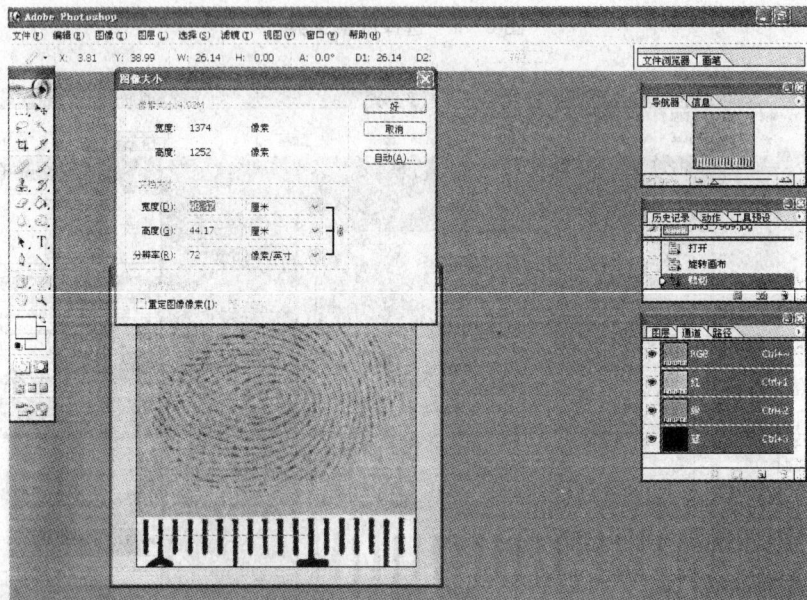

图 6-4　文档尺寸

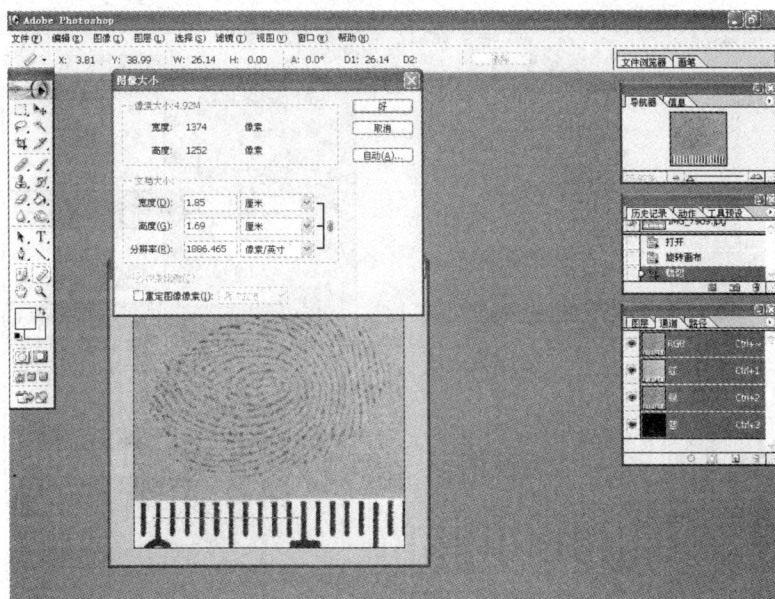

图 6-5 原物大图像的文档尺寸

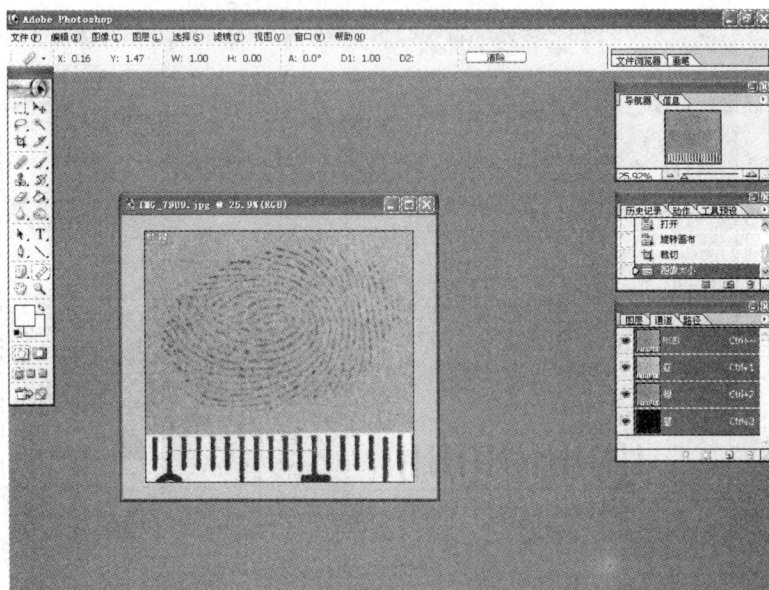

图 6-6 原物大图像

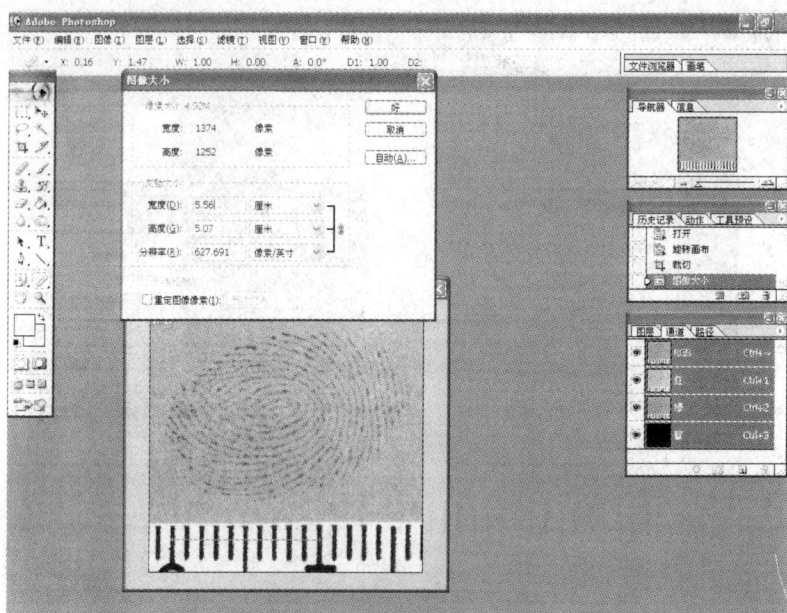

图 6-7　3倍大图像的文档尺寸

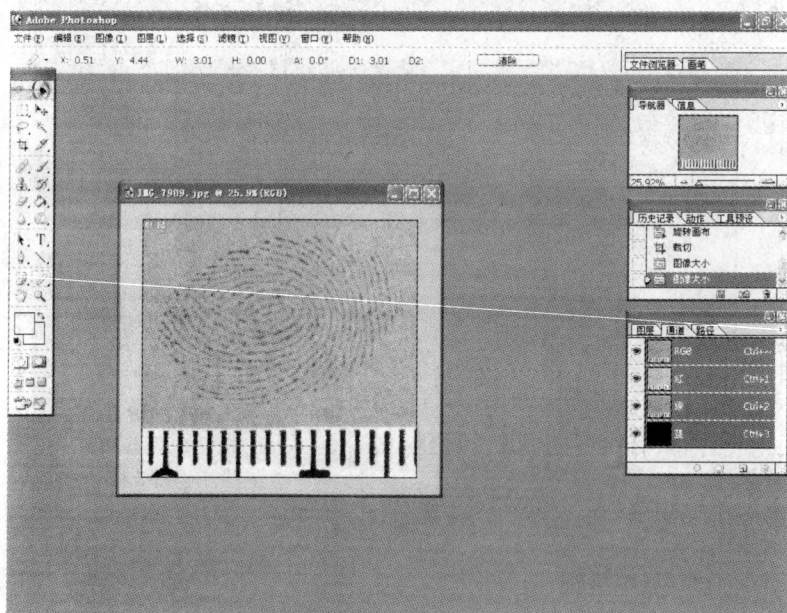

图 6-8　3倍大图像

‖第二节　翻拍和脱影摄影‖

一、翻拍

翻拍，是指运用摄影技术将平面型原件复制成照片的摄影技术。实际工作中遇到的平面型原件主要包括单据、契约、信件、书籍、文件、图表、照片、字迹、捺的手印等。

（一）翻拍常用的设备

翻拍时应该选用配有近拍装置的数码照相机，镜头的选择非常重要，它直接影响到拍照的质量，应选择那些分辨率高的标准镜头。另外，进行翻拍时要配备翻拍架或三脚架，各种衬垫物和滤光镜及各种照明光源。

（二）翻拍前的准备

进行翻拍前，要认真做好准备工作。首先要确定翻拍的范围，了解拍照的重点，确定原件放置的方向。对原件的卷曲、揉皱、折痕部分及撕碎的原件进行拼整。确定是否加衬垫，加衬垫的大小及颜色。全貌翻拍时，衬垫要略大于原件。翻拍双面书写、打印或印刷的原件，可衬以和字迹相近颜色的衬底，以减少背面字迹对正面字迹的影响。翻拍单面书写、打印或印刷的字迹，可衬托与背底相近颜色的衬底，以加强字迹的反差。为了准确地反映原件的大小，还要放置比例尺，比例尺不要放在被摄物体上，需要与被摄物体留有一定空隙，放在被摄物体的下侧或右侧。翻拍彩色物体时，要根据光源的色温来选择数码照相机合适的白平衡设置，以免偏色。

（三）翻拍的配光

翻拍技术中，最关键的环节就是配光。配光中要注意光强、光质、照明的均匀程度、物体的反光程度等因素。光源采用散射柔和光，阴影较淡，便于调配掌握。如乳白灯泡、磨砂灯泡、散射式强光灯，晴天背阴处和阴天的自然光都比较适用。避免在直射阳光下或在明丝灯泡、聚光灯下翻拍。因为在这种条件下，不容易调配均匀，照在物体上比较生硬，阴影较多，原件上稍有凸凹不平，就会显示出来。

翻拍时采取对称布光，为了使光强、角度、光照距离相同，使原件表面光照均匀。同时，当入射角度过大时，光照度就太小。入射角度过小时，被拍表面会产生反光。一般以45°左右为宜。当只有一盏灯，即单灯照明时，一定采用反光屏进行补光。

（四）翻拍的曝光

为了获得高质量的图像，翻拍中要掌握好曝光。为保证曝光正确，要针对不同拍照对象进行曝光调整，必要时可进行系列曝光。翻拍曝光采用快门线或用自拍定时模式拍摄，避免照相机在曝光时产生振动而使拍摄的图像模糊。

（五）翻拍时的注意事项

1. 防止杂乱光线射入镜头。为此，要求翻拍室的墙壁不能反光，机身、机架也不能反光。

2. 防止产生震动。注意照相机机身稳固，各连接部分要牢固，以免因周围环境的影响产生不易觉察的震动，影响翻拍效果。因此，进行翻拍工作时，不要有人在附近走动；不要在易发生颤动的地板上翻拍；翻拍架不要升得过高。

3. 保证画面准确不变形。保证画面准确不变形，拍照时镜头光轴垂直原件平面中心。

4. 使用滤光镜消除污渍。翻拍陈旧文件、古画时，要正确选用相关的滤光镜。

5. 使用偏振镜消除反光。翻拍镜框中的照片和画及玻璃板上的小件物体时，因玻璃有反光作用，使被拍物被其他杂乱的反光所掩盖，用偏振镜可以消除反光干扰。

二、脱影摄影

脱影摄影，是指对于具有体积的被摄物体，消除光照产生的阴影，清晰再现被摄物体影像的轮廓、边缘及特征的摄影技法。在刑事案件的办案中，经常需要对斧、锤、钥匙、刀、机械零件、手枪、子弹、骨骼等具有体积的物体进行拍照，无论用自然光或是灯光照射，都会在物体背后或物体侧面产生阴影。这种阴影往往会模糊或湮没物体的轮廓、局部的一些特征，给辨认和鉴定带来一定的困难。

物体阴影的浓淡是由投射光线的强弱决定的，光线越强，投影越浓；反之则淡。而被摄物体阴影的形状和大小，取决于照射光源的位置，物体和阴影投射面的距离、角度，物体的表面形态以及阴影投影面的表面形态等。因此，在配光时就要根据产生阴影的条件，设法消除或减弱阴影。

理论上脱影方法可有四种，分别是：亮背景脱影、暗背景脱影、避开阴影脱影和偏振光脱影。亮背景脱影，是指背景的亮度是很大的，所以阴影消失在亮的背景中。暗背景脱影，是指背景的亮度是很小的，而阴影的亮度比背景还要小，从而使阴影湮灭在背景中。避开阴影脱影就是将物体产生的阴影控制在拍照范围之外，不将阴影成像在感光器件上的脱影方法。偏振光脱影就是将背景光偏振化，再在镜头前加用偏振镜进行脱影。

（一）亮背景脱影

亮背景脱影主要有以下几种：

1. 环形灯脱影。分环形闪光灯和环形灯两种，如图6-9所示。环形闪光灯适用于中小型物体的脱影，环形灯适用于大型物体的脱影，拍照时使用标准或中焦镜头。

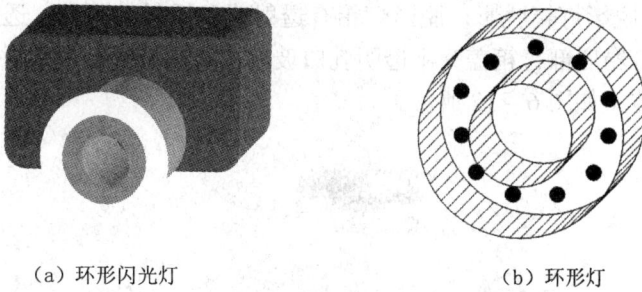

（a）环形闪光灯　　　　　　（b）环形灯

图 6-9　环形灯脱影

2. 多灯照明脱影。采用三盏以上照明灯对称布光，适用于中等大小物体的脱影。

3. 散射柔和自然光脱影。适应各种物体的脱影。

4. 人造散射柔和光脱影。如图 6-10 所示，通过将光线照射到反光幕或白墙上，利用反射的散射柔和光进行脱影。而图 6-11 所示的是用透光较好的白纸制作的一个锥形罩，人为制造散射柔和光进行脱影。

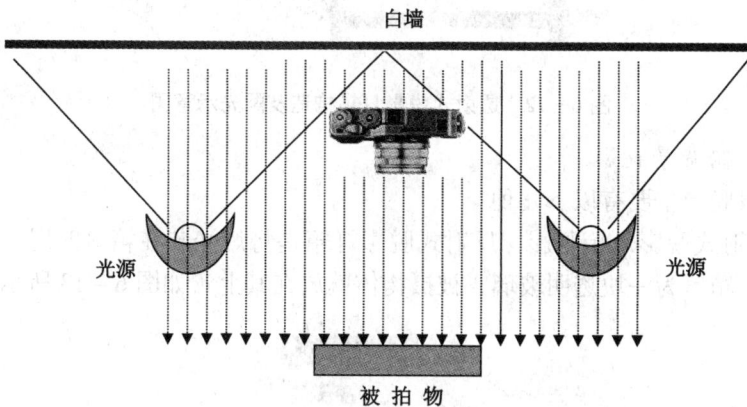

图 6-10　利用白墙反光脱影示意图

图 6-11　用圆纸筒脱影示意图

· 115 ·

5．透射式脱影灯箱脱影。脱影灯箱有透射式和反射式两种。透射式脱影灯箱是将灯管装在灯箱底部，箱盖为半透明乳白玻璃或磨砂玻璃，使透射光线均匀，同时放置被摄物体（如图 6 - 12 所示）。

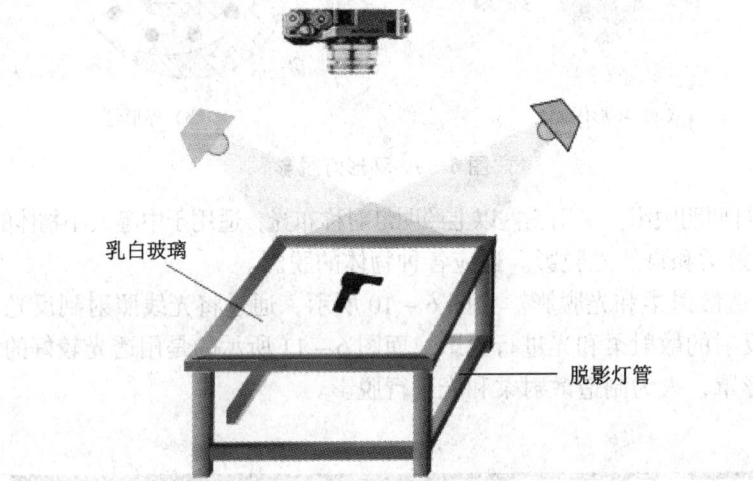

乳白玻璃

脱影灯管

图 6 - 12　透射式脱影灯箱构造及配光示意图

（二）暗背景脱影

暗背景脱影主要有以下几种：

1．反射式脱影灯箱脱影。反射式脱影灯箱是将灯光装在箱口四周，箱底衬以黑色底子，箱盖为一块透明玻璃，被摄物体就放在其上（如图 6 - 13 所示）。

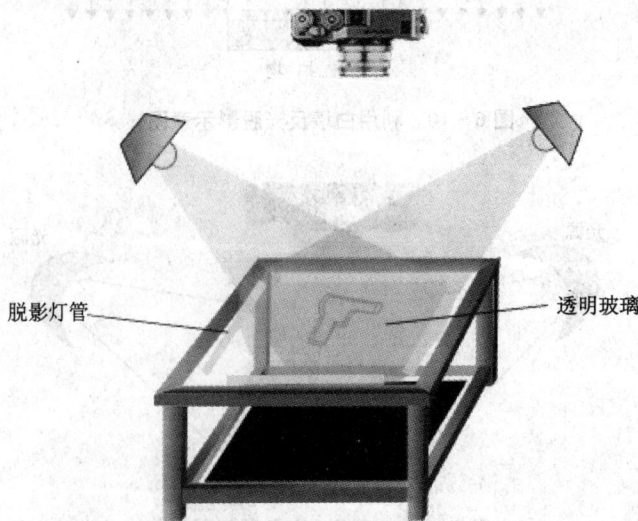

脱影灯管

透明玻璃

图 6 - 13　反射式脱影灯箱构造及配光示意图

2．深色背景脱影。将被拍摄物体放在黑色丝绒上进行拍照，即以黑色丝绒作为背景，这样，使物体的阴影湮灭在黑丝绒中。

3．避开阴影脱影。避开物体的阴影脱影方法有以下两种：

（1）悬空脱影。脱影时，将物体悬空吊挂，从侧面打光进行拍照，使其投影越出画面。拍照时要注意吊绳的反光，应选择与背景颜色一致的丝线。此方法适用于拍摄较小较轻的物体。

（2）脱影架脱影。把一块透明玻璃两端架起，使玻璃与地面隔有一定距离，被拍摄物体放在玻璃上，以45°角左右从两侧配光，使物体的投影移出拍照范围（如图6－14所示）。

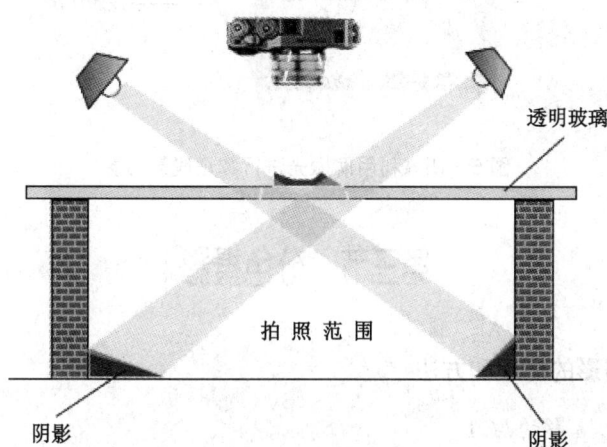

透明玻璃

拍 照 范 围

阴影　　　　　　　　　　　　　阴影

图6-14　脱影架脱影示意图

4．偏振光脱影。将一比较大的偏振镜平放于脱影灯箱上，被摄体放于该偏振镜上，然后在镜头前加另一偏振镜，如图6－15所示。通过调整两偏振镜晶丝夹角，来控制背景的颜色，能得到暗背景、中灰度背景及亮背景的脱影照片。

5．脱影摄影的注意事项。

（1）对一些表面具有不同特点的物体，在对称布光的基础上，可以配以较弱的辅助光，以显示其特征。主光和辅助光的光比以3∶1～4∶1为宜。

（2）衬底运用要恰当。一般来说，深色物体应衬以洁白的衬底。浅色的物体应衬以深色乃至黑色的衬底，以充分显示被摄物体的影像特征。

（3）对于金属一类被摄对象，要注意避免其表面的强烈反光，一般应采用柔和光线配光为宜，同时应注意光照角度。为了消除金属、电镀物体表面的反光，拍照时，可涂上一层汽油石蜡溶液（汽油50ml，石蜡5g），拍照后即将溶液擦去。

（4）为了突出显示物体的影像特征，必要时可根据具体情况加用滤光镜或偏振镜。

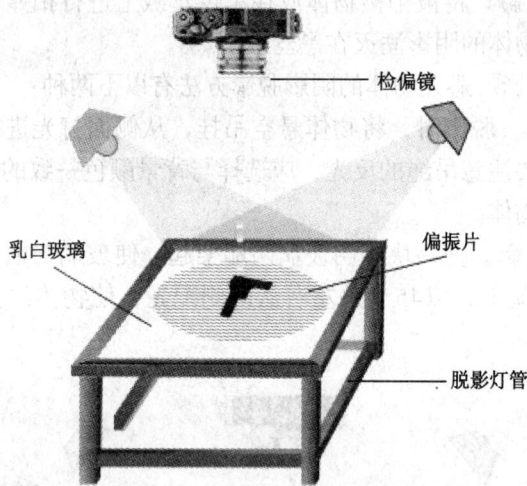

图 6 - 15　利用偏振光进行物证脱影摄影

‖第三节　分色摄影‖

一、分色摄影的原理和方法

（一）分色摄影的原理

分色摄影是利用分色装置或器材，选择性地接收和记录被摄物体反射的某种色光的亮度分布，以加强或减弱被摄物体颜色之间差异的专门摄影技术。分色摄影与普通摄影记录的都是物体反射的可见光，但普通摄影是记录被摄体在整个可见光谱区的反射光，而分色摄影只记录被摄体反射的一部分色光。两种摄影方法接受波段范围的不同，结果有很大差异，从而使分色摄影可以获得在普通白光摄影时无法区别的影像细节及反差。

由于犯罪现场上的痕迹与承痕物体是由不同的物质成分构成的，不同的物质成分对光的吸收和反射特性不同，使它们在色光的照射下呈现不同的亮度差，并且这种亮度差随色光波长的变化而变化。分色摄影正是利用这个原理，选用光谱成分不同的色光进行成像记录，从而得到所希望的亮度分布差异。因此，分色摄影技术的关键是选择能够产生最佳反差效果的色光波段。

被摄对象物质成分之间的亮度差异可以通过它们的光谱亮度曲线反映出来，如果期望两种物质的亮度差最小，则选择光谱亮度曲线最为接近的色光；若期望两种物质的亮度差最大，则应选择光谱曲线相距最大的色光。图 6 - 16 为A、B两种物质的光谱反射曲线：在波长 λ_1 处，A的反射光亮度远大于B；而在 λ_3 处，B的反射光亮度却远大于A。若选 λ_1 或 λ_3 这两种色光，将使物质A、B之间得到最大的亮度反差。而选 λ_2 这种色光，A、B间的亮度反差将为零。

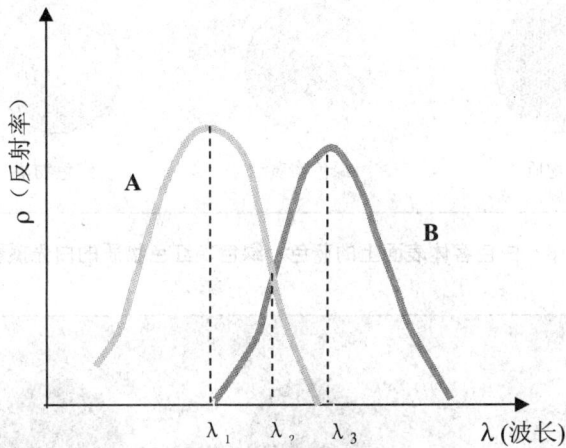

图 6-16　物质反射曲线与亮度反差的关系

　　分色摄影在检验痕迹物证时控制反差的原理还可以用另一种更加直观的方式表述。假设分别用普通摄影（白光照射）、蓝色光分色摄影、绿色光分色摄影和红色光分色摄影方法拍照检验白色客体表面上由蓝色、绿色、红色三种物质构成的物体，如图 6-17 所示。在普通摄影（白光照射）时，蓝色、绿色、红色物质反射的光线比白色客体表面反射的光线少，因此它们呈现灰色调，白色客体则呈现白色调，如图 6-18 所示。在蓝色分色摄影中，白色物质和蓝色物质反射的蓝色光可以进入镜头使它们呈现浅色调，绿色和红色物质因吸收蓝色光而呈现暗色调，如图 6-19 所示。在绿色分色摄影中，白色物质和绿色物质反射的绿色光可以进入镜头使它们呈现浅色调，蓝色和红色物质因吸收绿色光，因此呈现暗色调，如图 6-20 所示。在红色分色摄影中，物体上的白色物质和红色物质反射的红光进入镜头成像，它们都呈现浅色调，蓝色和绿色物质由于吸收红色光呈现暗色调，如图 6-21 所示。由此可见，同一个物体，分色摄影再现的结果与普通摄影的结果差别很大，并且不同波段的分色摄影结果也有很大差距。

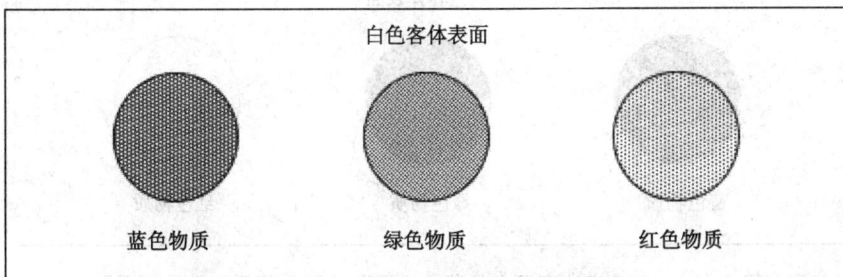

图 6-17　白色客体表面上的蓝色、绿色、红色物质

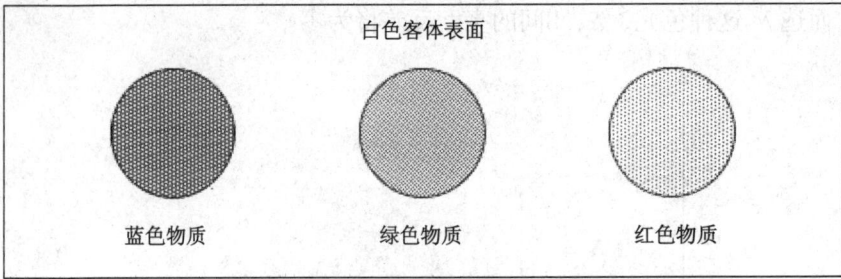

图 6-18　白色客体表面上的蓝色、绿色、红色物质的白光摄影

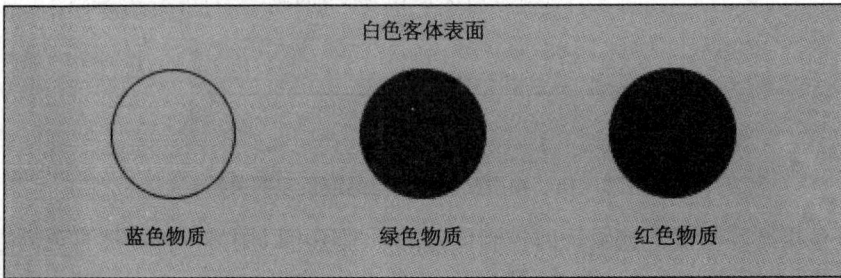

图 6-19　白色客体表面上的蓝色、绿色、红色物质的蓝色光摄影

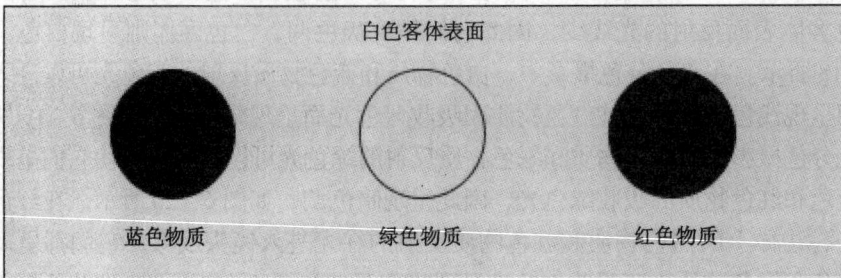

图 6-20　白色客体表面上的蓝色、绿色、红色物质的绿色光摄影

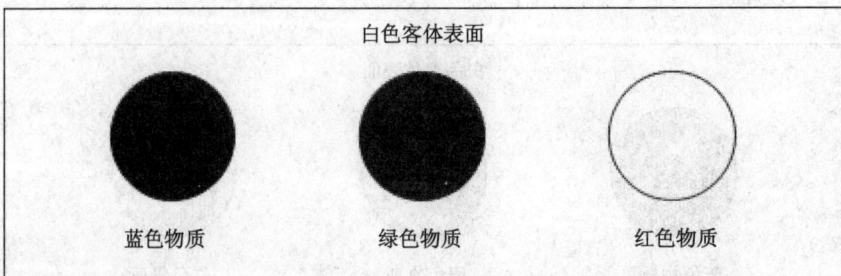

图 6-21　白色客体表面上的蓝色、绿色、红色物质的红色光摄影

（二）分色摄影的方法

目前，进行分色摄影的方法主要有：用滤光镜的分色摄影、用多波段光源（或单色仪）的分色摄影和用激光器的分色摄影。数码分色摄影装置由数码相机、光源及分光器件（多为各种有色滤光镜）组成。分色摄影装置的具体配置有两种模式，如图 6 - 22 所示。如果采用图 6 - 22（b）模式，即只在光源前加滤光镜，则要求在全黑环境下拍摄。

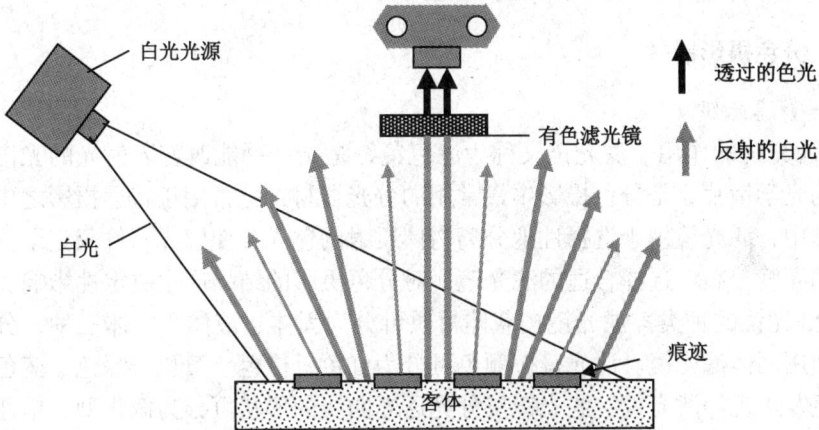

（a）镜头前加滤光镜

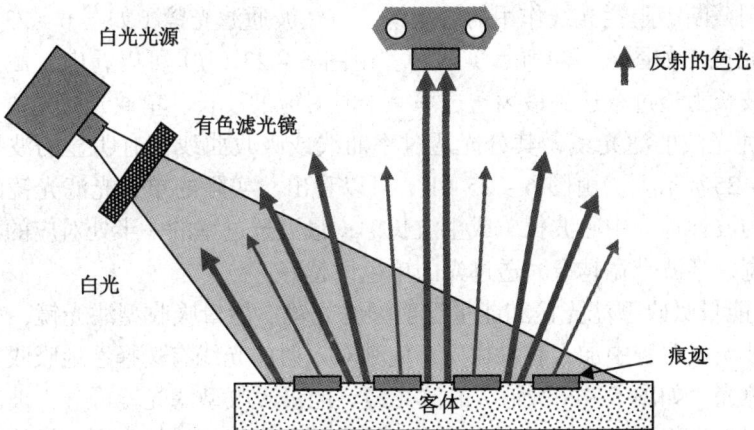

（b）光源前加滤光镜

图 6 - 22　分色摄影的两种模式

（三）分色摄影在物证检验摄影中的作用特点

分色摄影在物证摄影中的作用特点主要有以下两点：

1. 可以有效地增加有色痕迹与客体之间的反差。只要痕迹与客体表面其中之一存在一定的颜色，或两者之间有不同的颜色，分色摄影即可显著增加两者之间的亮度反差。

2. 能够减弱或消除多色背景图案的干扰。分色摄影能够减弱甚至消除多色客体表面的背景图案的干扰，突出显示痕迹的特征。

二、分色摄影器材

（一）滤光镜

1. 滤光镜的作用。滤光镜又称为滤色镜，是指一种能改变入射光的光谱分布的特制的光学镜片，是分色摄影中最常用的分光器材，也常用于普通摄影之中。在分色摄影中，滤光镜用于选择性地分离物体反射的色光，使感光器件只记录到这部分色光的亮度分布。选择合适的滤光镜，对分色摄影的结果产生决定性影响。

2. 滤光镜的种类。滤光镜按载体材质可分为固体、液体、气体三种，分色摄影主要使用固体滤光镜。滤光镜按颜色可分为红色、橙色、黄色、绿色、蓝色、紫色、黑色及无色等滤光镜。滤光镜按分光透光曲线的形状可分为截止型、单通型。基于滤光镜的截止过程可将滤光镜分为能量吸收型滤光镜（玻璃、明胶滤光镜）和能量反射型滤光镜（干涉滤光镜）。

（1）截止型滤光镜和单通型滤光镜。截止型滤光镜，是指一种能从某一波长开始，起到截断、阻拦光线作用的滤光镜，有短波通滤光镜（如图 6 - 23 所示）和长波通滤光镜（如图 6 - 24 所示）两种。由图 6 - 23（b）可以看出，截止型滤光镜的截止波长为透过率达到最大透过率一半时对应的波长。单通光滤光镜是指能单独通过某种光波的滤光镜，其分光透过率曲线或吸收曲线都有明显的波峰和波谷（如图 6 - 25 所示）。由图 6 - 25（b）可以看出，实际的单通光滤光镜的最大透过率对应的波长称为中心波长（或主波长）；最大透过率的一半处对应的波长差称为半波带宽，半波带宽越窄，透过光的单色性越好。

（2）能量吸收型滤光镜和能量反射型滤光镜。能量吸收型滤光镜，是指在熔融状态的玻璃或明胶中加入有色物质，使其对入射的光线有选择性地吸收，从而透过一部分色光（如图 6 - 26 所示）的滤光镜。能量吸收型滤光镜可分为玻璃吸收型滤光镜和明胶吸收型滤光镜。玻璃吸收型滤光镜具有峰值透过率高、性能稳定、型号齐全和价格低廉等优点，因此成为分色摄影中使用最为广泛的滤光镜。明胶吸收型滤光镜透过性能与玻璃吸收型滤光镜相似，但光谱型号显著多于玻璃滤光镜，存在易褪色及对热度、潮湿和机械损伤特别娇嫩和敏感的缺点。

干涉滤光镜是一种典型的能量反射型滤光镜，通过在玻璃表面交替镀膜制成的，如图 6 - 27 所示。干涉型滤光镜可以分离出波长范围非常窄的单色光，带宽一般在10～30nm，而吸收型滤光镜的带宽通常达到100～200nm。使用干涉型滤光镜可以进行窄波段分色摄影，窄波段分色摄影是分色摄影的一种特殊形式，只记录被检物体在可见光谱区内一个非常窄的光谱范围内的反射光亮度分布。实践证明，许多在普通分色摄影方法中得不到显示或显示不好的痕迹物证有可能在窄波段分色摄影中得到很好的显示。但是，干涉滤光镜也存在峰值透过率低和成本高的缺点。当把干涉滤光镜倾斜一定角度时，其透过的中心波长向短波方向移动，如图 6 - 28 所示。当倾斜角度为45° 时可得到最大移动波长30nm。

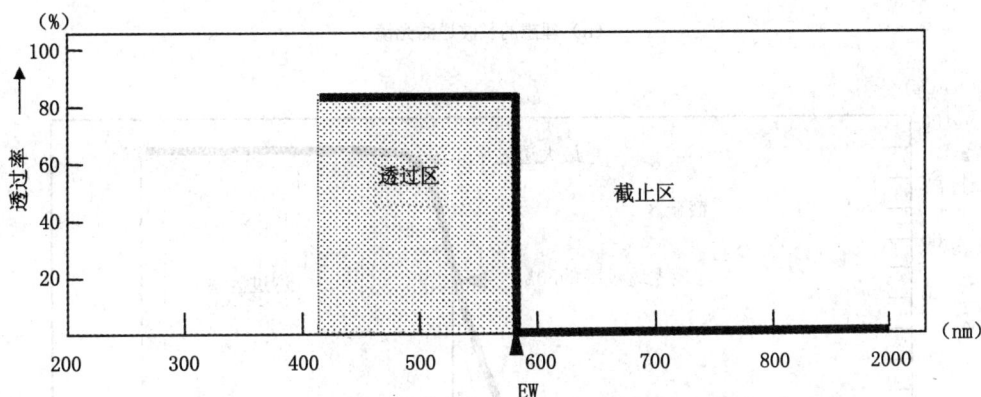

（a）理想的短波通滤光镜

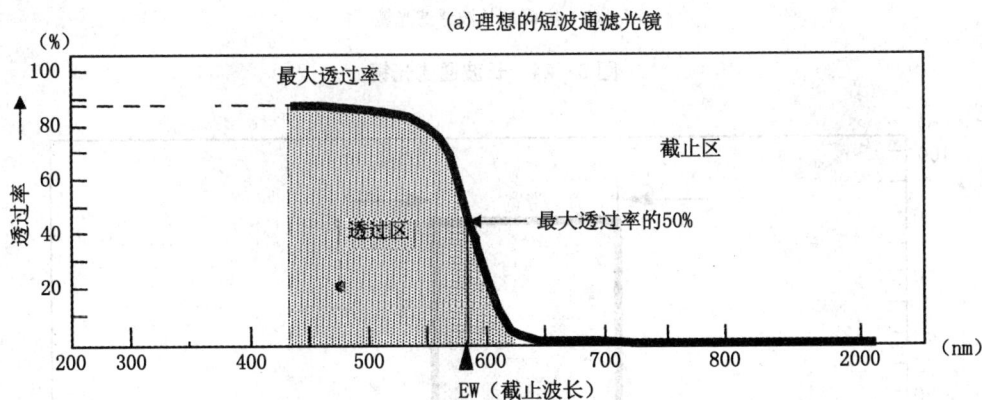

（b）实际的短波通滤光镜

图 6 - 23　短波通滤光镜

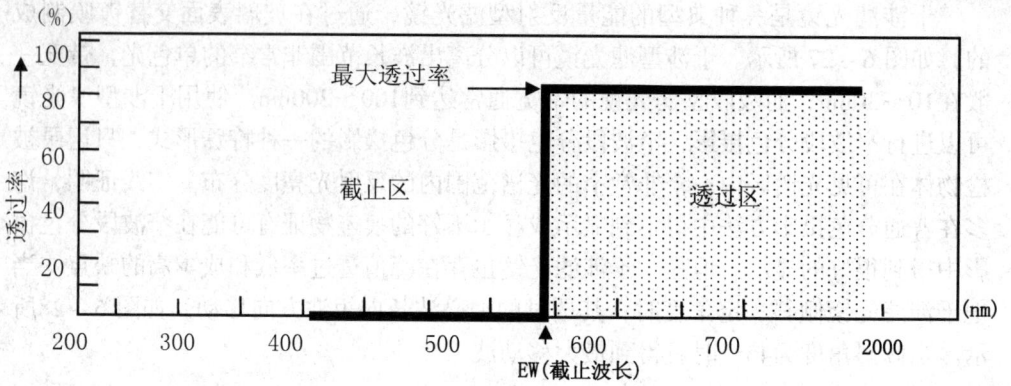

（a）理想的长波通滤光镜

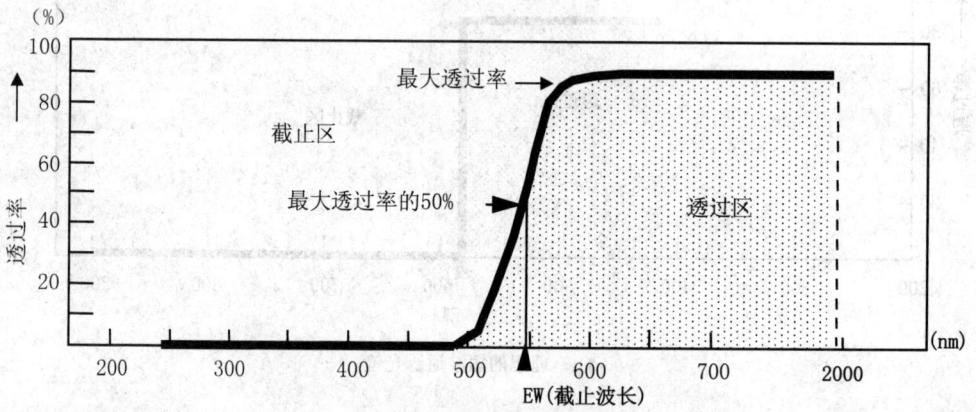

（b）实际的长波通滤光镜

图 6-24　长波通滤光镜

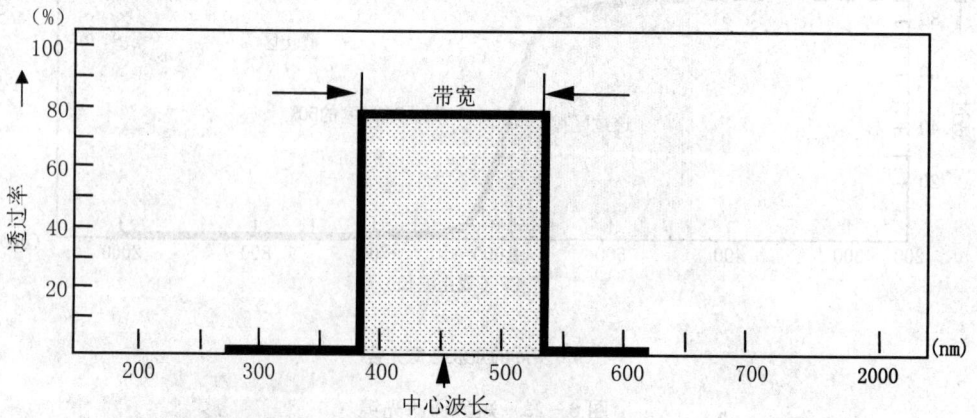

（a）理想的带通滤光镜

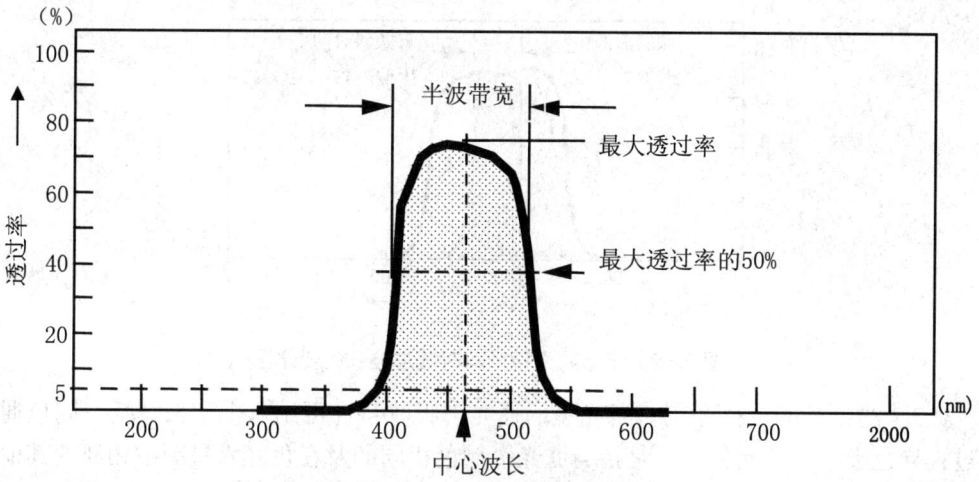

（b）实际带通滤光镜

图 6 - 25　带通滤光镜

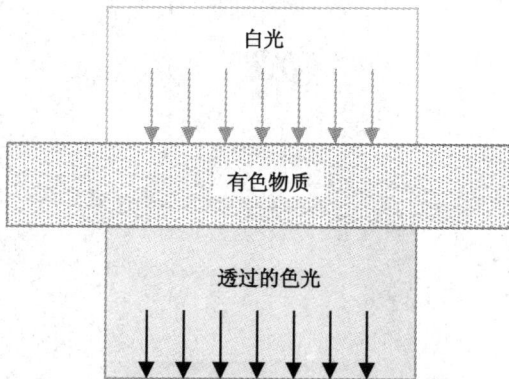

图 6 - 26　能量吸收型滤光镜滤光原理

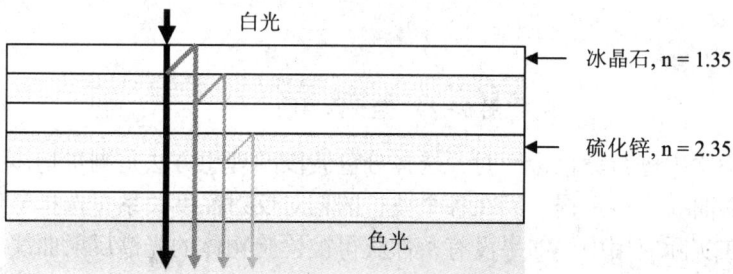

图 6 - 27　干涉滤光镜滤光原理

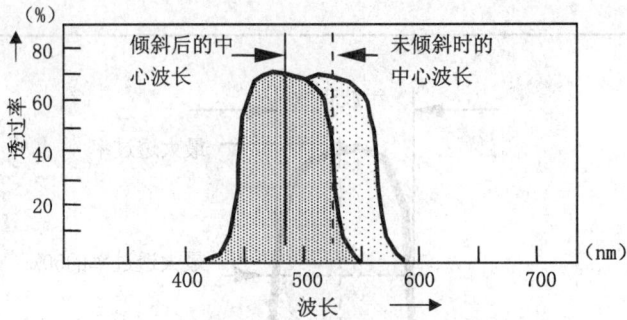

图6-28 干涉滤光镜倾斜时透过波长的变化图

3.滤色镜的选择原则。滤光镜的通光、吸收特性可用八个字来概括：同色通过；异色吸收。"同色"，是指与滤光镜颜色相同的及在色光六星图中相邻的其他色光，它们都能通过该滤光镜。"异色"，是指与滤光镜颜色补色的及在色光六星图中相邻的其他色光，它们都被滤光镜吸收不能通过。色光六星图中相对两个顶点对应的色光为互补色光（如图6-29所示）。两原色等量相加为间色；三原色等量相加为白色。

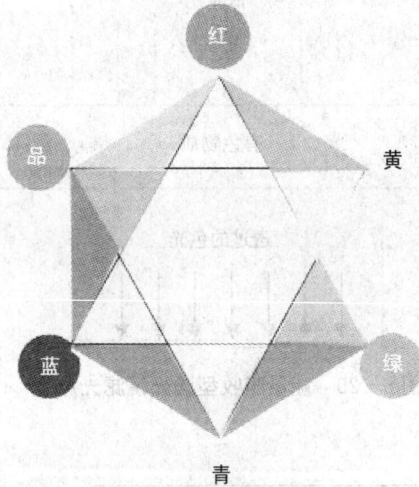

图6-29 色光六星图

在物证检验中进行分色摄影时，选择分色波段的理想方法是测量物体上各种物质的光谱反射曲线，再根据它们在各个波长的相对反射亮度关系，选择最佳的分色波段。但是在实际应用中，如果没有条件获得被检验物体的光谱反射曲线，可采用多个波段试验拍照方法，比较拍照效果后选择最佳分色波段。

根据经验总结出以下选用滤光镜的原则：加强某色（使其呈黑或深灰色）选择异色滤光镜；削弱某色（使其呈白或浅灰色）选择同色滤光镜。例如，拍摄绿色物体上的深红色血迹，将数码相机设置成黑白模式，镜头前加绿色滤光镜拍照，拍摄到的图像上绿色物体呈白或浅灰色，血迹呈黑或深灰色，从而使绿色物体上与血迹的反差加强。

（二）光源

1．普通光源。分色摄影记录物体在可见光谱区某一波段内的反射的色光，具体使用波段要根据检材条件和应用要求选择。因此，分色摄影要求光源在可见光谱区有连续光谱输出，以满足任意波段色光的分色摄影需要。普通摄影常用的钨灯、现场勘查灯和电子闪光灯都是理想的分色摄影光源，它们在可见光区有连续光谱输出，并且使用方便，可以产生各种照明效果。

2．多波段光源。多波段光源由光源、聚光准直部件、滤光镜转轮等构成，如图 6 – 30 所示。多波段光源是物证检验摄影的重要光源，它的主要优点是强度大、色纯度高和波段选择多等。多波段光源在可见光谱区内具有众多波段的单色光输出，它是分色摄影的理想光源。用这些单色光照射检材，直接接收记录反射光就可以得到检材在这个波段的分色摄影结果。

用多波段光源进行分色摄影有许多优点。首先，多波段光源在可见光谱区有多个单色光波段输出，高档多波段光源一般有15～25个，输出波段选择范围较大，可以满足各种检材分色摄影的需要。其次，多波段光源输出的单色光纯度很高，分色效果较好。最后，用多波段光源进行分色摄影不再需要在相机镜头前面使用滤光镜（全黑条件下），变换波段和拍照操作都很方便。

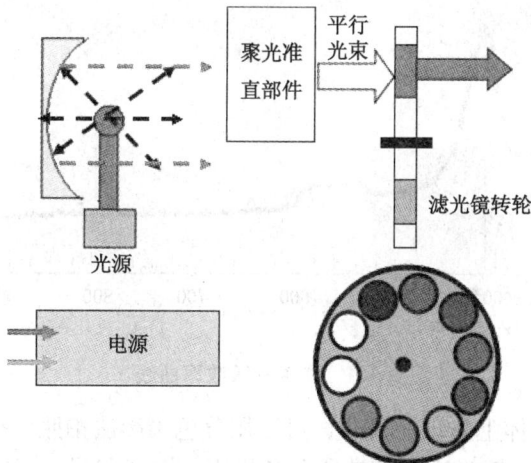

图 6 – 30　多波段光源结构示意图

单色光的单色性、输出强度是多波段光源最重要的指标，它们基本上决定了检验方法的探测灵敏度。单色性，是指多波段光源在输出波段以外的杂散光与输出波段单色光强度之比。高档多波段光源的单色光的单色性可达到 $10^{-6} \sim 10^{-12}$ 的水平，而低档产品的单色光的单色性仅为$10^{-2} \sim 10^{-3}$的水平。输出强度，是指多波段光源在一个波段输出的单色光的功率。高档多波段光源的单色光输出强度可达到1000mW，低档产品的单色光的输出强度只有100mW左右。

三、分色摄影在物证检验摄影中的应用

（一）拍摄字迹、单据、印章和污损文件

利用分色摄影可拍摄检验字迹、单据、印章和污损文件，通过选择合适的分色波段可以使字迹或印章清晰地显现出来。例如，白墙、白油漆物体上蓝色铅笔字用红色滤光镜；灰黑色水泥上红色粉笔、铅笔字用红色滤光镜；蓝黑色墨水涂改字迹，被化学药水销蚀后还残留黄色字迹，用蓝色滤光镜；陈旧变黄文件、契约、单据上字迹用黄色滤光镜；被红色墨水污染的文件、邮票用红色滤光镜；被蓝色墨水污染的文件、邮票用蓝色滤光镜。

（二）拍摄血迹

血液在200～900nm的紫外线、可见光和近红外线都有较强的吸收，如图6-31所示。其中在紫色光波段强吸收带波长为380～440nm，峰值吸收波长为415nm；在284nm的短波紫外区还有一个峰值吸收，并且能发射出不可见的长波紫外荧光，其荧光峰值波长为324nm。

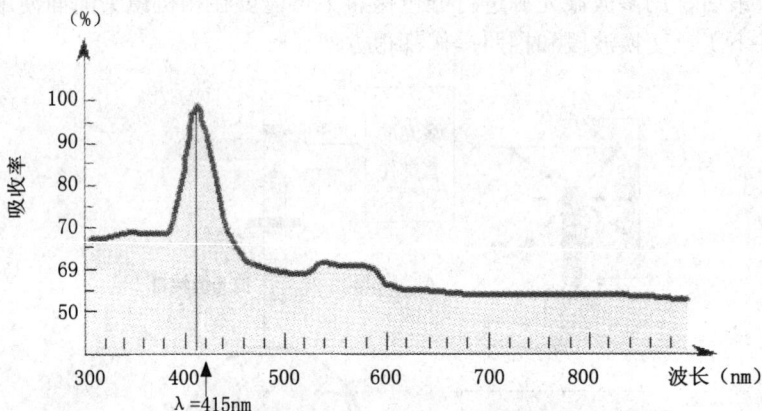

图6-31　血液的吸收率曲线

在白色、浅色客体上发现血迹时，可以用分色摄影法拍照。拍照时用多波段光源的415nm波段作为入射光进行窄波段分色摄影，血指印强烈吸收，呈现深色调；而浅色表面有较强的反射，呈现浅色调。如果拍照是在暗房进行，则不需加滤色镜，如图6-32所示。如果拍照时不是全黑环境，则需在镜头前加紫色滤色镜进行拍照。人的眼睛对415nm的紫色光敏感度较低，如图6-33所示。用肉眼观察时反差很小，但在感光器件上可以获得较好的反差，拍摄效果如图6-34所示。

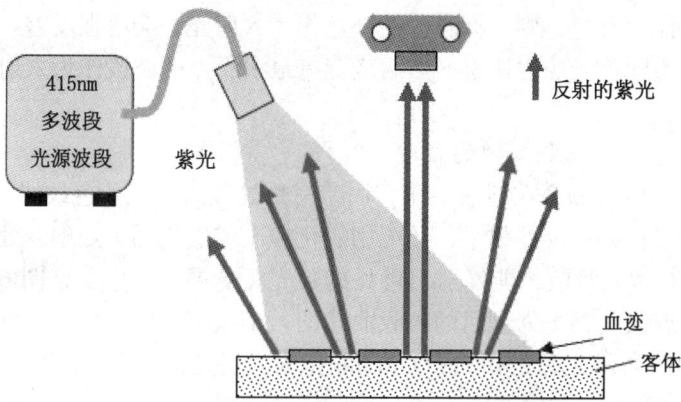

图 6 - 32　用多波段光源拍摄血迹装置图

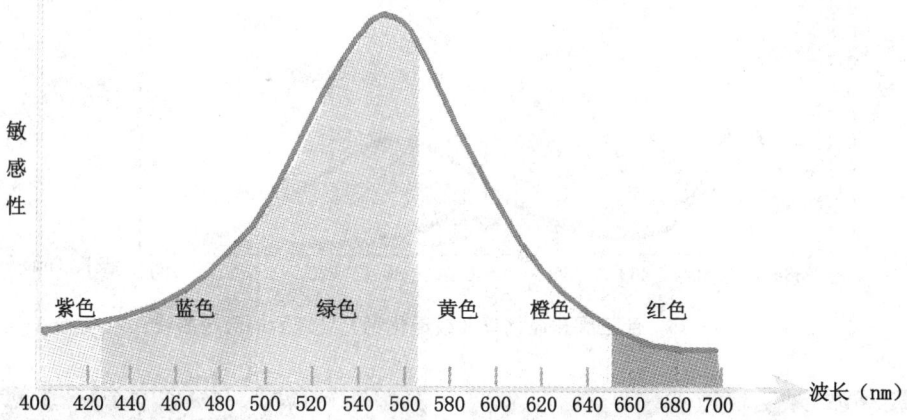

图 6 - 33　人眼对光谱的敏感性

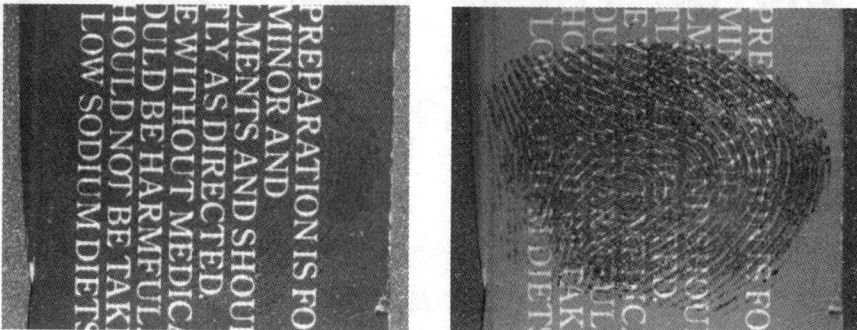

（a）白光拍摄　　　　　　　　　　（b）用多波段光源415nm拍摄

图 6 - 34　浅色表面血迹

如果被摄客体为彩色，则选择彩色的补色作为入射光，会增强反差。拍照时，用多波段光源的不同色光照射检材，然后确定有最大反差的波段作为入射光，可以获得较好的反差。

（三）拍摄经过茚三酮处理的指印

对于渗透性客体上的潜在汗液指印，用茚三酮处理后形成紫色纹线，在580nm附近处有最大吸收；如果反差很小，还可用氯化锌（或氯化钙）处理，处理后的指印在490nm附近有最大吸收，能发射出可见的荧光（低温液氮中），图6-35为茚三酮和氯化锌（或氯化钙）处理后的吸收曲线图。拍摄茚三酮和氯化锌处理后的指印，也可以使用多波段光源的490nm和505nm作为入射光进行窄波段分色摄影，拍摄效果如图6-36和图6-37所示。

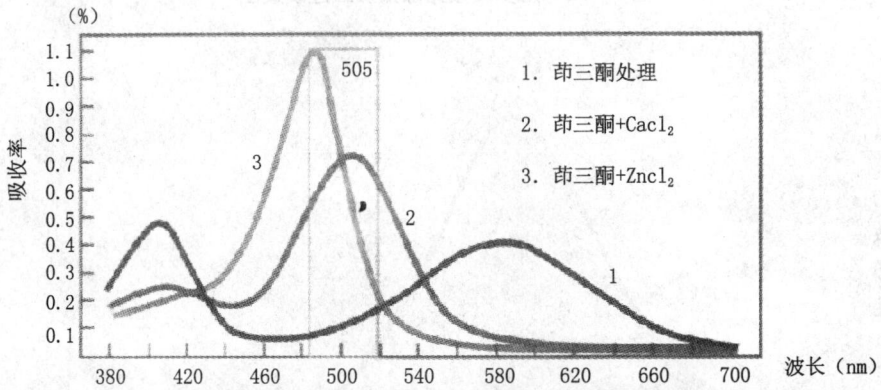

图6-35　茚三酮和氯化锌（或氯化钙）处理后的吸收曲线

（a）白光拍摄　　　　　　　　　　　（b）用多波段光源490nm拍摄

图6-36　茚三酮+氯化锌处理的指印

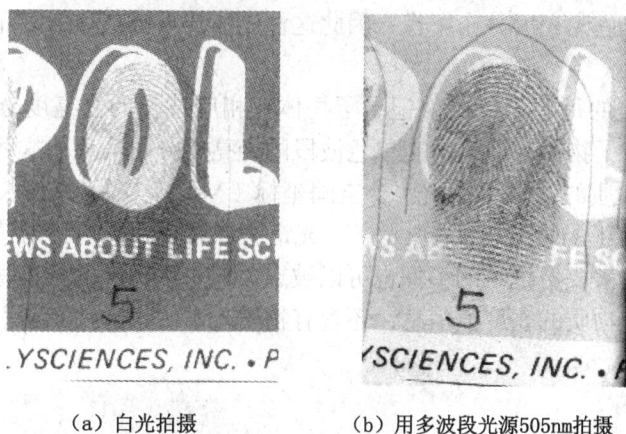

（a）白光拍摄　　　　　　　（b）用多波段光源505nm拍摄

图6－37　茚三酮+氯化锌处理的指印

（四）拍摄粉末刷显的指印

分色摄影可以加强各种客体上的彩色粉末指印，也能够加强彩色客体上的各种色调的粉末指印。分色摄影是加强粉末指印的最重要方法，其效果一方面取决于分色波段选择的准确性；另一方面也受到检材条件，即客体和粉末指印相互关系的限制。在使用粉末刷显指印时，应考虑客体色调因素，使后续的分色摄影可以方便有效地加强粉末指印反差。如果粉末色调选择不当，有可能在整个可见光区都找不到合适的波段，限制了分色摄影加强粉末指印效果。

最常用的指印粉末是黑色指印粉末和浅色的银粉，有时也使用彩色粉末显现指印。对于微弱的粉末刷显指印，可以考虑使用分色摄影方法来加强。利用分色摄影方法加强彩色粉末指印，要根据彩色指印粉末与客体相互色调关系，选择与粉末颜色相同或互补的色光。如果客体是浅色调的，可以选择与指印粉末颜色互补的色光，粉末指印纹线的亮度将被抑制，增加反差，使指印纹线以深色调呈现在浅色背景上。反之，如果检材客体是深色调的，可以使用与指印粉末颜色相同的色光，相对抑制背景亮度，使反差增加，让指印纹线以浅色调呈现在深色背景上。对于彩色客体上的黑色粉末或银色粉末指印，分色摄影波段的选择主要是依据指印粉末的色调。如果是黑色粉末指印，选择与客体颜色相同的色光波段可以有效地加强黑色粉末指印反差。如果是银色粉末指印，应该选择与客体颜色互补的色光，通过抑制客体亮度来增加反差，得到浅色调指印纹线呈现在深色背景上结果。

四、光谱成像技术

（一）光谱成像的原理

光谱成像，是指通过成像光谱仪记录被检验物体在一定光谱范围内密集均匀分布的多个窄波段单色光的反射光亮度分布或荧光亮度分布，形成由许多单色光影像构成的光谱影像集。光谱成像记录的光谱影像集包含了检材物体在多幅等间隔波长位置的窄波段单色光亮度分布影像，因此这种成像技术也被称为多光谱成像或超光谱成像。

光谱影像集的每幅单色影像记录了物体在相应波长的光亮度分布信息，单色影像的组合记录了物体在所有选定单色波段的光亮度分布信息。这些表达物体表面光谱亮度分布性质的信息可以由两个空间坐标（X，Y）和一个波长坐标（λ）构成的三维坐标描述（如图6-38所示），光谱影像集也因此被称为"光谱影像立方体"。此外，光谱成像记录的影像也可以被想象成一幅特殊的，其每个像点上不仅有这个像点对应物质的亮度值信息，还含有物质光谱信息的"光谱平面影像"。

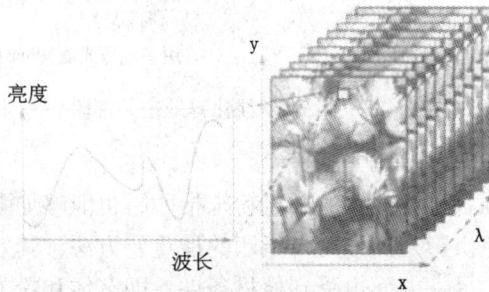

图6-38 光谱成像过程

通过专用的计算机软件程序可以将光谱影像集包含的光谱亮度分布信息转化为反映物体亮度分布性质的结果影像或反映物质光谱性质的曲线和数据，用于物证形态特征检验或物质化学成分鉴别两种用途。刑事光谱成像检验光谱范围一般为400~760nm可见光谱区和760~1100nm的近红外光谱区。根据成像接收记录信息的属性，光谱成像检验分为反射光光谱成像和荧光光谱成像两大类型，前者记录物体在各个选定波长的反射光亮度分布，而后者记录物体在各个选定波长的荧光亮度分布。类似于常规成像检验技术，这两种类型的光谱成像方法各自显示物体表面不同的光谱亮度信息内容，适合不同的物证检材、检验目的和用途。

（二）光谱成像的设备

光谱成像组合了光谱技术和数字成像技术，其装置由液晶可调波长滤光镜（LCTF）、数字CCD照相机、照明光源和计算机及专用软件组成，其中由计算机控制的液晶可调波长滤光镜与CCD照相机连接构成了成像光谱仪。成像光谱仪采集影像的原理是通过专用的计算机软件，按照预先设定的参数在计算机上自动操作CCD照相机，让液晶可调波长滤光镜与CCD照相机耦合，使CCD感应器能够记录检材在相应波段的亮度分布，一次性记录数十张单色影像，图像采集完毕后将得到的众多单色影像以"TIFF"格式存储在计算机中，形成一个光谱影像集，以便进一步加以分析、处理。光谱成像装置图如图6-39所示。

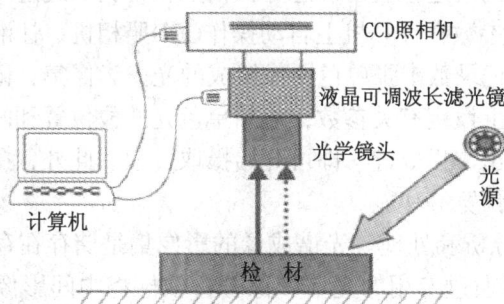

图 6 - 39　光谱成像装置

（三）光谱成像技术方法

1．光谱成像技术步骤。光谱成像从被检验物体开始，到最后形成检验结果，经过了光学检验、影像摄取、影像显示、影像处理和影像分析等步骤。光谱影像摄取步骤将光学检验形成的物体光谱亮度分布以数字形式记录并储存在计算机存储器内，得到光谱影像集。显示步骤将光谱影像集的信息以多种方式转化成中间影像并显示在计算机屏幕上，再经过影像处理和影像分析步骤获得结果影像、分析数据或检验意见。

2．光源和照明方法。类似于常规成像检验技术，光谱成像检验的第一步是光学检验，即用适当光源照射被检验物体，形成能够最有效反映物体证据和侦查价值信息的光亮度分布。光谱成像检验的光学检验方法和原理与常规成像检验中的光学检验基本一致。由于光谱成像能够记录被检验物体在所有波段的亮度信息，其光学检验主要考虑照射光的光谱参数和空间参数（方向和角度）的选择，接收光线参数一般只需选择一个适当的波长范围和适当的波长增量，这比常规成像的光学检验似乎相对简单一些。

3．液晶可调波长滤光镜和分光谱技术。液晶可调波长滤光镜（LCTF）是光谱成像的关键器材，用于分离成像记录的单色光。它的功能类似于一个高质量的带通式干涉滤光镜，可以透过窄波段单色光，但它透过的窄波段单色光波长是用电子方式调节控制的。相对传统光谱分光器件，液晶可调波长滤光镜最重要的特点，是其透过的窄波段单色光波长可以在可见和近红外光谱区一定的光谱范围内连续调节，并且是通过电信号调节控制，没有机械移动部件。这种特性使液晶可调波长滤光镜可以方便地用计算机自动控制，快速地分离任意波长的窄波段单色光，这对需要记录大量单色光影像的光谱成像技术是非常有意义的。

4．CCD感应器和影像记录方法。光谱成像检验是通过阵列CCD感应器记录物体在各个窄波段单色光波段内的光亮度分布。CCD数字照相机的空间分辨率、光谱响应范围和动态范围等指标必须满足物证检验要求，单色、科学级的制冷CCD数字照相机最为适合。成像光学系统要根据检验对象和目的的选择，微量物证检验应用可以使用光学显微镜，而痕迹检验可以选择低倍照相镜头。通过专用的计算机软件，可以按照预先设定的参数在计算机上自动操作CCD照相机，让液晶可调波长滤光镜与CCD耦合，一次性记录数十张单色影像组成的光谱影像集。记录光谱影像，首先要在计算机摄取软件上设定有关参数，包括单色光波段位置和间隔、曝光时间列表等，然后在屏幕上点击"摄取键"即可开始摄取过程。此外，摄取软件还有单色光影像预览和曝光效果预览等功能。

5. 影像显示、分析和处理。光谱成像的影像集是储存在存储器内的一组单色光影像数据组，需要通过专用的光谱影像分析软件将中间影像显示在计算机屏幕上，供进一步的影像分析和处理操作使用。从光谱影像集显示中间影像有单色和彩色两种主要方式。第一种，也是最简单的方法是在光谱影像分析软件的显示功能窗口上翻看单色影像，既可以按照单色波段序列号选择翻看单色影像，也可以先在屏幕上显示出影像立方体图形后，再用鼠标指向任意波段并打开此波段单色影像观看。第二种方法，即彩色显示方法，是在光谱影像分析软件的彩色影像显示功能窗口内，按照适当波长间隔选择三个波段单色影像分别设定为红色、绿色、蓝色三原色组合，软件能够自动将它们合成为假彩色影像。每种波长间隔选择可能形成多个三原色组合，相应产生多个假彩色影像，并可依次显示在屏幕上。

光谱影像分析和处理操作是以显示的中间影像作为平台进行的。通过运用光谱分析软件，光谱影像分析检验可以获取相关测量数据，并通过对数据分析比较得到检验意见。最常见的应用是对影像上任意像点绘制光谱亮度曲线，并依此数据对被检验物体上各位置物质进行鉴别和显示。通过光谱影像分析软件，可以对光谱影像集进行影像处理操作，以获得能够最好地反映物证形态特征的结果影像。最简单的方式是翻看比较每幅单色影像或各种组合方式的假彩色影像，找出能够最有效显示有用形态细节的单色或彩色影像作为结果影像，这种方法简单易行，但不易获得理想的结果。另一种简单方法是根据有关像点的光谱测量数据选择最佳单色影像作为结果影像。例如，在显示的单色影像或彩色影像上分别测量出痕迹物质和背景物质的光谱亮度曲线，然后选择它们之间差异最大波段的单色影像作为结果影像，就可以使痕迹与客体之间呈现尽可能大的亮度反差。对于有多色调客体背景的痕迹检材，选择各色调背景的光谱亮度曲线差异最小的波段影像，就可以使背景图案干扰降至最低，改善痕迹特征显示效果。例如，测量光谱影像中某个位置痕迹物质的光谱亮度曲线，然后通过软件程序将影像中具有相似光谱亮度曲线的所有物质归类，并定义为一种颜色或亮度，而将影像中其他光谱性质的物质定义为对比度较大的另一种颜色或亮度。这样一来，可以使色调深浅不一但光谱性质相近的痕迹物质呈现一致的色调并与背景呈现较大反差，同时均匀一致的背景色调还有助于消除背景干扰，因此可以让痕迹特征细节得到最好显示。

‖ 第四节　偏振光摄影 ‖

一、光线的偏振性质

（一）自然光与偏振光

1. 自然光。通常光源发出的光波，其光波矢量的振动在垂直于光的传播方向上做无规则取向，但统计平均来说，在空间所有可能的方向上，光波矢量的分布可看作是机会均等的，它们的总和与光的传播方向是对称的，即光波矢量具有轴对称性、均匀分布、各方向振动的振幅相同，这种光就称为自然光，如图 6－40 所示。

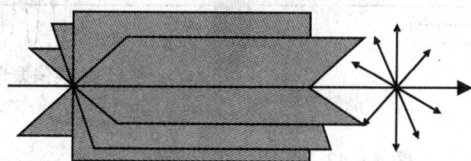

图 6－40　自然光振动方向分布图

2. 偏振光。偏振光，是指光波矢量的振动方向不变，或具有某种规则地变化的光波。按照其性质，偏振光又可分为线偏振光、部分偏振光、圆偏振光和椭圆偏振光几种。如果光波矢量的振动方向只局限在一确定的平面内，若轨迹在传播过程中为一直线，称作线偏振光，如图 6－41（a）所示。如果光波矢量的振动在传播过程中只是在某一确定的方向上占有相对优势，这种偏振光就称为部分偏振光，如图 6－41（b）所示。如果光波矢量随时间作有规则的改变，即光波矢量末端轨迹在垂直于传播方向的平面上呈圆形或椭圆形，则称为圆偏振光或椭圆偏振光，如图 6－42 所示。从金属表面反射的光就是一种椭圆偏振光。

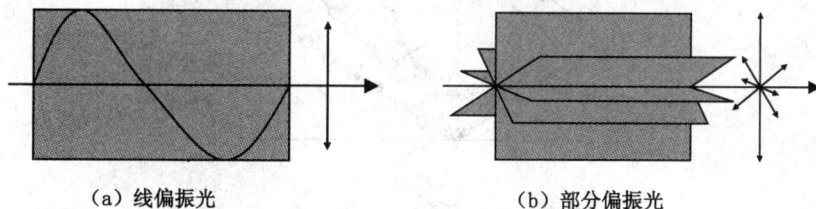

（a）线偏振光　　　　　　　　（b）部分偏振光

图 6－41　偏振光振动方向分布图

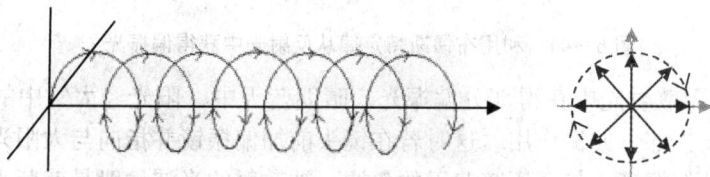

图 6－42　圆偏振光振动方向分布图

（二）摄影中获得偏振光的方法

1. 利用偏振镜起偏，获得线偏振光。偏振镜也称作偏光镜，由两片薄玻璃和夹在其中的H型偏振片构成，与镜头螺纹连接。偏光镜的外环能方便转动以改变其偏光轴的方向。接在光源前时称为起偏镜，接在镜头前时称为检偏镜。接在光源前的偏振镜对透过的自然光有"起偏振"作用，如图6-43所示。通常，将偏振镜能够通过的光振动方向称为偏振镜的"偏光轴方向"或"晶轴方向"。

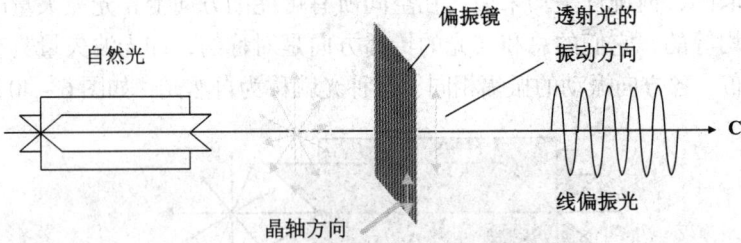

图6-43 利用偏振片获得偏振光

2. 利用布儒斯特定律，从反射光中获得偏振光。实验发现，自然光入射非金属光滑表面时，其定向反射光有起偏作用，反射光中垂直入射面的光振动占优势，并且这种优势随入射角的增大而增大。特别是入射角 θ 满足 $\tan\theta_P = n_2/n_1$ 时，反射光变成光振动垂直入射面的线偏振光，此即"布儒斯特定律"。入射角 θ_P 称为"布儒斯特角"。因为多数非金属物质的折射率为 1.4 左右，所以多数非金属物质的布儒斯特 θ_P（入射角）在 55° 左右，如图6-44所示。自然光在非光滑表面上的反射光无起偏作用。

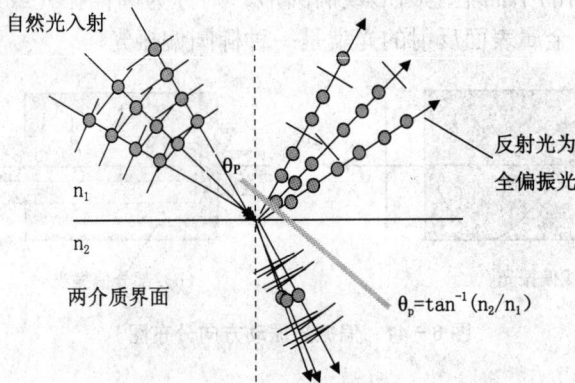

图6-44 利用布儒斯特定律从反射光中获得偏振光

3. 从蓝天散射光中获得部分偏振光。晴朗蓝天中，阳光经大气中的超微粒质点散射，将产生部分偏振作用。这时若在镜头前加偏振镜并指向与太阳光垂直的方向，徐徐转动偏振镜，将会压暗蓝天的色调。被散射的光波一般是蓝紫光波，如果大气浑浊，如阴天，就不能产生上述的偏振光。

（三）检偏的概念及马吕斯定律

1. 检偏。检偏，是指检验某光线的偏振状态，即判断该光是线偏振光、部分偏振光或者是自然光等。

2. 马吕斯定律。当线偏振光入射偏振镜时，若 I_0 是入射偏振镜前的线偏振光的强度，I 为透射偏振镜后的强度，则有：

$$I = I_0 \cos^2\alpha \qquad (6-1)$$

式6-1称作"马吕斯定律"，式6-1中 α 为偏振镜的晶轴方向与入射线偏振光的振动方向之间的夹角。图 6-45 为线偏振光通过偏振镜后光强的变化。当线偏振光通过检偏镜时，旋转检偏镜一周，将看到光强经历两次最明、两次全黑的变化。

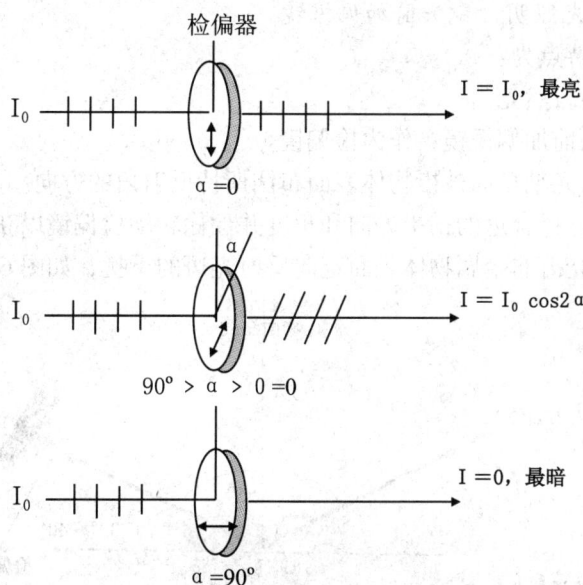

图 6-45　线偏振光入射偏振镜后光强的变化

（四）退偏振的概念

线偏振光入射非金属物质表面，其反射光、透射光或散射光的偏振度可能下降，可能变成部分偏振光甚至自然光，称为退偏振作用。

当线偏振光照射在非金属光滑物体表面上发生定向反射时，反射光中无退偏振现象；而当线偏振光照射在非光滑物体表面上发生漫反射或混合反射时，反射光中有退偏振现象，即反射光变成部分偏振光，甚至自然光。

二、偏振光摄影原理

偏振光摄影，是指利用相机镜头前的偏振镜，调整或控制被摄物体上反射光的偏振性质并记录其光亮度分布的专门摄影技术。偏光摄影具有特殊的效果，无论是在普通摄影中，还是在刑事摄影中都有广泛的应用。

线偏振光在光滑表面上反射，无退偏振作用，反射光仍为线偏振光。线偏振光在非光滑表面反射，有退偏振作用，反射光可能变成部分偏振光，甚至自然光。在自然光或线偏振光的照射下，由于构成物体的各种物质具有不同的起偏或退偏作用，在相机镜头前加检偏镜并转动其偏光轴方向，物体各部位不同偏振状态的反射光通过检偏镜的比例随之变化，因而可以改变各物质之间的相对亮度。在物证检验摄影中，选择合适的照明光的偏振性质、照明角度和检偏镜的偏光轴方向，可以消除或减弱干扰细节，同时加强痕迹与客体之间的反差。

三、偏振光摄影基本方法

（一）自然光照明，镜头前加偏振镜

拍摄的方法特点为：

1. 照明光为自然光。

2. 相机镜头前加偏振镜，作为检偏镜。

3. 相机镜头光轴指向被摄物体表面布儒斯特反射角的方向。

拍摄时，应选择合适的拍摄方向和角度并徐徐转动检偏镜以获得最佳效果。该方法常用于削弱光滑非金属物体表面定向反射光斑的干扰，如图 6 - 46 所示。

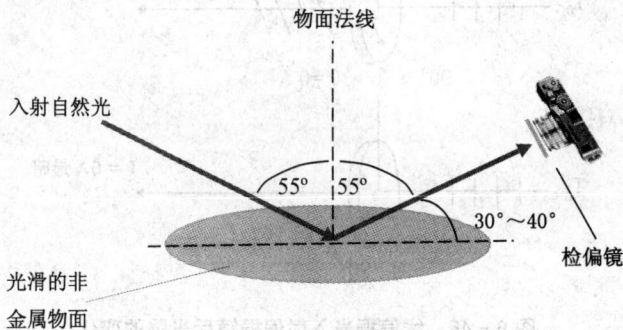

图 6 - 46　自然光照明，镜头前加偏振镜

（二）线偏振光照明，镜头前加偏振镜

拍摄的方法特点为：

1. 照明光为线偏振光（普通光源输出端加起偏镜）。

2. 相机镜头前加偏振镜，作为检偏镜。

3. 相机镜头光轴垂直于被摄物面。

4. 起偏镜与检偏镜偏光轴应相互垂直。

5. 单灯掠入射或双灯均匀配光。

这种方法又称为"正交偏光轴拍摄法"，具有较强的调整控制能力。在物证摄影中可以显现和加强痕迹反差，配光方法如图 6 - 47 所示。

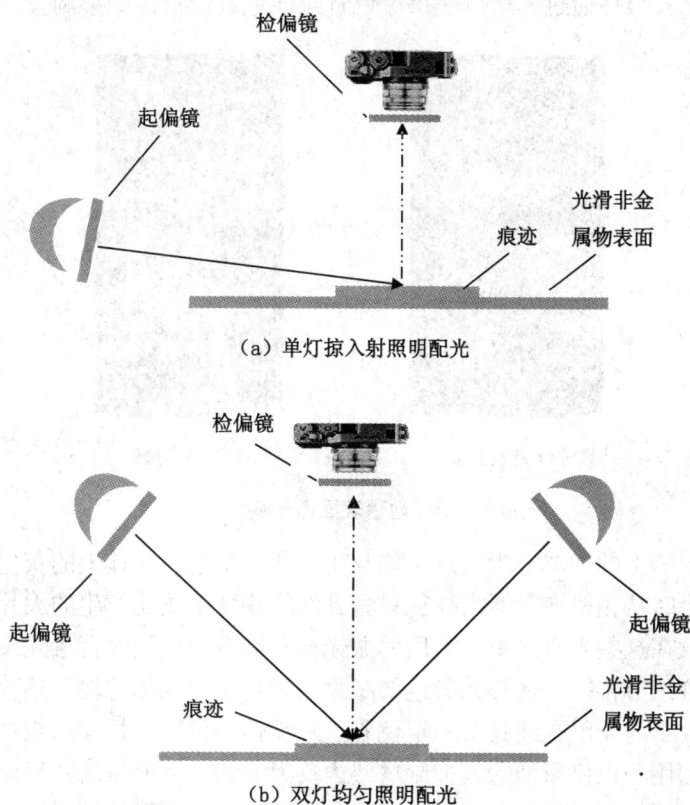

（a）单灯掠入射照明配光

（b）双灯均匀照明配光

图 6 - 47　配光方法

利用正交偏光轴法拍摄时，需要在暗房或暗环境下拍照，以防杂光干扰。调整光源的照明角度及转动检偏镜，从相机取景器中观察，直到检偏消光为止。这时，起偏镜与检偏镜的偏光轴方向相互垂直，检验效果最佳。使用数码相机进行偏振光摄影的优势在于可以不必担心因曝光量而引起的拍摄失误，数码相机的照片确认功能可以直接观察到偏振光摄影的成像效果，发现不理想可以重新调整偏振光角度或改变曝光量拍摄，直到满意为止。

四、偏振光摄影在物证检验中的应用

（一）拍摄微弱灰尘痕迹

自然光照下观察深色地毯上弱灰尘足迹，痕迹隐约模糊，很难拍照固定，如图 6 - 48（a）所示。图 6 - 48（b）是利用正交偏光轴方法，双灯均匀照明配光拍摄得到的图像，由此可见，灰尘痕迹与客体之间的反差得到增强，痕迹更能得到凸显。因为灰尘对入射线偏振光有较强的退偏振作用，产生漫反射光；而地毯纤维的圆柱形表面在垂直方向上存在纹路状分布的定向反射光，没有退偏振作用。使用

"正交偏光轴摄影"方法时，客体上的定向反射光不能通过检偏镜，而灰尘的漫反射垂直分量比较容易通过，所以获得深色背景浅色灰尘痕迹的影调。

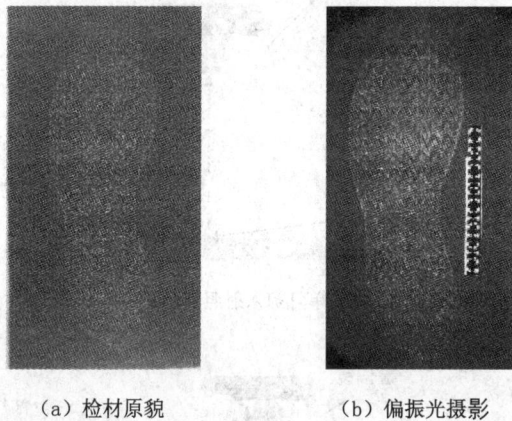

（a）检材原貌　　　　（b）偏振光摄影

图6－48　地毯表面微弱灰尘鞋印

　　彩色纺织物上的微弱灰尘痕迹，如灰尘指印、足迹、尸体上的灰尘车轮印迹等痕迹，在拍摄时从相机取景器内往往只看到纺织物背景纹路产生的大片光斑，而痕迹纹线被湮没在这些光斑之中。利用偏振光摄影能有效地消除背景光斑的干扰，获得较多的痕迹细节特征。此外，彩色纺织物与黑色纺织物相比较，还存在较强的内反射光线。由于内反射光线具有一定色彩这一特性，可以选择与纺织物颜色互补的色光波段，利用分色摄影消除或抑制这些内反射光线，从而压暗背景使浅色灰尘痕迹凸显出来。所以，拍摄彩色纺织物上的灰尘痕迹时，利用偏振光结合分色摄影方法，不但能够有效加强灰尘痕迹与纺织物之间的反差，还能有效地压暗背景光的亮度，减弱甚至消除背景花纹和颜色的干扰。利用偏振光结合分色摄影拍摄的痕迹物证的效果图如图6－49所示。

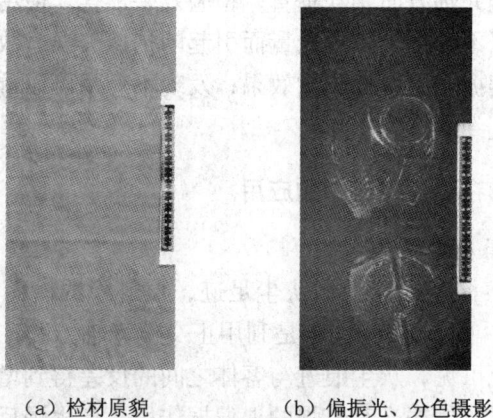

（a）检材原貌　　　　（b）偏振光、分色摄影

图6－49　红色纺织品上的灰尘足迹

（二）利用偏振光进行物证脱影摄影

利用偏振光进行物证脱影摄影，可以得到各种不同灰度影调的背底，使物证的轮廓和特征更加清晰地表现出来。拍摄时，将透射式脱影灯箱的箱盖换为一块透明玻璃板，其上平放一块面积比被摄体大的偏振片，被摄体就放于该偏振片上。然后，镜头前加一块偏振镜，通过调整两偏振镜晶丝夹角，来控制背景的明暗。偏振光脱影的优点是：不仅能随意控制照片背底影调的深浅，得到暗背景、中灰度背景及亮背景的脱影照片，还可以消除物面杂乱反射耀光。

（三）消除或削弱非金属表面的反光干扰

玻璃、水面、塑料、木器的光亮油漆面等非金属表面的反射光，常对人眼的观察带来一定干扰，特别是在这种反射光与物面之间夹角为32°～37°的范围内观察时，反光的干扰会看不清物体，这是由于此时的反射光变成了振动方向垂直入射面的线偏振光。为消除或削弱反光干扰，拍摄时在镜头前加偏振镜并徐徐旋转偏振镜，改变其偏振化方向，直到画面的影调和色调符合拍摄的要求为止。为使非金属表面的反射光满足布儒斯特起偏角，除了调节灯具位置的高低，还可以调整被摄物表面的倾斜度。

翻拍镜框中的照片和画及玻璃板上的小件物体时，因玻璃有反光作用，原物因为其他杂乱的反光所掩盖或产生倒影，用偏振镜可以把它们消除。

（四）利用偏振光拍摄法医解剖时取出的脏器及检验皮肤上的伤瘀

法医解剖时取出的脏器表面，因为黏液产生强烈的反射光耀斑，严重干扰脏器上伤痕的影像。利用偏振光拍摄，则可以有效地消除或减弱这些反光耀斑。另外，偏振光摄影还可以用来检验皮肤上的伤瘀，这对显现表皮下的潜形伤痕的特征，是一种很有效的方法。

‖第五节　配光检验摄影‖

一、配光检验摄影的原理和方法

（一）光在物质表面反射的基本模式

入射光线在物质表面被反射所形成的反射光线称为表面反射光。按照物质表面反射光的空间分布特性，可以将物质分为三种类型：定向反射物质、漫反射物质和混合反射物质。

1. 光滑表面上的定向反射。当光线照射到光滑表面时，会产生定向反射，如图6-50所示。即反射光只出现在一个确定的方向上，只在反射方向上有光能分布。光面玻璃、平面镜、陶瓷、油漆物等光滑表面上产生的反射是典型的定向反射。

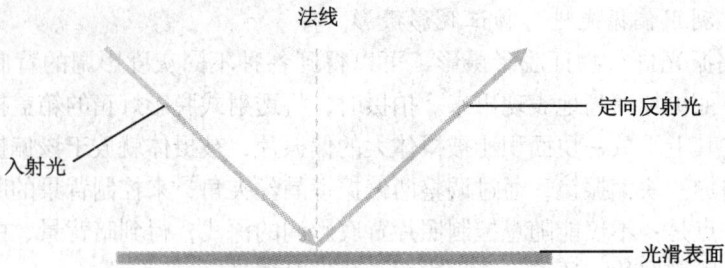

图 6 - 50　定向反射示意图

2．粗糙表面上的漫反射。当光线照射到粗糙表面时，会产生漫反射，如图 6 - 51 所示。这种表面的微观凹凸起伏区域的尺寸大于光线波长，各微观区域的反射光线随机地出现在不同方向上，所以从宏观来看，反射表面的每一点的反射光均匀出现在所有方向上，反射表面任何方向上光能分布均一样。灰尘、502胶熏显指印，血液痕迹、普通纸张和灰墙表面产生的反射是典型的漫反射。

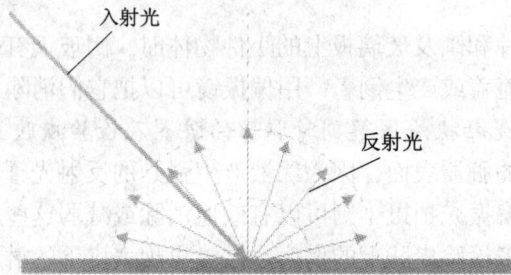

图 6 - 51　漫反射示意图

3．半光滑表面上的混合反射。当光线照射到半光滑表面上时，会产生混合反射，如图 6 - 52 所示。这种反射介于定向反射和漫反射之间，其表面反射光线出现在一定空间范围。在混合反射光的空间分布中，与入射角相等的反射方向上的光线强度最大，偏离这个方向的反射光的强度，随着偏离程度的增加而削弱，反射光能分布在反射面上的一个类似椭圆形的范围内。汗液、油脂手印等痕迹上产生的反射是典型的混合反射。

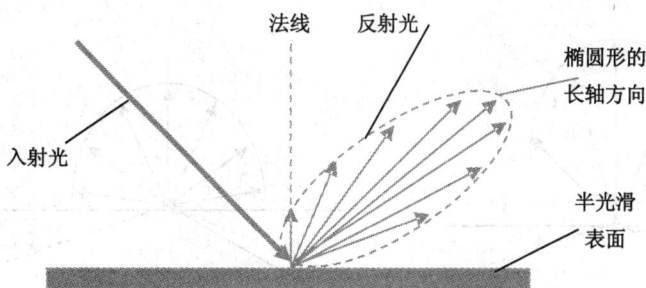

图 6 - 52　混合反射示意图

（二）内反射光及其特性

　　照明光线在物质表面一部分被反射形成表面反射光，另一部分被折射进入物质内部。折射光线在物质内部传播过程中可能会被吸收和散射。被物质散射的光线可能重新到达物质表面并被反射和折射，其中折射光线又回到物质表面外面。这种经过物质内部散射作用重新回到物质表面外面的光线称为内反射光线，如图 6 - 53 所示。

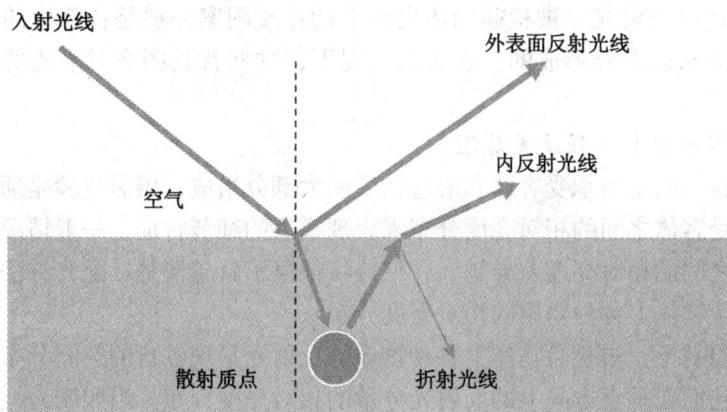

图 6 - 53　内反射光的形成

　　客体反射光的亮度分布包括表面反射光和内反射光。由于内反射光来源于物质内部，它们与表面反射光形成机理不同，因而特性完全不同。内反射光具有特殊的空间分布规律。如图 6 - 54 所示，光滑表面：只在有限方向有反射；非光滑表面：各方向都有。物质表面上的任意一点位置上的内反射光是物质内部众多散射点共同作用的结果，因此每一点位置上的内反射光在垂直方向上最强，其他方向上内反射光线较弱，越偏离垂直方向，内反射光越弱，由于内反射光是物质内部的散射作用的结果，内反射光的空间分布与照明光线入射角度无关。

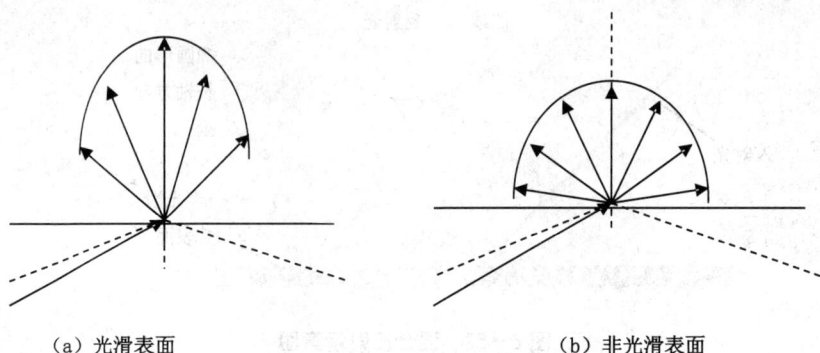

（a）光滑表面 　　　　　　　　　　　（b）非光滑表面

图 6 - 54　内反射光的空间分布规律

　　内反射光的强度和色调主要取决于物质对光线的散射和吸附性质。在一定折射光线情况下，物质散射能力越强，内反射光越强。相反，物质吸收能力越强，散射光越弱，内反射光也越弱。如果物质吸收具有光谱选择性，内反射光能呈现一定的色调。在白色光照射下，物质表面反射光一般还是白光，但内反射光可能呈现不同色调。例如，红色物体表层具有较强的红色内反射光，蓝色物体表面具有较强的蓝色内反射光。被检验物体表面上的花纹图案一般是各部位的内反射光强度和色调分布的差异形成的。在多数情况下，这些背景图案对痕迹的显示形成干扰。

　　（三）配光技术增强反差原理

　　痕迹检材一般是由承受客体和痕迹物质两大部分组成。摄影检验是通过记录痕迹物质与承受客体之间的相对亮度分布来表现痕迹的细节特征。一般情况下，痕迹物质与客体之间的相对亮度差异越大，痕迹特征显示就越清楚。配光方法可以改变或调整被检验物体上各种物质的相对亮度分布。

　　在光线照射下，被检验物体上各种物质的反射光呈现各自的空间分布形式。配光检验记录它们在垂直方向上的反射光分量的相对亮度分布。当照明光线的入射角度变化时，各种物质的垂直反射光分量亮度随之变化，由于不同反射性质的物质的垂直反射光分量亮度随照明光线入射角度变化有不同规律，它们在垂直方向上的相对亮度分布将随入射角度的改变而变化。

　　（四）配光检验方法

　　在物证检验摄影领域，配光检验根据入射光线角度的不同可以分为七种方法：定向反射配光、暗视场配光、均匀配光、侧光配光、掠入射配光、侧透射配光和正透射配光（如图 6 - 55 所示）。

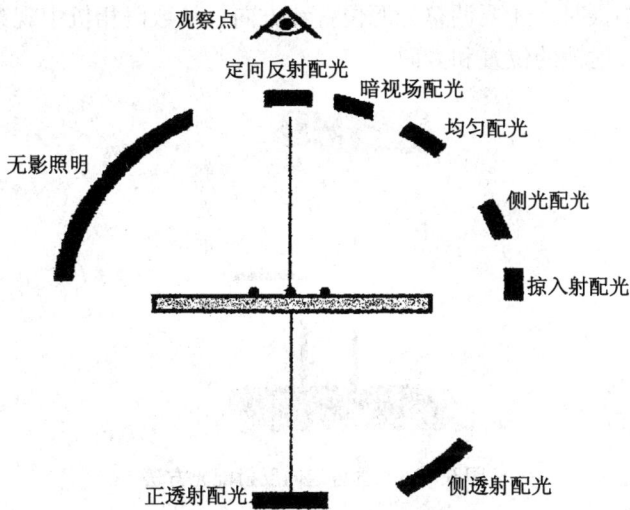

图 6 – 55　常用配光方法照明光线入射角度分布

二、定向反射配光检验摄影

定向反射配光法采取单向配光，拍摄时沿着反射光线方向记录被摄物体的反射光亮度分布。痕迹与客体间有较大的亮度差，显现效果为浅色背景深色纹线，可以削弱背景图案干扰。定向反射法的适用对象较多，主要为光滑表面上的非光滑痕迹或非光滑表面上的光滑痕迹。例如，光滑表面上的汗液、油脂、灰尘和502胶熏显指印及各种鞋印。

（一）定向反射配光检验摄影的种类

定向反射配光法有两种类型：垂直定向反射法和小偏角定向反射法。

1. 垂直定向反射法。采用垂直光反射器拍摄，其底面与半透射半反射平板玻璃的夹角为45°，相机光轴垂直于被摄物体平面，如图 6 – 56 所示。由小型聚光灯水平射在半反半透玻璃光线一部分向下反射至被摄物体，经被摄物体反射并透过半反半透玻璃沿着镜头光轴射入镜头。

在垂直定向反射配光法中，从定向反射镜侧面入射的光线被半反半透射镜片反射到定向反射镜轴线方向上，并且垂直照射到物体表面上，物体的垂直定向反射光线通过半反半透射镜片后进入相机镜头。但是，在实际应用中，由于照相机与客体平面不能保证绝对的垂直，一般都或多或少地存在一些角度误差。当照相机镜头轴线与客体表面不是互相垂直时，而是有一定倾斜角度时，照相机镜头无法接收记录到客体表面的定向反射光线，因而不会获得定向反射配光的效果。因此，在使用垂直定向反射镜拍摄时，还要调整光源位置和方向，从数码相机中观察有最大反差时固定垂直定向反射镜的位置和方向。

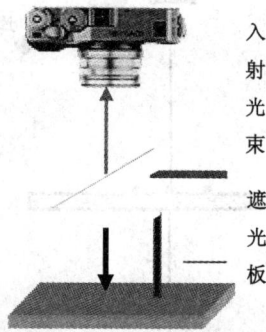

图 6 - 56　垂直定向反射配光方法

2．小偏角定向反射法。这是定向反射照明的一个特例，不需要"半透半反镜"，但需要在暗房中拍摄。照明光线以小角度（5°）入射物面，镜头光轴在对应的定向反射方向上，如图 6 - 57 所示。拍照记录效果与垂直光相同，但有影像变形问题，应加以校正。

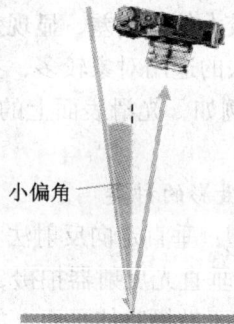

小偏角

图 6 - 57　小偏角定向反射配光方法

（二）定向反射配光检验摄影特点

1．定向反射配光检验只适用于拍摄平面型光滑客体上的痕迹，并且客体的光泽度越高，显现痕迹的效果越好。

2．痕迹纹线只出现在定向反射形成的光斑区域，为了得到足够大的光斑，需要一定尺寸的面光源照明。

3．一般应在暗房或暗环境中拍摄。

4．痕迹纹线以深色调呈现在浅色背景上，并能有效削减背景图案的干扰。

5. 使用中长焦镜头（100~400mm），拍摄距离为40~80cm，可以满足大多数指印的拍摄需要。

（三）定向反射配光在物证检验摄影中的应用

用定向反射配光检验摄影方法拍照光滑平面上各种痕迹时，光滑表面的定向反射光与痕迹物质的非定向反射光形成很大的亮度反差，使痕迹以深色调呈现在浅色背景上。痕迹物质数量越多，对光线的散射能力越强，痕迹的垂直反射分量相对较小，使得痕迹与背景的反差越大。同时，由于光滑客体表面的定向反射光强度远远大于物体的内反射光强度，背景图案干扰被减弱或完全消除。图 6 - 58 为垂直定向反射配光法在不同距离拍摄光滑卡片上潜在指印。

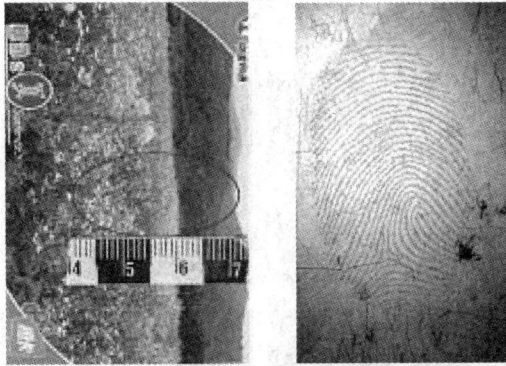

(a) 检材原貌　　　(b) 垂直定向反射配光法拍摄

图 6 - 58　垂直定向反射配光法拍摄光滑卡片上潜在指印

对于某些彩色客体，由于客体表面的光泽度不是很高，产生的表面定向反射光不能远远大于内反射光，从而产生背景图案干扰。在这种情况下，采用垂直定向反射配光结合分色摄影可以消除背景图案的干扰。图 6 - 59 是用垂直定向反射配光法结合分色摄影法拍摄有背景图案严重干扰的彩色照片上潜在指印。由于彩色照片的光泽度不是很高，照片图案由蓝色和白色组成，只用垂直定向反射配光法很难消除背景图案的干扰，如图 6 - 59（b）所示。由于不同背景图案处具有不同的内反射光亮度，白色图案具有很强的内反射光，蓝色图案有较弱的内反射光，使得背景显示出不同的亮度，因而产生严重的背景干扰。但是通过在垂直定向反射配光方法中使用蓝色光进行分色摄影方法，基本消除了背景图案的干扰，如图 6 - 59（c）所示。

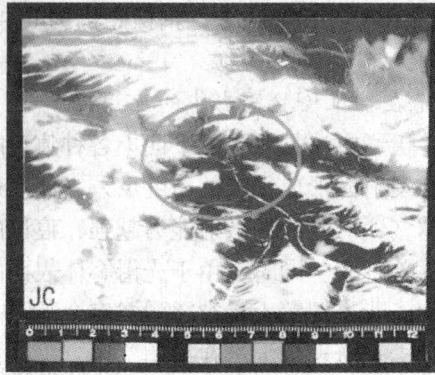

（a）检材原貌

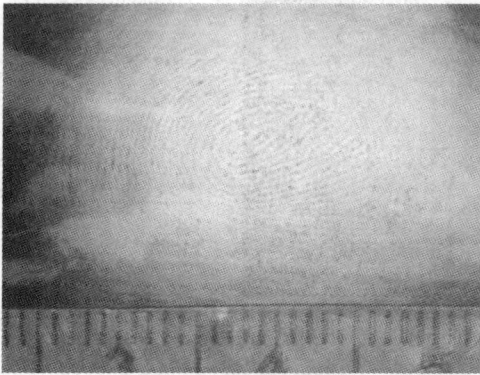

（b）垂直定向反射配光法　　　　　　　　（c）垂直定向反射配光法与分色摄影结合

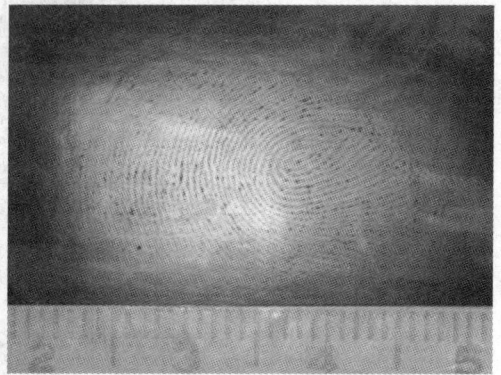

图 6 - 59　用垂直定向反射配光法拍摄有背景图案严重干扰的光滑卡片上潜在指印

三、暗视场配光检验摄影

（一）暗视场配光方法增强反差的原理

暗视场配光法是光线以较小的入射角（10°～30°）照射在被摄物体上，在垂直方向上接收物体反射光的亮度分布（如图 6 - 60所示）。暗视场配光法增强反差的原理是由于承痕体与痕迹表面状态不一样，承痕体为深色的光滑表面，产生定向反射，该定向反射光不能进入镜头成像。而痕迹为半光滑表面，产生混合反射，有垂直分量进入镜头成像，因此记录的是深色背景下的浅色调痕迹，所以称为暗视场。

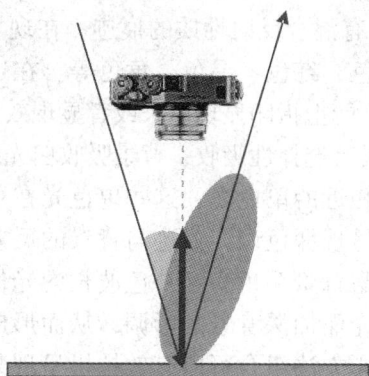

图 6 - 60　暗视场配光方法

（二）暗视场配光法适用范围

1. 深色调光滑客体上具有混合反射性质的痕迹。暗视场配光法适合于显现和加强深色光滑客体上具有混合反射性质的物质形成的指印，如汗液和油渍指印等。图 6 - 61 为暗视场配光法拍摄深色酒瓶上的汗液指印的效果图。为消除定向反射光斑，拍摄配光方向为顺轴方向。图 6 - 62 为暗视场配光法拍摄镜子表面上的汗液指印的效果图。

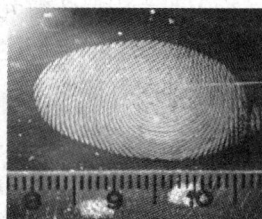

（a）检材原貌　　　　　　　　　　　　（b）暗视场摄影

图 6 - 61　镜子表面上的汗液指印

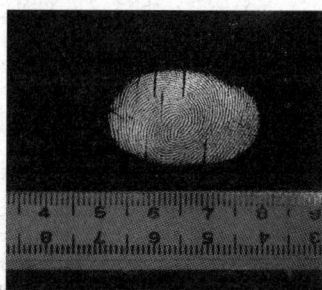

（a）检材原貌　　　　　　　　（b）暗视场摄影

图 6 - 62　镜子表面上的汗液指印

2. 彩色光滑客体上具有混合反射性质的痕迹。在现场上指印遗留的客体表面常常呈现某种色调，如蓝色、红色、绿色、黄色等。在这些彩色客体表面上的指印，用暗视场配光有时就不能把指印显现出来或者显现效果不好。主要原因是由于客体背景上的颜色对白光具有选择性吸收，背景吸收白光中与背景颜色为互补色的单色光，反射与背景颜色相近的单色光，这些单色光在垂直方向上有较大的光反射分量。因此，背景不能呈现深色调，痕迹与背景的反差较小。但是，通过改变入射光的波长（一般选择与背景颜色为互补色波长的光作为入射光线），就可以减少客体背景上的内反射光而加深背景的影调，从而形成暗视场的效果。实践证明，暗视场配光和分色摄影方法组合可以有效拍摄呈现某种色调的彩色光滑客体上的指印。

四、均匀配光检验摄影

均匀配光是翻拍和脱影摄影时采用的配光方法。均匀配光的原则是均匀、柔和和对称。光源要采用散射柔和光，阴影较淡，便于调配掌握。例如，乳白灯泡、磨砂灯泡、散射式强光灯，晴天背阴处和阴天的自然光都比较适用。避免在直射阳光下或在明丝灯泡、聚光灯下翻拍。因为在直射光照射下，不容易调配均匀，原件上稍有凸凹不平，就会显示出来较多较强的阴影。

均匀布光中要注意光照的角度，当入射角度过大时，光照度就太小；入射角度过小时，被拍表面会产生反光。一般以45角左右为宜（如图6-63所示）。当只有一盏灯，即单灯照明时，一定要在单灯的对侧采用反光屏进行补光。

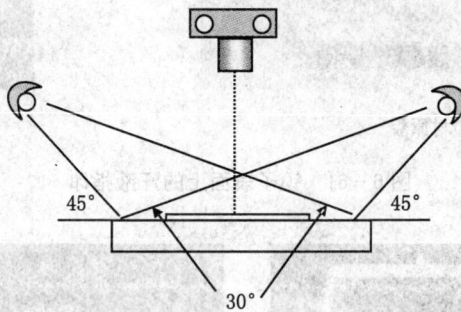

图6-63 均匀配光示意图

五、侧光配光检验摄影

（一）侧光配光检验摄影技术方法

侧光配光方法也称为阴影拍摄法，其适用对象为具有一定体积的立体痕迹，如松软泥土上的足迹，压印、刻画、擦划、撬压、锯锉等造成的立体痕迹。由于这类痕迹与承痕体属同类物质，它们的反射率基本相同，吸收和反射光谱也基本相同，在正面光照下，这类痕迹的反差微弱，不易识别和辨认。只有通过侧光配光方法使其产生阴影，才能显示其立体特征。

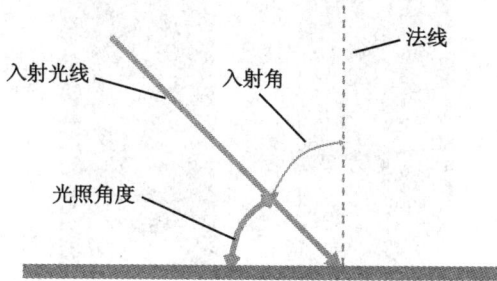

图 6－64 侧光配光摄影示意图

阴影拍摄法显示立体痕迹特征的配光方法为：在暗视场或暗环境中，利用单向光线，从被摄对象的一侧照射，在其另一侧产生阴影（如图 6－64 所示）。关键在于光照角度和光照方向的确定。

1. 光照角度的确定。光照角度，是指光线与被摄物所在平面间的夹角。光照角度应根据痕迹的深浅和宽度来调整，使阴影宽度与痕迹的宽度大致相当，也就是说，痕迹深度大于宽度的，角度应大于45°；痕迹深度等于宽度的，角度应等于45°；痕迹深度小于宽度的，角度应小于45°（如图 6－65 所示）。

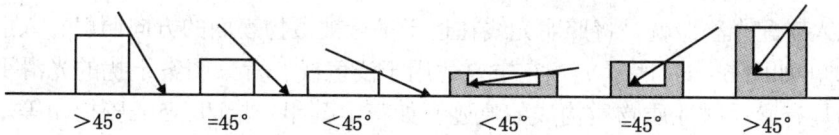

图 6－65 根据立体痕迹的深度和宽度确定光照角度

2. 光照方向的确定。光照方向的确定，主要考虑痕迹花纹的走向。单向花纹应该从侧面垂直照明；交叉花纹应从交叉角分线方向照明，使每条纹线都产生阴影；环形、螺旋形等复杂花纹可采用十字交叉或多个方向照明。

在室外拍摄泥土地上的足迹、车轮痕迹和炸坑等立体痕迹时，有时受自然光照条件限制，不能满足阴影法对光照方向和光照角度的要求。为了创造一个局部暗环境，可以利用电器或家具包装纸箱制作一个暗箱，用于在室外现场创造阴影法所必需的暗环境。阴影法拍摄室外沙土地浅层立体足迹效果如图 6－66所示。

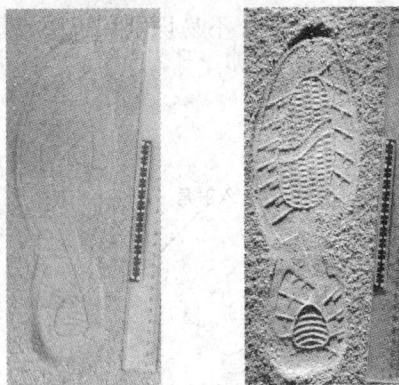

（a）普通摄影　　　　　（b）阴影摄影

图 6 - 66　沙土地浅层立体足迹

（二）侧光摄影的注意事项

1．曝光时应采取系列曝光方法，从而获得合适的曝光量来突出阴影下细节，防止过大的反差湮没了痕迹纹理。

2．最好使用手动调焦，利用较大的景深保证客体表面和凹部都清晰。

六、掠入射配光检验摄影

（一）掠入射配光方法

掠入射配光法，就是将照明光线在近于平行被摄物表面的方向照射，入射角近似于90°（如图 6 - 67 所示）。它主要适用于浅色或有背景图案干扰的光滑平整表面上的具有漫反射性质物质构成的痕迹，如灰尘鞋印、指印、502胶指印等。这种方法加强反差的原理在于：掠入射光绝大部分在客体表面被反射，极少折射光进入客体内部，内反射光极少，削弱了浅色客体背景图案干扰；而漫反射物质痕迹反射光的垂直分量不随照明光线入射角度而变化，痕迹以浅色纹线再现在深色背景上。

图 6 - 67　掠入射配光方法

（二）掠入射配光检验摄影的应用

在现场中，搜寻浅色光滑客体表面上具有漫反射性质物质构成的痕迹（如灰尘等）时，往往在60°～80°的倾斜方向观察痕迹，反差较大。这是因内反射光分布在垂直方向最大，偏离垂直方向逐渐减小，所以倾斜方向观察时背景变暗而使得反差较大。但拍摄时不宜在倾斜方向，因为变形较大。在这种情况下，采用掠入射配光，掠入射光绝大部分在客体表面被反射，极少折射光进入客体内部，内反射光极少，削弱了浅色客体背景图案干扰；而漫反射物质痕迹反射光的垂直分量不随照明光线入射角度而变化，痕迹以浅色纹线再现在深色背景上。图6-68为浅色地板革上的灰尘鞋印采用掠入射配光方法拍摄的效果图。

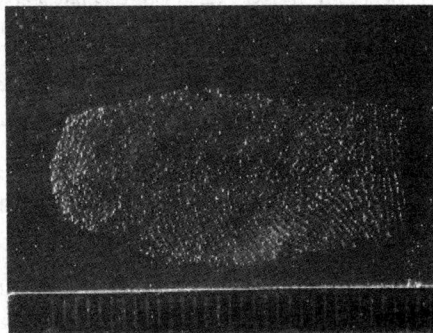

（a）检材原貌　　　　　　　　　（b）掠入射光拍摄

图6-68　浅色客体背景的灰尘鞋印

如果客体表面不平整且有一定颜色，选择客体吸收最强波段的色光进行掠入射配光，客体物质的吸收作用导致内反射光减少，这样可以利用掠入射配光和分色摄影两个方面的作用同时抑制客体内反射光，同时配以偏振光摄影，使客体亮度达到最低值，与灰尘痕迹形成最大反差。图6-69为彩色客体背景图案干扰的灰尘指印采用掠入射光配合偏振光和分色摄影拍摄的效果图。

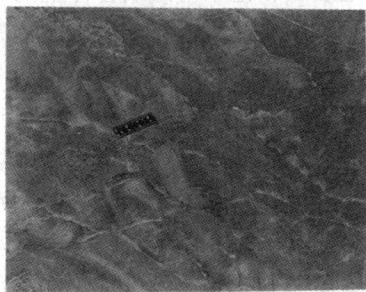

（a）检材原貌　　　　　　　　　（b）掠入射光拍摄

图6-69　彩色客体背景图案干扰的灰尘指印

（三）掠入射配光的注意事项

1. 掠入射照明光源的选择。宜用输出平行光束的"强光灯"，以利肉眼搜寻与拍摄。

2. 配光距离稍远些。掠入射配光时，由于采用的是单灯掠入射配光，容易产生配光不均匀现象（近亮远暗）。所以掠入射配光法拍摄时，应该使光源距离被摄体稍远些，以便削弱配光不均匀现象。

3. 宜与分色和正交偏光轴摄影等方法配合。例如，客体表面不是理想平面，掠入射配光宜与分色和正交偏光轴摄影等方法配合，可以获得最佳效果。

七、透射配光检验摄影

（一）透射配光检验摄影适用对象

透射摄影，是指光源从物体背面照射，在物体正面用照相机接收物体透射光的亮度分布。在物体背面的照明光束可以垂直入射，也可以从背后侧面照射物体。在透射照明方法中，相机接收物体透射光，物体透射光亮度取决于物体上各种物质的吸收透过和散射能力。改变透射照明光线的入射角度，可以调整物体的透射光亮度分布。透射照明法接收记录物体的透射光线，因此，只适合于拍照透明或半透明物体。在物证检验摄影中，透射照明方法主要用于透明或半透明物体上的痕迹，如透明玻璃、胶带等上的指印等。

（二）透射配光检验摄影的类型

透射光的入射角度要根据透明体的痕迹物质的性质来决定。多数情况下是从物体背后侧面照射，称为侧透射配光；有时也从物体背面垂直照射物体，称为正透射配光。

1. 正透射配光方法。正透射配光方法的示意图如图 6 - 70 所示。正透射配光时，从检材背后垂直入射到达痕迹的光线被吸收；到达背景部位的光线沿垂直方向透射，进入相机镜头成像，形成深色痕迹呈现在浅色背景上的结果。正透射配光一般采用面光源，可用乳白玻璃或乳白塑料做成的散射灯箱，置于检材背面的正下方。宜在暗房中拍摄。这种配光方法可以有效地显示和记录半透明客体上的深色异物指印、薄纸上吸收性强的痕迹，如薄纸上的黑墨水涂改字迹、字迹与印迹先后形成的痕迹、纸张被刮削或擦划的痕迹等。

2. 侧透射配光方法。侧透射配光方法示意图如图 6 - 71 所示。侧透射配光时，从检材背后斜侧入射到达背景部位的光线透射后无垂直分量，到达痕迹部位的光被散射，有垂直分量，形成浅色痕迹呈现在深色背景上的结果。侧透射配光拍摄时，先将透明客体未承痕背面擦净，再用有孔黑纸遮挡在客体正面，露出痕迹，阻止来自痕迹以外的杂散光线进入镜头，并在客体背面下方放置黑色衬底。然后，用点光源或平行光束从客体背侧面约 45° 方向照射。侧透射配光方法适用于透明客体上的汗液、油渍指印等。图 6 - 72 为侧透射配光方法拍摄的透明塑料杯上的汗液指印的效果图。

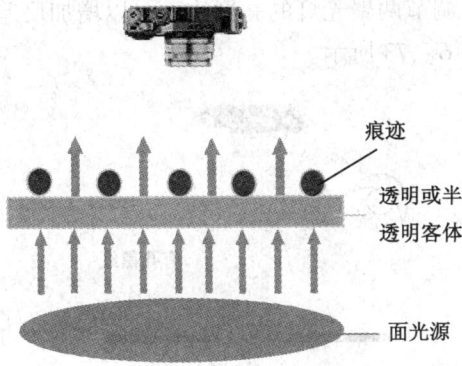

图 6 - 70　正透射配光方法

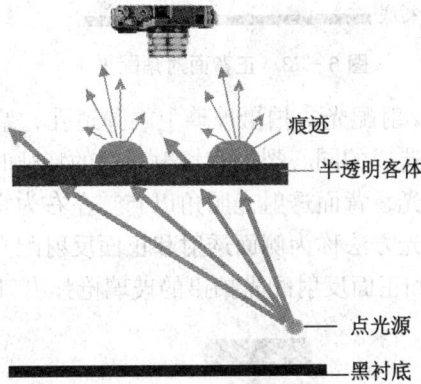

图 6 - 71　侧透射配光方法

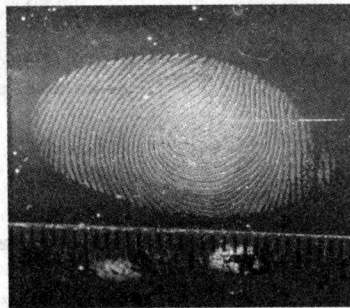

（a）检材原貌　　　　　　　　　（b）侧透射配光方法

图 6 - 72　透明塑料杯上的汗液指印

　　3. 正背面对角配光。拍摄玻璃上微弱的减层灰尘手印、汗液极少的加层手印时，可用两只光强可调的聚光灯，从相对方向照明透明客体的正面和背面，客体背面下方衬以黑色衬底。调节两聚光灯的亮度比，可以增加反差，这种配光方法称为正背面对角配光，如图 6 – 73 所示。

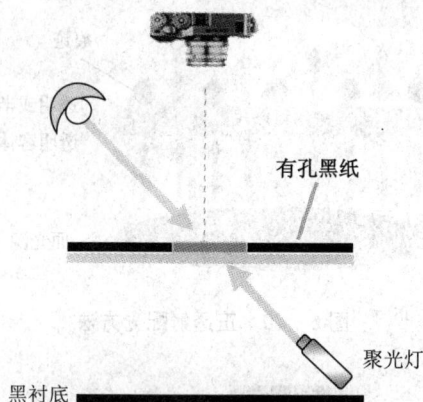

有孔黑纸

聚光灯

黑衬底

图 6 – 73　正背面对角配光

4. 侧面透射和正面反射配光。拍摄玻璃上的弹道孔，鉴别入射口和出射口的特征，以及被弹头撞击所造成的同心裂纹和辐射裂纹的特征时，可在正面配上入射角为20°左右的正面反射光，背面透射光照角以45°左右为宜，可根据观察效果调节，衬以黑背景，这种配光方法称为侧面透射和正面反射配光，如图 6 – 74 所示。图 6 – 75为采用侧面透射和正面反射配光拍摄的玻璃枪弹出口痕迹。

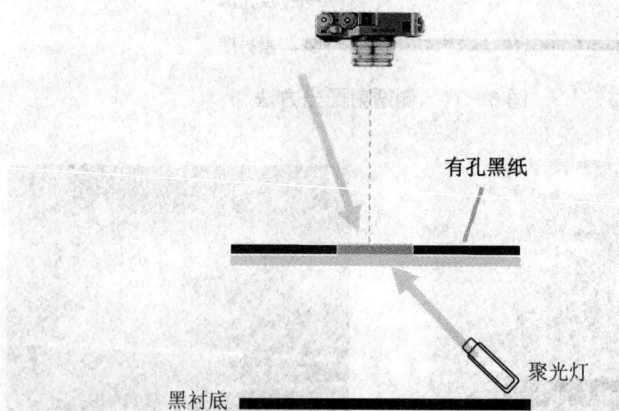

有孔黑纸

聚光灯

黑衬底

图 6 – 74　侧面透射和正面反射配光

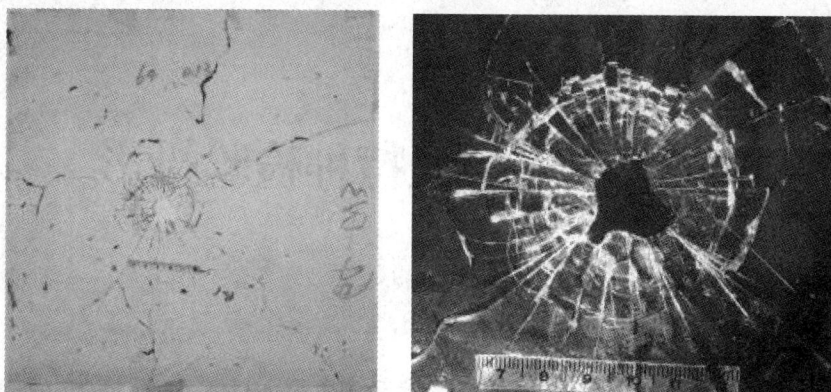

（a）检材原貌　　　　　　　（b）正面20°反射+背面45°透射摄影

图 6-75　玻璃枪弹出口痕迹

【小结】

在物证检验摄影中，偏振光摄影的主要目的是消除承痕体表面的定向反射光，从而压暗背景，增强反差。分色摄影是利用某单色光拍摄带有颜色的承痕体或者痕迹。配光检验摄影中，定向反射配光法可以削弱光滑平面上背景图案干扰，显现效果为浅色背景深色纹线。暗视场配光法适合于拍摄深色光滑客体上的汗液和油渍指印，显现效果为深色背景下的浅色调痕迹。掠入射配光法主要适用于光滑表面上的具有漫反射性质物质构成的痕迹（如灰尘、血液痕迹等）。

【思考题】

1. 什么是分色摄影？分色摄影滤色镜的选择原则是什么？
2. 简述偏振光摄影的原理。
3. 什么是定向反射配光法？该方法的适用对象和作用特点各是什么？
4. 简述暗视场配光方法增强反差的原理。
5. 简述掠入射配光方法原理及应用范围。

第七章　物证特种检验摄影

【教学重点与难点】

教学重点：在阐明红紫外光的性质和光致发光的基本原理，介绍红外反射摄影、紫外反射摄影、光致发光摄影、显微摄影的技术方法以及在刑事技术中的应用。

教学难点：红外反射摄影、紫外反射摄影、光致发光摄影滤光镜的选择和应用；各种显微摄影的曝光控制。

‖第一节　红外反射摄影‖

红外光是在电磁波中可见光谱红光外端的一种人眼看不见的热辐射。不同波段的红外光对物质的反射、透射、吸收不同。所以，可以采用红外光作为光源来显示、记录痕迹物证的影像特征。

红外反射摄影，是指记录被摄物体反射红外光亮度分布的摄影，也称作直接红外反射摄影。红外反射摄影是记录物体反射红外光的情况，适用的拍摄客体一般为非透明的。对于透明或半透明的客体，可以采用红外透射摄影的方法。红外透射摄影是记录物体透射红外光的情况，与红外反射摄影略有差别，只是光源的位置不同，具体方法是一致的。

一、红外光的性质

1800年，英国的物理学家赫胥尔使用涂黑的灵敏水银温度计，测量太阳光谱各色光热效应时，发现在可见红光外端仍有显著的热效应，从而确定了不可见的红外光存在。后来人们借助磷光摄影和温差电偶等多种方法也证实了红外光的存在。

在电磁波中从可见光的红色光长波端开始，一直到无线电超短波区都属于红外光。通常认为红外光从780nm开始，直到10^6nm为止，分为三个区域：近红外区（780～1500nm）、中红外区（1.5～30nm）、远红外区（30nm以上）。目前红外光的应用区域为760～1350nm。

任何物质分子的热运动（振动、转动）都会产生红外辐射。温度越低，辐射波长越长；温度越高，辐射波长越短。物质在100℃左右时能产生人们可以感觉到的红外辐射；当电阻丝的温度高于750℃时，才能产生微弱的可见红光。

红外光和可见光一样，也遵循光的一般规律：具有波粒二象性；在均匀介质中，只要没有吸收或散射，光以直线传播；具有干涉、反射、折射、散射等几何光学特性；其发光现象是由组成物质的分子、原子、电子的振动、转动等跃迁而产生的，其能量来源于电能、热能、光能、化学能等。

一般地讲，各种物质对光的反射能力随波长的增大而增大、吸收能力随波长的增大而减少、透射能力随波长的增大而增大。红外光其波长比较长，具有较强的反射和透射能力。利用红外光反射和透射能力强的特点，可以显现肉眼无法看清的痕迹物证，如烧焦文书上的字迹、暗色衣服上弹孔周围的射击附带痕迹等；可以鉴别某些颜色相同而成分不同的物质，如用色泽相同、成分不同的墨水字迹等。另外，红外光还被广泛应用于遥感、导航、跟踪等技术中。

二、红外反射摄影技术

（一）红外反射摄影的器材

1. 红外反射摄影的照相机。所有用于普通摄影的数码相机，只要机身不漏红外光，原则上都可以用于红外反射摄影。目前，大部分数码相机的光谱响应范围在400～1100nm。即普通数码相机的感光元件能够感受780～1100nm的红外光。但是，绝大多数数码相机为了防止感光器件因感受红外光而造成所拍摄的影像与人眼直接看见的影像不同，在数码相机的镜头和感光器件之间加装了一个红外截止滤光镜，其作用就是阻挡红外光。因此，使用普通数码相机进行红外反射摄影时需要拆除此红外截止滤光镜。目前市场上已有专门用于红外反射摄影的专业相机：如UVR高清数码单反紫外红外照相机、全波段CCD物证相机等。

2. 红外反射摄影的镜头。普通的光学玻璃镜头可以透过350～2800nm的光线。因此，用于可见光摄影的消色差镜头、复消色差镜头和超消色差镜头都可用于红外反射摄影。另外，专用红外镜头和专用紫外镜头也能用于红外反射摄影。如春光X-100紫外摄影镜头也能透过200～900nm的光线。当然专用红外镜头获得的影像质量最好。

3. 红外反射摄影的滤光镜。红外滤光镜，是指用来透过或阻止红外光的滤光镜。通常红外反射摄影使用的红外滤光镜有截止型和带通型两种滤光镜。

红外截止型滤光镜，是指能透过截止波长以上的红外光，吸收截止波长以下的红外光以及可见光的滤光镜。红外截止型滤光镜透过性能示意图如图 7-1 所示。这种滤光镜是在玻璃中掺加染料，利用染料的吸收性能进行滤光的。红外截止型滤光镜，又称作长波通红外滤光镜和吸收红外滤光镜，通常以其截止波长命名，如红外截止型750nm滤光镜，能透过750nm以上的红外光，吸收750nm以下的红外光以及可见光。常用的红外截止型滤光镜有：680nm、720nm、750nm、800nm、850nm和900nm等。其特点是：透过率高、价格低、滤光性能稳定、使用方便，但它们透过的波长范围较大，选择控制红外成像波段的能力较差。

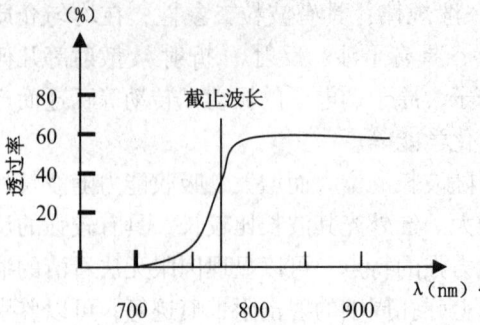

图 7-1 红外截止型滤光镜透过性能示意图　　图 7-2 红外带通型滤光镜透过性能示意图

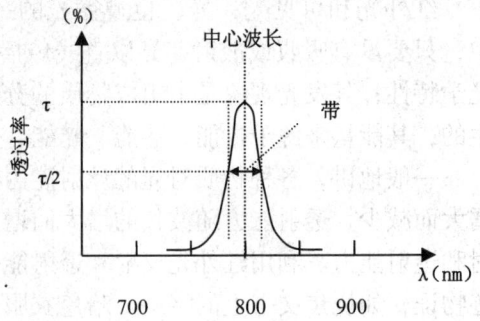

　　红外带通型滤光镜是在透明片基上镀膜制成的，能透过一定波段范围内的红外光，吸收其他波长的光。红外带通型滤光镜透过性能示意图如图7-2所示。透过光谱波段的宽度称为带宽，其大小是指透过红外光波段最大透过率一半所对应的两个波长之间的宽度。红外带通型滤光镜带宽通常在10～30nm，中心波长在700～1000nm。红外带通型滤光镜又称红外干涉型带通滤光镜，通常以其中心波长命名。其特点是：透过率低、价格高，但它们透过一定带宽的红外光，选择控制红外成像波段的能力较强。

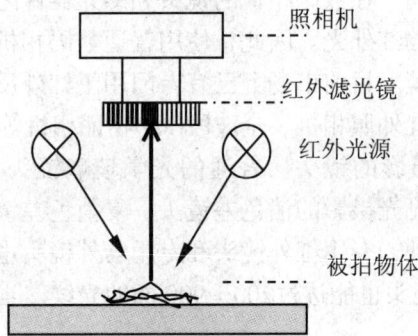

图 7-3　红外反射摄影示意图

　　4. 红外反射摄影的光源。大部分光源都能辐射红外光，均可用于红外反射摄影。红外反射摄影示意图如图7-3所示。室内拍摄时可选用含有丰富红外光的白炽灯、碳弧灯、钨丝灯、电子闪光灯等；在室外拍摄时，太阳光就是很好的红外光光源。此外，一些激光器也输出极好的红外光，如常用的Nd：YAG激光器，可以输出波长为1064nm的红外光。

　　5. 红外反射摄影的附属器材。近摄接圈、近摄镜、微距镜头、三脚架、翻拍架、快门线、比例尺、相机专用电源或电池组等。

（二）红外反射摄影的技术方法

随着数字技术的迅速发展，红外反射摄影不再使用老式胶片相机进行盲拍，而是使用可以实时观察、实时拍摄、实时存储的专用红外数码相机。虽然这类专业相机目前基本功能还不够完善，其取景、调焦、曝光等方式还不统一，但其操作都比较简便，与普通数码相机相同，我们根据相机具体说明就可以操作。

1. 选择照明波段。物质对红外光的反射率随红外光波长的变化而变化，不同物质的反射率随波长变化的规律也不尽相同。在不同红外光波段照射下的物质将呈现不同的红外反射亮度分布，这种特性类似于物体在可见光区不同颜色的光照射下有不同的反射光亮度分布。因此，用不同波段的红外光进行反射摄影，将得到不同的结果，可以显示出不同的细节特征。合理选择红外反射摄影照明波段，可以得到所要求的亮度分布结果，显示出有用的细节特征。

红外反射摄影所使用的波段，应根据被摄物体表面的光谱反射性能和期望再现的细节特征来选择。如果要求两种物质之间的亮度反差最大（或最小），则选择它们反射率差异最大（或最小）的波段进行红外反射摄影。例如，被纯蓝色墨水涂抹掩盖的蓝黑色墨水字迹，在不同的光波段照射下有不同的显现结果。在可见光照射下，纯蓝色墨水由于强烈吸收可见光，我们看不见被纯蓝色墨水涂抹的蓝黑色墨水字迹，只能表现纯蓝色墨水与纸张之间的反差，不能表现被涂抹的蓝黑色墨水字迹与纸张之间的反差。

在750～800nm的红外光波段照射下，纯蓝色墨水、蓝黑色墨水和纸张三者表现出不同的吸收、反射和透射能力：750nm以上波长的红外光能够穿透纯蓝色墨水，用来涂抹的纯蓝色墨水表现为强烈透过而透明；850nm以下波长的红外光不能穿透蓝黑色墨水，蓝黑色墨水字迹表现为强烈吸收而变暗；纸张表现为强烈反射而变亮。这样，被掩盖的蓝黑色墨水字迹、涂抹掩盖字迹的纯蓝色墨水痕迹和承载客体纸张三者之间就形成了反差，从而使得被涂抹掩盖的蓝黑色墨水字迹能够被清晰地显现出来。

在850～900nm的红外光波段照射下，红外光除了能穿透涂抹字迹的纯蓝色墨水外，还将穿透被涂抹的蓝黑色墨水字迹，这样就使得涂抹掩盖物质与被涂抹物质均处于透明状态，你所拍到的就只有纸张了。因此，只有正确地选择使用红外波段，才能有效地利用红外反射摄影技术拍摄痕迹物证。在实际工作中，检材条件变化很大，选择红外反射摄影波段的技术比较复杂。如果了解了各种物质对红外光各个波段的吸收、反射和透射性能，将有助于合理选择红外摄影波段，显现不同的痕迹物证细节特征。

2. 配光。红外反射摄影室外可选择自然光，室内选用灯光照明。配光方式可以分为直接照明和间接照明两种。如何选择配光方式，由检材的特性和需要反映的细节特征决定。只有正确选择配光方式，才可能使红外反射摄影显示出我们需要的有用细节特征。

直接照明是用光源输出的辐射直接照射被摄物体。在红外反射摄影中，大多数被摄物体，包括平面物体和一些立体物体，都应采用均匀照明配光，才能充分表现物体反射、吸收或透射红外光的细节。

间接照明法是用散射材料把光源输出的光辐射散射到物体上。这种方法的实质是把散射材料作为次级光源，间接地照射被摄物体。通过改变散射材料的形状，可以方便地调节配光的效果。描图纸、半透明纱布等可以用作散射材料，它们对红外光有很好的散射性能。

3. 选择滤光镜。物体在红外区不同波段有不同的反射、透射和吸收能力。因此，物体在不同的红外波段内将显示出不同的亮度分布。在红外反射摄影中，我们可以运用各种红外滤光镜，将物体反射光或照射光中选定的红外波段分离出来，得到需要的亮度分布，显示出有用的细节特征。

红外反射摄影的滤光方式有两种：一种是在镜头前面使用红外滤光镜；另一种是在光源前面使用红外滤光镜。在确定了红外反射摄影波段后，需要选择一个能够透过这个红外波段吸收其他波段光线的红外滤光镜。然后把选定的红外滤光镜加在镜头或光源前面，就可以在数码相机上接收到被摄物体在这个波段的红外光的亮度分布了。

4. 取景调焦。红外光是不可见光，平视光学取景器观察到的影像是可见光条件下的影像，并不是红外光条件下的影像。另外，红外光的波长比可见光长，镜头的红外焦距比可见光焦距长，红外影像的焦平面比可见光影像的焦平面更远离镜头。当用可见光调焦后，把可见影像调节在感光器件平面上，红外影像就落在感光器件平面的后面。因此，红外反射摄影的取景调焦不能通过平视光学取景器进行，要通过液晶显示屏进行，同时还要先将红外滤光镜加在镜头上，防止液晶显示屏上显现的还是可见光条件下的影像，以保证液晶显示屏上显现的是实时红外影像。

5. 曝光。不同的照相机其曝光模式有所不同，可以根据相机提供的曝光模式进行分级曝光，预览实摄效果，确定合理的曝光模式和曝光组合。

由于红外摄影受加用滤光镜、使用小光圈加大景深等因素影响，一般曝光时间较长，因此，必须使用三脚架等固定照相机曝光。

（三）红外反射摄影注意事项

1. 红外反射摄影使用的数码相机基本功能和性能还不统一，使用前要详细阅读相机的说明书。

2. 红外反射摄影使用的数码相机基本都是改装过的。所以，相机的有些功能可能关闭或取消，操作时发现问题，请查看说明书。

3. 切勿在开机或缺镜头的状态下，让强光直射进入相机，以免损伤相机内部元件。

4. 使用红外光源时，注意光照距离，以免灼伤被摄原件。

5. 使用红外光源后，注意关闭电源，以免引发火灾。

三、红外反射摄影的应用

1. 红外反射摄影能够揭示某些物质掩盖的痕迹。例如，深色衣服上的枪晕痕迹、与背景同色痕迹、深色客体上灰尘痕迹、油斑污渍痕迹等。

2. 红外反射摄影能够揭示被污染、涂改、擦消、挖补等处理过或深色纺织品上潜在的字迹、邮戳；鉴别不同厂家、不同品牌（不同成分）的书写笔、复写纸、印泥等形成的字迹；显现烧焦文书上的字迹，等等。

3. 红外反射摄影能够显示皮肤内的瘀血、伤痕，表皮下组织病变、勒痕及尸斑等。

4. 红外反射摄影能够透过烟雾拍摄火灾现场内部情况；能够透过薄云在阴天、有雾等天气条件下清晰记录远处的景物。

‖第二节　紫外反射摄影‖

紫外反射摄影，是指记录被摄物体反射紫外光亮度分布的摄影。由于物质对紫外光的反射、吸收特性与其他波段的光线可能存在差异，因此，使用紫外反射摄影可能会获得在其他波段无法获得的影像效果，显示出所需的细节特征。

一、紫外光的性质

1801年德国物理学家里特尔将氯化银置于可见光谱紫光之外侧，发现其容易变黑，从而紫外光被发现。

紫外光波段在电磁波谱中介于可见光与X射线之间。波长范围是10～400nm。国际照明委员会将紫外光谱分成三个范围：400～315nm称为近紫外区；315～280nm称为中紫外区；280～100nm称为远紫外区。在实际应用中，紫外光可分为四个波段：长波紫外光（400～320nm）、中波紫外光（320～280nm）、短波紫外光（280～200nm）、真空紫外光（200nm以下）。目前紫外反射摄影使用的紫外光波段主要在长波365 nm和短波254nm处，还有一部分在中波313 nm处等。

紫外光同可见光一样，都遵循光的一般规律：具有波粒二象性；在均匀介质中，只要没有吸收或散射，光以直线传播；具有干涉、反射、折射、散射等几何光学特性；其发光现象是由组成物质的分子、原子、电子的振动、转动等跃迁而产生的，其能量来源于电能、热能、光能、化学能等。

紫外光荧光作用强，日光灯、各种荧光灯和农业上用来诱杀害虫的黑光灯都是用紫外光激发荧光物质发光的。紫外光的粒子性较强，能使各种金属产生光电效应。紫外光能杀菌、消毒、治疗皮肤病和软骨病等。紫外光作用于皮肤时，可发生光照性皮炎，皮肤上出现红斑、痒、水疱、水肿等；严重的还可引起皮肤癌。

在刑事技术方面，紫外摄影主要应用于拍照显现一些肉眼看不见或看不清的痕迹物证，如一些潜在的或反差很微弱的指印、足迹等。

二、紫外反射摄影技术

（一）紫外反射摄影的器材

1. 紫外反射摄影的照相机。普通数码相机的光谱响应范围在400～1100nm。因此，普通数码相机不能直接用于紫外反射摄影，必须对感光器件CCD或CMOS进行增感处理，使其能够响应紫外光。目前市场上已有专门用于紫外反射摄影的专业相机，如D5UV紫外数码相机、UVR高清数码单反紫外红外照相机、全波段CCD物证相机等。

2. 紫外反射摄影光源。紫外反射摄影的光源必须是含紫外光丰富的光源。太阳光发射的光谱中，包含全部波长的紫外光，但其中中短波紫外光被大气层大量散射和吸收，到达地球表面的主要是长波紫外光，约占太阳光辐射的5%。因此，太阳光可以作为长波紫外光光源，具有光照面积大、均匀、照明强度高等优点。但太阳光中辐射的紫外光的强度与天气、季节、地理位置和时间等因素密切相关，紫外光辐射不稳定。

因此，紫外反射摄影主要使用人工光源。通常使用的是汞蒸气灯，也称为水银蒸气灯。灯管内充汞蒸气，当灯管两端电极接通电源时，由阳极产生的加速电子与汞蒸气碰撞而发光，发光强度和波长主要取决于汞蒸气的压力。

短波紫外灯的汞蒸气压力一般不超过0.1个大气压，称为低压汞灯，如国产437短波紫外光灯和UV600短波紫外光灯。这种灯输出的254nm紫外光占70%以上，其发射光谱是不连续的。此灯可用于短波紫外反射摄影和光致发光摄影。不过，此灯的短波紫外光滤光片使用寿命短，透过率随照射时间显著下降，应当及时更换。

长波紫外光灯的汞蒸气压力约比低压汞灯高10倍，称为高压汞灯。其发射光谱也是不连续的，365nm长波紫外光含量很高。此灯可用于长波紫外反射摄影和光致发光摄影，如国产438长波紫外光灯和UV400紫外光灯。

紫外光金属卤化灯是20世纪70年代发展起来的一种新型紫外光光源，它具有输出强度高、种类多的特点。如紫外镁—汞灯，既能发射长波紫外光，也能发射短波紫外光，在200～300nm和360～400nm两个谱带内均有输出。在功率相同的条件下，紫外光辐射比高压汞灯强1倍左右。这是近年来专为刑事技术研制的专用紫外光光源，功率在300～500 W，并配置用于不同谱段输出的紫外光滤光镜。这些紫外光光源具有光强度大、谱线丰富的特点。

另外，电子闪光灯、多波段光源和激光器等也可作为紫外反射摄影光源。

3. 紫外反射摄影的镜头。普通的光学玻璃镜头，受镜片玻璃和黏胶吸收紫外光的限制，只能透过长波紫外光，且透过率很低，在365nm波长处只有10%左右的透过率，几乎不能透过中短波紫外光。因此，普通的光学玻璃镜头一般不能用于紫外反射摄影。

　　光学玻璃紫外镜头是选用对紫外光吸收较小的玻璃材料制成，它透过紫外光的波段范围285～400nm，在长波紫外区的透过率较大，在365nm波长处的透过率是30%左右，但对中短波紫外光吸收较强。因此，也不能用于中短波紫外摄影，使用起来很不方便，目前也很少使用。

　　石英紫外镜头是使用石英或萤石材料制成，能透过200～400nm波长的紫外光，在365nm波长处的透过率为60%以上，在254nm波长处的透过率为40%以上，是紫外反射摄影理想的镜头。

　　目前，直接紫外反射摄影所采用的镜头主要是石英玻璃镜头。例如，日本生产的泰库玛石英镜头、尼康紫外光专用镜头和天津生产的春光X-100紫外摄影镜头等。这类镜头具有成像波段宽、超消色差、紫外光透过率高等优点，特别适合直接紫外反射摄影。

　　4. 紫外反射摄影的滤光镜。紫外滤光镜，是指用来透过或阻止紫外光的滤光镜。根据所使用的材料和滤光形式不同，可分为玻璃吸收型紫外滤光镜和干涉型紫外滤光镜。

　　玻璃吸收型紫外滤光镜是紫外反射摄影中最常用的紫外滤光镜。该滤光镜与普通滤光镜的区别是：在制作滤光镜的玻璃时，加入适量的氧化镍或其他染料，利用氧化镍或染料对光谱的选择性吸收来滤掉其他波段的光线，透过紫外光。玻璃吸收型滤光镜透过紫外光的波段范围较大，除了能透过紫外光以外，还能透过近红外光谱区和红色光谱区的光线。玻璃吸收型紫外滤光镜又分为长波型紫外滤光镜和长短波型紫外滤光镜两大类。前者可透过300～400 nm的长波紫外光，吸收短波紫外光和可见光。其中心波长为365nm，峰值透过率在70%～90%。Kodak公司的雷登18A和国产海鸥ZWB_1和ZWB_2都属于这类滤光镜。

　　玻璃吸收型长短波紫外滤光镜透过范围比长波紫外滤光镜更大一些。中心波长为365nm，能够透过200～400nm的短波、中波和长波紫外光，吸收可见光。在365nm处的透过率可达60%～80%，在254nm处的透过率为30%～40%。Kodak公司的雷登18B和国产海鸥ZWB_3紫外滤光镜都是玻璃吸收型长短波紫外滤光镜。玻璃吸收型紫外滤光镜具有价格便宜、透过光谱性能稳定、经久耐用等优点，但玻璃吸收型紫外滤光镜同时也存在透过光谱带较宽，对紫外光选择能力较弱等缺点。

　　干涉型紫外滤光镜是在镜片表面镀干涉薄膜制成，利用光的干涉性能选择透过光线的波段和带宽。这种紫外滤光镜的透过曲线为窄带通形式，带宽在10～20nm，中心波长为365nm和254nm。中心波长为365nm滤光镜称为长波紫外滤光镜，用于长波紫外反射摄影，365nm滤光镜透过曲线示意图如图7-4所示；中心波长为254nm滤光镜称为短波紫外滤光镜，用于短波紫外反射摄影，254nm滤光镜透过曲线示意图如图7-5所示；有时也选择313nm的滤光镜进行中波紫外反射摄影，紫外反射摄影示意图如图7-6所示。

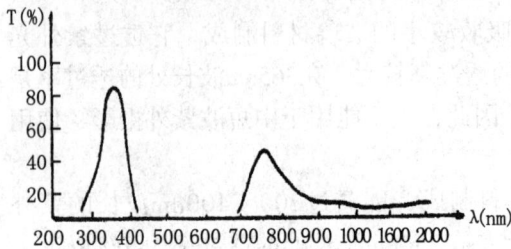

图7-4 365nm滤光镜透过曲线示意图

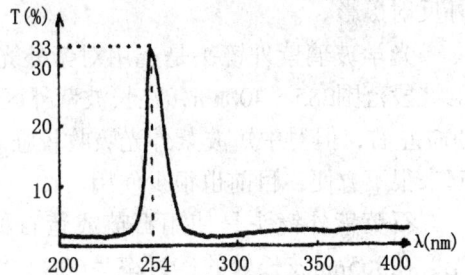

图7-5 254nm滤光镜透过曲线示意图

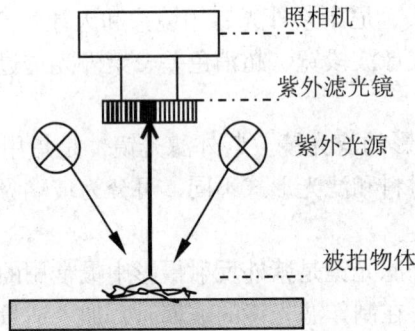

图7-6 紫外反射摄影示意图

5. 其他设备。近摄接圈、近摄皮腔、近摄镜、三脚架、翻拍架、快门线、比例尺等也是紫外反射摄影常用的必要设备。

（二）紫外反射摄影技术方法

随着数字技术的迅速发展，紫外反射摄影不再使用老式胶片相机进行盲拍，而是使用可以实时观察、实时拍摄、实时存储的专用紫外数码相机。虽然这类专业相机目前基本功能还不够完善，其取景、调焦、曝光等方式还不统一，但其操作都比较简便，与普通数码相机相同，我们根据相机具体说明就可以操作。

1. 选择照明波段。在200～400nm紫外光谱区，不同波段的紫外反射摄影所显现的结果不同。不同客体表面物质的显现结果随紫外光波长的变化而变化。例如，陶瓷表面上的指印，其显现效果在254nm和266nm位置最好，在313nm位置显现效果稍差，而在365nm位置显现效果很差。这是由于陶瓷客体强烈吸收254nm和266nm波长的紫外光，对313nm波长的紫外光有一定的吸收，对365nm波长的紫外光吸收较少。目前，由于光源的限制，紫外反射摄影主要开展了365nm和254nm两个波段的紫外反射摄影。前者称为长波紫外反射摄影，后者称为短波紫外反射摄影，二者的结果有较大差异，它们能够反映出被摄物体不同的细节特征。使用时，要根据检材情况和需要反映的细节特征选用长波还是短波紫外反射摄影方法。

在紫外反射摄影中，选择紫外波段的基本原则是根据被摄物细节特征与衬底对紫外反射或吸收性质，选择能够使它们之间呈现最大反差的波段。在显现和加强指印应用方面，254nm波长的短波紫外反射摄影的应用效果优于365nm波长的长波紫外反射摄影，只有个别客体上的指印能够在365nm长波紫外反射摄影中取得较好的显示。

2. 配光。紫外反射摄影的照明光源输出的光谱要与摄影波段匹配。长波紫外反射摄影使用长波紫外灯照明，短波紫外反射摄影使用短波紫外灯照明。

紫外反射摄影的配光方式对检验结果的影响非常显著，不同应用对象和检验目的需要不同的配光方法。在显现和加强指印的应用中，紫外反射摄影主要使用暗视场照明和均匀照明方法，其中暗视场照明方法应用范围最为广泛。为了获得良好的拍摄效果，实际拍摄时常采用双灯对称照明。

3. 选择滤光镜。紫外反射摄影要在镜头前加紫外滤光镜来过滤进入镜头的光线。长波紫外反射摄影需要使用长波紫外滤光镜滤光，短波紫外反射摄影则使用短波紫外滤光镜滤光。紫外滤光镜具体型号的选择还要考虑紫外光源输出光谱情况。在高压汞灯输出的长波紫外光照射下，可以选择365nm干涉型长波紫外滤光镜或玻璃吸收型长波紫外滤光镜进行长波紫外反射摄影。由于这两种紫外滤光镜的中心波长都在365nm，而高压汞灯主要输出365nm的长波紫外光，能够使感光器件主要记录物体在365nm波段的紫外反射光亮度分布，检验效果也很相近。如果使用其他紫外光源（如低压汞灯），干涉型紫外滤光镜和玻璃吸收型长波紫外滤光镜的效果可能有较大差别，前者效果好于后者。在输出的短波紫外光照射下进行短波紫外反射摄影，最好选择254nm干涉型紫外滤光镜，玻璃吸收型长短波紫外滤光镜拍摄效果不好。

4. 取景调焦。紫外光是不可见光，平视光学取景器观察到的影像是可见光条件下的影像，并不是紫外光条件下的影像。另外，紫外光的波长比可见光短，镜头的紫外焦距比可见光焦距短，紫外影像的焦平面比可见光影像的焦平面离镜头近。当用可见光调焦后，把可见影像调节在感光器件平面上，紫外影像就落在感光器件平面的前面。因此，紫外反射摄影的取景调焦不能通过平视光学取景器进行，要通过液晶显示屏进行，同时还要先将紫外滤光镜加在镜头上，防止液晶显示屏上显现的还是可见光条件下的影像，以保证液晶显示屏上显现的是实时紫外影像。

5. 曝光。不同的照相机其曝光模式有所不同，可以根据相机提供的曝光模式进行分级曝光，预览实摄效果，确定合理的曝光模式和曝光组合。

由于紫外摄影受加用滤光镜、使用小光圈加大景深等因素影响，一般曝光时间较长，因此，必须使用三脚架等固定照相机曝光。

（三）紫外反射摄影注意事项

1. 紫外反射摄影使用的数码相机基本功能和性能还不统一，使用前要详细阅读相机的说明书。

2. 紫外反射摄影使用的数码相机基本都是改装过的。所以，相机的有些功能可能需要关闭或取消，操作时发现问题，请查看说明书。

3. 切勿在开机或缺镜头的状态下，让强光直射进入相机，以免损伤相机内部元件。

4. 紫外光对人体皮肤和眼睛有伤害，在紫外光照射下必须注意保护。不要用眼直接观察紫外光源，也不要让皮肤长时间暴露在紫外光下。使用紫外光源前，应准备防护眼镜和防护手套；长时间工作在紫外光源下，应穿着防护服。

5. 如果紫外光源中含有200nm的短波紫外输出，必须注意光源产生臭氧的损害，及时通风，排除室内的臭氧。

6. 石英紫外镜头和紫外光滤光镜极易吸潮，容易发霉，需要放置于干燥环境保存。

三、紫外反射摄影的应用

（一）在痕迹发现和提取方面

紫外反射摄影能够显现潜在汗液指印和油渍指印。例如，玻璃、陶瓷、搪瓷、照片、部分油漆、部分塑料和部分胶带黏面等客体表面上潜在汗液指印和油脂指印，采用短波紫外反射摄影并以暗视场照明法配光，可以获得深黑色背景上浅色调的指印纹线，影像反差较大，背景干扰图案被完全消除；对于另一部分油漆、塑料等表面光滑但光泽度不是很高的客体或光滑纸张等对紫外光吸收能力不强烈的客体表面上潜在汗液指印和油渍指印，采用短波紫外反射摄影并以暗视场照明法配光，则获得浅色背景上深黑色调的指印纹线。短波紫外反射摄影还可以有效显现和加强各种潜在的矿物油指印、动植物油指印、502胶熏显指印、灰尘指印、粉末指印和微弱的血指印等。

（二）在文件检验方面的应用

运用紫外反射摄影可以显现消退字迹、密写字迹、涂抹字迹、模糊字迹；区分书写材料；对伪造文件、伪造票证的检验等。

（三）在法医验伤方面的应用

利用紫外反射摄影可以显现人体上咬痕、抓痕、勒痕、击打伤等伤痕和伤口的形状特征。人体皮肤受伤后，黑色素会集聚在伤口周围，随着伤口的愈合黑色素会逐渐向周围散开。伤口愈合后的一段时间内，黑色素并未完全消失。在长波紫外光的照射下，皮肤下的黑色素会显示出来。

‖第三节　光致发光摄影‖

光致发光摄影，是指以改变被摄物体亮度反差为目的，根据光致发光原理，利用摄影手段，记录被摄物体荧光亮度分布的摄影。

一、光致发光的原理

物质在外界光线照射下自身向外发射光线的现象称为光致发光。一般把照射光线称为激发光，把发射光线称为受激辐射光。根据物理学原理，物质中分子或原子的能量状态可以用能级系统进行描述。每一种物质分子或原子中都具有一系列不连续的能级。正常情况下，物质分子都处于比较稳定的最低能级状态——基态。当物质吸收足够的光子能量后，物质分子从低能级向高能级跃迁而处于激发态，但处于激发态的分子不稳定，会向能级较低的激发态或基态跃迁，并释放能量。释放能量的一种重要形式就是释放光子，即对外发出一定频率的光。

根据物质分子发光持续时间的长短，可以将光致发光产生的光辐射分为荧光和磷光两种。若激发光消失后 $8\sim10s$ 内物质的发光熄灭，称为荧光；若激发光消失 $8\sim10s$ 后物质的发光仍未熄灭，则称为磷光。

物质的光致发光遵循斯托克斯定律，即物质受激辐射发出的光量子能量小于或等于激发光的光量子能量。因此光致发光的光波长大于或等于激发光的波长。即物质的发光波长峰值相对于吸收波长峰值有一段向波长较长方向的位移，称为斯托克斯位移。斯托克斯位移值取决于物质分子的结构特性，不同物质具有不同的位移值。

由于物质的能级谱线主要是由其分子结构决定的，因此不同分子结构的物质，其能级谱线也不一样。当处于基态的分子吸收的能量正好等于激发态与基态的能量差时，才能够跃迁到相应的激发态；如果照射光线的光量子能量不是正好等于物质分子激发态与基态的能量差，这种物质分子就无法吸收这些光量子，即不能产生光致发光现象。物质这种按照其能级结构选择性吸收特定波长的光谱称为物质的吸收光谱。同样原理，物质发射的光子是物质中处于激发态的受激分子向基态跃迁过程中产生的，因而只能够发射与其能级结构相关的特定波长光辐射，即产生特定的发射光谱或荧光光谱。

在光致发光摄影中，针对不同的拍摄对象，根据其吸收光谱和发射光谱的不同，选择一定波长的光线作为激发光，使被摄物体产生不同的受激辐射，获得拍摄需要的荧光影像，以显示痕迹物证的细节特征。

按照受激辐射产生辐射光性质，光致发光摄影分为可见荧光摄影、紫外荧光摄影和红外荧光摄影。

二、可见荧光摄影

可见荧光摄影，是指以紫外光等作为激发光，记录被摄物体辐射可见荧光亮度分布的摄影，可见荧光摄影示意图如图7-7所示。可见荧光摄影记录的是可见荧光，即可见光。因此，可以按照可见光物证摄影的方法进行取景、调焦、曝光等。但是，记录的不是光源的反射光，而是受光源激发物体自身发出的光，其拍摄的技术操作方法有些差别。

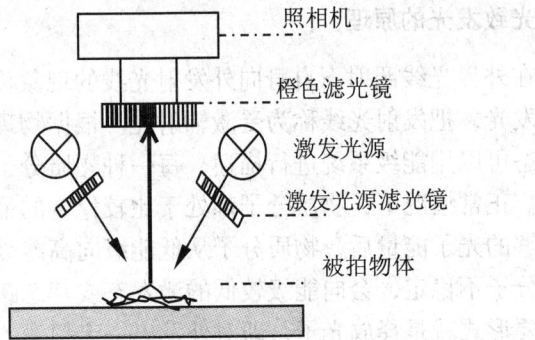

图 7-7　可见荧光摄影示意图

（一）激发光源

1. 紫外灯。可见荧光摄影使用的紫外灯是与紫外反射摄影中的紫外灯相同，即长波紫外光灯（高压汞灯）和短波紫外光灯（低压汞灯），其主要输出的波长峰值分别为365nm和254nm。

2. 激光。常用的激光器有氩离子激光器、Nd：YAG倍频激光器和染料激光器等。这些激光器可以输出不同波长、单色性极好、强度极大的激光。例如，氩离子激光器在蓝绿光波段可以输出457.9nm、456.5nm、472.7nm、476.5nm、488.0nm、496.5nm、501.7 nm和514.5nm 8条谱线；Nd：YAG倍频激光器输出的1064 nm的红外光经倍频后可获得532nm的绿色光、经两次倍频后输出的266nm的紫外光。

3. 多波段光源。多波段光源从某种意义上讲与激光光源是一致的，只是多波段光源输出的光有一定的带宽，单色性和强度比激光光源差，也具有良好的便携性和多个高强度的窄带通单色光输出，是目前在刑事现场勘查和物证检验摄影中使用率最高的激发光源。

（二）可见荧光摄影技术方法

1. 选择暗室摄影。可见荧光摄影记录的是可见荧光，为防止非荧光的可见光的干扰，一般选择在暗室进行。

2. 选择适当光源。根据被摄物体的发光特性和所需要显示的细节，选择适当的光源。

3. 合理配光。物证摄影照明配光的基本要求是均匀无阴影。在可见荧光摄影中使用的光源主要是紫外灯、激光和多波段光源。紫外光不可见，配光时要注意适当调整角度和距离，充分显示被摄物可见荧光亮度分布。激光和多波段光源照明多为光束，照明区的强度分布不均匀，且多有一些斑点，因此，在曝光过程中，可以来回移动光纤，使被摄物在曝光期间得到均匀的照度。

4. 选择适当滤光镜。紫外光致可见荧光摄影选择激发光源滤光镜是置于激发光源前以透过紫外光并吸收光源输出的其他光。常用的激发光源滤光镜有能够透过300～400nm的雷登No.18A和国产ZWB$_1$以及能够透过200～400nm的雷登No.18B和

ZWB₃玻璃吸收型紫外滤色镜，还有中心波长分布在200～400nm，带宽为40～60nm 的干涉型紫外滤光镜。

镜前滤光镜是放置在镜头前以透过被摄物体发出的可见荧光并吸收物体反射的紫外光。由于紫外光致可见荧光摄影记录的是400～700nm的可见光谱区的某一波段或整个可见光谱区的荧光，因此镜前滤光镜根据激发荧光的具体情况进行选择。一般用于分色摄影的各种有色滤光镜和UV镜都适用。

多波段光致可见荧光摄影一般采用单色性非常好的激光和多波段光源作为激发光，因此拍摄时只需要在镜头前加一个吸收滤光镜，吸收被摄物体反射的多波段光或红外光，透过被摄物体发出的可见荧光。实际工作中常用橙色滤光镜、红色滤光镜等长波通截止滤光镜或中心波长在550～700nm范围内，带宽在20～50 nm的干涉型滤光镜。

（三）可见荧光摄影的应用

1. 在痕迹物证方面的应用。紫外光致可见荧光摄影可以拍摄潜在指印和反差微弱的指印、足迹。例如，有些矿物油、动植物油、化学溶剂、染料等物质形成的指印和足迹在紫外光激发下会产生较强的可见荧光；遗留在红色塑料或地毯等客体上的微弱血迹、血指印或血足迹在紫外光激发下虽然本身不会产生可见荧光，但其背景物能够发出一定的荧光，同样会获得良好的影像效果；可以显现纺织品上的精斑、唾液斑等人体分泌液或排泄物痕迹；另外，在紫外光激发下指印等本身没有固有荧光产生的痕迹，可以采用荧光粉或荧光溶液进行处理，也能产生比较理想的可见荧光。

利用短波段可见光光致可见荧光摄影拍摄潜在指印和反差微弱的指印等，一般需要进行荧光处理后再拍摄，这样才能获得良好的影像效果。例如，采用502胶熏显后使用罗丹明6G溶液处理、使用茚三酮显现后采用氯化锌处理、使用DFO处理的指纹，在短波段可见光的照射下，也能发射良好的可见荧光。

2. 在文件检验方面的应用。可见荧光摄影可以显现一些漂白字迹、消退字迹、涂改字迹、密写字迹等；区别不同书写材料以及邮戳、印章等；还可以利用不同的纸张在激发光下产生荧光的特性不同来检验货币、护照等票证的真伪。

三、紫外荧光摄影

紫外荧光摄影，是指以短波紫外光做激发光，记录被摄物体辐射的长波紫外荧光亮度分布的摄影，紫外荧光摄影示意图如图 7 - 8 所示。紫外荧光摄影记录的是长波紫外荧光，即紫外光。因此，拍摄时可以按照紫外反射摄影技术操作方法进行。但记录的不是短波紫外光源的反射光，而是短波紫外光激发物体发出来的长波紫外荧光，其拍摄的技术操作方法有些差别。

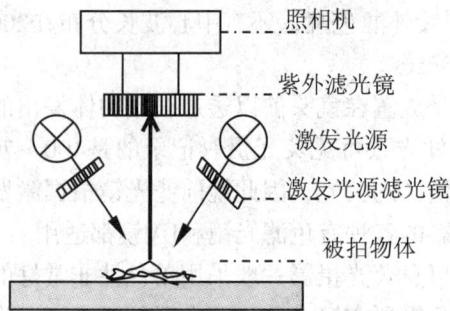

图 7 - 8　紫外荧光摄影示意图

（一）紫外荧光摄影光源

紫外荧光摄影使用的激发光为短波紫外光。实际拍摄时，常用短波紫外光灯即低压汞灯，或用带通式干涉型滤光镜从氙灯输出的光谱中获得短波紫外光。另外，能够输出紫外光的激光器也是非常理想的紫外荧光摄影光源。例如，Nd：YAG激光器发出的1064nm光线经两次倍频后输出的266nm紫外光。汗液指印在266nm紫外光的照射下，能够有很高的紫外光发射效率。

（二）紫外荧光摄影滤光镜

紫外荧光摄影激发光源滤光镜是置于激发光源前，可以透过短波紫外光并吸收其他波长光的滤光镜。实际拍摄中，常用的激发光源滤光镜一般是带通式短波紫外干涉型滤光镜。

紫外荧光摄影镜前滤光镜是放置在镜头前，以透过被摄物体发出的长波紫外荧光并吸收物体反射或发射的其他波长的光。实际拍摄中，常用只能透过波长为300～400nm的长波型紫外滤光镜，如雷登18A滤光镜等。另外，中心波长为300～400nm的带通式干涉型紫外滤光镜，也可作为紫外荧光摄影的滤光镜。

（三）紫外荧光摄影的应用

1. 紫外荧光摄影可以检验票证真伪。由于制作票证的纸张一般在紫外光的激发下都不发射荧光，而伪造票证的纸张往往具有荧光，所以将票证的真品与检材摆放在一起进行紫外荧光摄影，很容易分辨检材的真伪。

2. 紫外荧光摄影可以显现漂白字迹或密写字迹。一些化学药水作用在字迹上，可以将字迹漂白消失。但这些化学药水与纸张作用后，有可能使纸张的荧光特性改变。这样，用紫外荧光摄影的方法往往能发现纸张上被化学药水作用过的痕迹。

3. 紫外荧光摄影可以显现各种生物检材。可以显现纺织品上的精斑、唾液斑、草汁等痕迹。

4. 紫外荧光摄影可以显示潜在的足迹和指纹。在紫外光照射下，有些指印和足迹物质会发出较强的紫外荧光，直接用紫外荧光摄影有可能取得好的效果。有些指印本身没有紫外荧光，还可以用荧光粉或荧光溶液进行处理，加强指印发射紫外荧光。

四、红外荧光摄影

红外荧光摄影，是指以紫外光或蓝绿光等做激发光，记录被摄物体辐射红外荧光亮度分布的摄影，红外荧光摄影示意图如图 7-9 所示。红外荧光摄影记录的是红外荧光，即红外光。因此，拍摄时可以按照红外反射摄影技术操作方法进行。但记录的不是红外光源的反射光，而是非红外光激发物体发出来的红外荧光，其拍摄的技术操作方法有些差别。

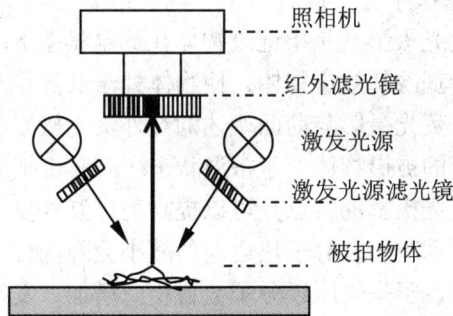

图7-9 红外荧光摄影示意图

（一）红外荧光摄影光源

1. 紫外光源。有些物质在波长为200~400nm的紫外光光源照射下能够激发出红外荧光。所以，可以选用紫外光源作为红外荧光摄影光源。常用的有：长波紫外灯（高压汞灯）和短波紫外灯（低压汞灯）。

2. 短波段可见光源。有些物质在波长为400~550nm的蓝绿色光照射下能发出红外荧光。所以，可以选用能输出波长为400~550nm的光源作为红外荧光摄影的光源。常用的有氙灯、溴钨灯、电子闪光灯。它们在蓝绿色光区都有很强的输出，都比较适合作为短波段可见光光致红外荧光摄影光源。另外，多波段光源和激光器在400~550nm范围内有多个单色光输出，也是常用的、非常理想的红外荧光摄影光源。

（二）红外荧光摄影滤光镜

红外荧光摄影记录的是红外区的红外光影像。因此，激发光源滤光镜必须完全吸收红外光，确保没有红外光反射产生。紫外光致红外荧光摄影使用的激发光源滤光镜应是可以透过紫外光并吸收其他波长光的滤光镜。实际拍摄中，紫外光致红外荧光摄影常用中心波长为365nm和254nm两种紫外干涉型滤光镜作为激发光源滤光镜。短波段可见光光致红外荧光摄影使用的激发光源滤光镜应是可以透过蓝绿色光并吸收其他波长光滤光镜。短波段可见光光致红外荧光摄影常用的激发光源滤光镜采用中心波长在400～500nm，带宽在20～100nm的带通式干涉型滤光镜。

镜前滤光镜应是以透过被摄物体发出的红外光并吸收物体反射或发出的其他波长的光，保证感光器件记录的只是被摄物体发出的红外光影像。实际拍摄中，常用峰值透过率或最大透过率较高的玻璃或明胶吸收型红外光滤光镜。例如，雷登No.89B、88A、87A、87B、87C；国产的公研R685、R750、R820；海鸥H700、H720、H750、H800等。另外，带通式干涉型红外滤光镜也可以作为红外荧光摄影的滤光镜，其中心波长范围700～900nm，带宽20～50nm，可以更好地选择成像的红外荧光波长。不过，由于其峰值透过率低而对微弱的红外荧光有抑制作用，反而会影响拍摄效果。

（三）低温红外荧光摄影

低温红外荧光摄影，是指记录物体在低温状态下的红外荧光亮度分布。这种摄影方法是用制冷剂冷却被摄物体，使物体处于低温状态，然后用红外荧光摄影方法拍摄。低温红外荧光摄影与前面所述的红外荧光摄影的差别是前者的被摄物体处于低温状态，后者的被摄物体处于常温状态。有时也把后者称为常温红外荧光摄影。

低温红外荧光摄影的特点是可以提高物体红外发光的强度。在低温状态下，物体中分子的热运动减小，分子热运动的减小会降低分子热跃迁的概率，从而减少分子热跃迁的数目，于是光跃迁分子数目相应增加，发射的光子数目也就增加了。因此，物体在低温状态下的红外发光强度大于常温状态下的红外发光强度。

低温红外荧光摄影与常温红外发光摄影装置的差别是多了一个冷却物体的冷却系统。冷却系统由一个保温盘和盘中作为制冷剂的液氮构成。被摄物体浸没在液氮中，使物体处于-196℃左右的低温状态。液氮不会污染、损坏物体和使其发生化学变化，适合于纸张、纺织品、皮革等物体的冷却。

冷却系统采用搪瓷盘或不锈钢盘盛液氮，盘的外围用聚苯乙烯泡沫塑料制成隔热层，盘内用角铁架起不锈钢板，被摄物体放在不锈钢板上，摄影时把液氮注入盘中，湮没物体，即可冷却物体。光致发光摄影的低温装置示意图如图7－10所示。

低温红外荧光摄影技术与常温红外荧光摄影技术是相同的，但必须注意以下四个方面的问题：

1. 液氮作用物体后，物体不会发生化学变化。但是在低温状态下，物体容易变硬发脆，特别是纸张一类的物品容易碎裂，必须小心操作。塑料、玻璃制品在液氮中极易变形碎裂，不能进行低温摄影。

2. 在曝光时间内，应尽可能保持被摄物体处于静止状态，否则会使影像模糊。刚倒入盘中的液氮沸腾得很厉害，待盘子和盘中钢板的温度与液氮平衡之后，液氮的汽化作用就会变得很小，可以在这个时候放入被摄物体，再用钢条压住。注入液氮的数量以刚好湮没物体为宜。在拍摄过程中，如果液氮挥发减少，要及时补充液氮，使物体能够浸没在液氮中。

3. 从液氮中取出物体后，要注意空气中的水分子可能会凝结在物体表面，这样有可能使文件上的字迹墨水扩散。当被摄物体较大时，未被浸入液氮的部分可能会结霜。

4. 冷却过程中，液氮迅速汽化，使拍照室的氮气迅速增加，氧气被挤走，造成缺氧，因此在拍照过程中要注意通风。

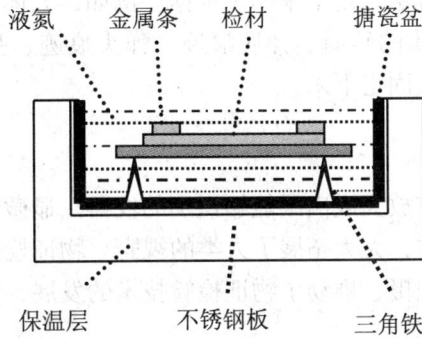

图 7 - 10　光致发光摄影的低温装置示意图

（四）红外荧光摄影的应用

1. 红外荧光摄影可以区分不同种类的墨水。各种墨水在蓝绿色光的激发下有不同的发光特性，在某一选定的波长范围内，某种墨水具有发光特性，而另一种墨水可能不发光或发光不同。这样就可以区分开不同的墨水字迹，为鉴别添加字迹提供了依据。

2. 红外荧光摄影显示模糊字迹。字迹墨水中的染料由于污染或外力的作用消退，但如果渗入纸张纤维内部或纺织品纤维内部的墨水染料具有红外发光的特性，则可以利用红外荧光摄影技术将肉眼看不清或看不见的字迹显现出来。

3. 红外荧光摄影可以显现被涂抹掩盖字迹。书写字迹被其他种类的墨水涂改或掩盖，如二者在红外区的发光特性不一致，则可以利用红外荧光摄影技术显现被涂抹掩盖的字迹。特别是那些被深色墨水涂抹掩盖的浅色墨水字迹，如被墨汁涂抹掩盖的蓝色圆珠笔书写字迹，利用红外荧光摄影技术，可以从纸张的背面进行激发照明，将被涂抹掩盖的字迹恢复显示出来。

4. 红外荧光摄影可以鉴别票证真伪。制作伪造票证的材料与制造真品的材料不可能完全一致，所以利用红外荧光摄影技术可以揭示两者之间的差异。

5. 红外荧光摄影可以显示微弱的指印。一些在可见光下反差微弱的红印油指印，在蓝绿色光照射下会发出很强的红外荧光，因此，就可以利用红外荧光摄影技术，改善弱反差的红印油指印，使在可见光下完全看不见的红色印油显示出来。

此外，有些荧光粉末指印或荧光染料染色指印呈现较好的红外荧光特性，也可以用红外荧光摄影技术较好地显示这些指印。

‖第四节　显微摄影‖

显微摄影，是指用摄影的方法，将显微镜观察到的物体影像记录下来的过程。在物证检验中，常常通过显微镜观察到的一些肉眼难以分辨甚至看不见的微小痕迹物证，需要通过摄影的方法固定下来作为证据。例如，人体组织、各种纤维、各种金属表面结构、各种物质的碎屑、弹底痕迹、弹头痕迹、弹壳痕迹以及笔画特征等，都需要用摄影的方法固定下来。

一、显微镜

显微镜是把微小物体放大成肉眼能够识别的仪器。显微镜的发明使人看到了许多从未观察过的细微物体，大大拓展了人类的视野。物证检验摄影中利用显微镜对极微小的痕迹物证进行拍摄，推动了物证检验技术的发展，使物证检验涉及更微观领域。

（一）显微镜的种类

显微镜可分光学显微镜和电子显微镜。

1. 光学显微镜。光学显微镜是1590年由荷兰的詹森父子首创的。目前光学显微镜的放大倍率约为1600倍，分辨率达到微米级。根据照明方法进行分类，显微镜有透射型与反射型两种。透射型显微镜是使用透射配光法，适用于透明物体。反射型显微镜采用从物镜上方照明的方法，适合于不透明的物体；根据观察方法的差异进行分类，以可分为明视野显微镜、暗视野显微镜、相位差显微镜、偏光显微镜、干涉相位差显微镜、荧光显微镜等。每种显微镜一般又各有透射型和反射型两种。另外，还有根据用途分为生物显微镜、金相显微镜、体视显微镜、比较显微镜、偏振光显微镜等。

2. 电子显微镜。电子显微镜是1931年由德国的恩斯特·鲁斯卡和马克斯·克诺尔首先装配完成的。电子显微镜用高速电子束代替光束，用电子流来对检材进行外貌观察、成分分析和结构测定的。电子显微镜有很多类型，主要有透射电子显微镜和扫描电子显微镜两大类。扫描透射电子显微镜则兼有两者的性能。为了进一步表征电子显微镜的特点，有以加速电压区分的，如超高压（1mV）和中等电压（200~500kV）透射电镜、低电压（1kV以下）扫描电镜；有以电子枪类型区分的，如场发射枪电镜；有以用途区分的，如高分辨电镜，分析电镜、能量选择电镜、生物电镜、环境电镜、测长／缺陷检测扫描电镜等。

（二）光学显微镜的主要构造

普通光学显微镜的构造主要分为三部分：机械部分、照明部分和光学部分。

1. 机械部分由镜座、镜柱、镜臂、镜筒、物镜转换器、载物台和调节器等。

2. 照明部分包括光源、反光镜、集光镜、光阑、滤光镜和滤光镜环等。

3．光学部分主要包括目镜和物镜。物镜是对被检验物体形成初级放大的实像；而目镜是用来对物镜所形成的影像进一步放大，以提高放大倍率，且用来观察显微镜下被检验物体的影像。目镜一般由接目镜和场镜两个透镜组组成。进行显微摄影时需要使用摄影目镜，有的显微目镜也可以作为摄影目镜使用。

（三）显微镜的放大倍数

显微镜对物体的放大是由物镜和目镜共同完成的，部分显微镜在物镜与目镜之间的镜筒内还有具有一定放大作用的其他透镜，因此显微镜的放大倍数是显微镜内全部透镜放大倍数的积。

二、显微摄影的技术方法

（一）拍摄前的准备

根据拍摄对象的具体特点和拍摄要求选择合适的显微镜、物镜、目镜、滤光镜，并在无杂光干扰的环境中，将显微镜放置在平稳的操作台上。

（二）显微摄影的照相机

1．普通单反照相机。普通单反照相机可以应用于显微摄影，但一般不带镜头，而是利用显微镜的目镜成像。拍摄时使用显微镜配备的附件——衔接装置，将机身与显微镜目镜连接起来即可。这个衔接装置的卡口要与相机的卡口一致，否则是无法连接的。

2．蔡司万能显微照相机。这类显微镜照相机只有一个稳固的支架和一个不带镜头的折叠式暗箱，并在支架上装有聚光灯作为照明光源。拍摄时也是使用衔接装置将其与显微镜的目镜连接进行拍摄。

（三）显微摄影的配光技术

显微摄影中使用的光源以普通白炽灯、卤钨灯和钠灯等人工光源为主，在使用前一定要详细了解照明光源的具体性能与具体操作要求，严格按照规范操作。配光方式主要有以下两种：

1．透射照明法。透射照明法主要应用于生物显微镜的观察和拍摄，具体有临界照明法、柯拉照明法、暗视场照明法等。其中柯拉照明法是显微摄影中应用最广的一种配光方法。通过移动光源或集光镜的位置使光源灯丝成像在显微镜集光镜的孔径光阑上，而照明灯的视场光阑则成像在检材平面上，获得均匀的照明效果，且照明范围随视场光阑的变化而变化，减少了杂光的干扰，尤其适合高倍放大时的观察与拍摄。

2．入射照明法。入射照明法多用于立体显微镜和比较显微镜的观察与拍摄。具体方法是使用小型聚光灯直接照射被摄物体，光照方向和角度需要根据被摄物体的具体特点和拍摄要求而定。若被摄物体出现反光现象，可采用均匀的漫反射光照明。

（四）显微摄影的对焦技术

显微摄影中最困难的问题就是对焦。由于各种显微镜的对焦方法不尽相同，且对焦的是被摄物体的微观影像特征，因此，必须熟悉各种显微镜的对焦方法，并充分了解各种被摄物体的微观特征。一般先将物镜降到最低位置，然后在目镜中边观察边慢慢调整对焦旋钮，使物镜逐渐上升，直至获得清晰影像。装上照相机后，必须重新对焦，直到在取景器内看见清晰的影像为止。

（五）显微摄影的曝光技术

影响显微摄影曝光量的因素很多，在实际拍摄时，一般采用系列曝光法来获得准确的曝光量。

三、常见显微摄影

（一）生物显微摄影

生物显微镜主要由物镜、目镜、聚光镜、光源系统、滤光片、载玻片和盖玻片等几个部分组成。是用来观察生物切片、生物细胞、细菌以及活体组织培养、流质沉淀等的观察和研究，同时可以观察其他透明或者半透明物体以及粉末、细小颗粒等物体。生物显微摄影也需要通过专门的摄影系统来完成。

（二）体视显微摄影

体视显微镜是利用两只眼睛通过两个目镜一个物镜从不同视角获得被摄物体具有视差的两个图像从而产生立体效果。在对微小立体痕迹进行检验鉴定时多采用体视显微镜。体视显微镜摄影必须有专门的立体显微镜照相机和观看照片的体视镜。因此，体视显微摄影拍摄的影像并不是立体影像，而是平面影像。

（三）比较显微摄影

比较显微镜是利用一个目镜两个物镜在同一视野中（两个被摄物体的影像各占一半）进行比较、对接、重合等检验。在物证检验中用来进行手印、工具痕迹、枪弹痕迹、笔迹、印章、纺织品、纤维、毛发等的比对检验。拍摄时，分别对两个被摄物体进行精确对焦后，通过目镜视场中央的对接线对检材与样本进行特征的比较、对接、重合，然后拉开目视/摄影转换拉杆，在照相机取景器中观察并进行精确对焦后即可拍摄。

（四）金相显微摄影

金相显微镜常用来检验和鉴别各种金属内部结构形态特征等。由于金属材料种类不同，其内部结构特征不同；同种金属但加工热处理方法不同，其内部结构特征也不同。金相显微摄影时需要先对被摄物体进行磨光处理，再通过目镜进行观察和精确对焦后进行拍摄。

（五）偏振光显微摄影

偏振光显微镜是利用偏振光的特性来鉴别各种晶体、纤维以及一些具有双折射性质的微小物质。偏振光显微镜摄影是以偏振光作为光源，记录两个振动方向互相垂直的偏振光通过晶体薄片和检偏镜后，由于位相差和振动方向发生变化导致光的强度和颜色发生变化而形成的彩色干涉图像。另外，偏振光显微镜还可以利用某些物体的退偏特性和双折射现象等来进行物质种类检验。

【小结】

1．重要的基本概念有：红外光、紫外光、红外反射摄影、紫外反射摄影、光致发光、光致发光摄影、可见荧光摄影、紫外荧光摄影、红外荧光摄影、显微摄影等。

2．红紫外光的性质：红紫外光同可见光一样，遵循光的一般规律。红外光其波长比较长，具有较强的反射和透射能力。紫外光其波长比较短，具有较强的吸收和荧光作用。

3．红外反射摄影：数码相机的光谱响应范围在400～1100nm，能够感受780～1100nm的红外光。但是绝大多数数码相机都在镜头和感光器件之间加装了一个红外截止滤光镜，在使用普通数码相机进行红外反射摄影时需要拆除此红外截止滤光镜。不论是红外反射摄影或透射摄影，照相机记录的必须是不可见红外光而不是可见光。红外反射摄影必须用滤光镜把从被摄物体反射或透射过来的非红外光过滤掉，确保只有红外光进入照相机成像。

4．紫外反射摄影：普通数码相机不能直接用于紫外反射摄影，必须对感光器件CCD或CMOS进行增感处理，使其能够响应紫外光。目前紫外反射摄影只有长波紫外光（365nm）反射摄影和短波紫外光（254nm）反射摄影。普通光学玻璃强烈吸收短波紫外光，一般不用于紫外反射摄影，石英镜头可以用于长短波紫外光反射摄影。紫外反射摄影对潜在的手印显现可达到比较理想的效果。

5．光致发光摄影：物质的光致发光遵循斯托克斯定律，发射的荧光与物质的分子结构有关，不同的物质有不同的吸收光谱和发射光谱。针对不同的拍摄对象，根据其吸收光谱和发射光谱的不同，选择一定波长的光线作为激发光，使被摄物体产生不同的受激辐射，获得拍摄需要的荧光影像，以显示痕迹物证的细节特征。按照受激辐射产生辐射光性质，光致发光摄影可分为可见荧光摄影、紫外荧光摄影和红外荧光摄影。因为物体在低温环境中，可以提高其光辐射跃迁的概率，降低其热辐射跃迁的概率，从而使发光强度大大提高。所以，低温光致发光摄影具有很大的优越性。

6．显微摄影：物证检验中利用显微镜对极微小的痕迹物证进行拍摄，推动了物证检验摄影技术的发展，使物证检验摄影涉及更微观领域。普通单反照相机可以应用于显微摄影，拍摄时要使用显微镜配备衔接装置，将机身与显微镜目镜连接起来，这个衔接装置的卡口要与相机的卡口一致，否则是无法连接的。另外，由于显微镜下被摄物体光照度较弱，且不好估计，在实际拍摄时，一般采用系列曝光法来获得准确的曝光量。

【思考题】

1. 红外光有哪些特性？普通数码相机能进行红外反射摄影吗？

2. 紫外光有哪些特性？普通数码相机能进行紫外反射摄影吗？

3. 如何利用紫外光反射摄影拍摄玻璃上的双面汗液指纹？原理是什么？

4. 为什么低温红外光发光摄影较之常温红外光发光摄影荧光强度强？

5. 紫外光致发光摄影与紫外反射摄影在原理及装置上有何异同？

第八章　数字图像处理

【教学重点与难点】

教学重点：数字图像基本概念以及相关特性的说明、数字图像处理技术的基本原理以及数字图像处理的具体实践应用。

教学难点：数字图像处理的原理，每种处理方法的对象以及预期的效果；针对不同图像特点，选择适当的数字图像处理方法以及操作过程。

图像处理就是对图像信息进行加工处理，以满足人的实际应用要求。数字图像处理又称为计算机图像处理，它是将模拟的图像信号转换成离散的数字信号，并利用计算机对其进行处理的过程。其输入的是原始图像，输出的是改善后的图像，或者是从图像中提取的一些特征，处理的过程是为了提高图像的实用性。

数字图像处理的目的包括以下几个方面：第一，存储和传输。为了节约存储空间和快速传输图像，很多情况下需要将图像进行压缩处理。第二，显示和打印。需要将图像的大小、色调等进行调整，对图像进行旋转、缩放、改变颜色和调节亮度等，以期合理、完整地显示一幅图像。第三，增强和恢复。为了突出目标信息，需要对图像进行增强和恢复等处理。第四，获取有用信息。在很多情况下，图像中的某部分特征较为重要，就需要对图像进行处理，获取图像中所包含的某些特征或特殊信息，以便进行分析。

数字图像处理的基本特点体现于：第一，信息量大。数字图像的信息基本上是二维信息，信息量很大。例如，一幅256像素×256像素低分辨率灰度图像，要求约64kb的数据量；对512像素×512像素高分辨率彩色图像，则要求768kb的数据量。如果要处理30帧/s的电视图像序列，则每秒要求500kb～22.5Mb的数据量。因此对计算机的计算速度、存储容量等都要求较高。第二，综合性强。数字图像处理中涉及通信技术、计算机技术、电子技术、光电技术、心理学等。而数学、物理学等方面的知识，则是图像处理中的基础知识。第三，相关性大。数字图像中像素不是独立的，在一定范围内存在相关性。在一幅图像中，相邻像素之间一般都有相同或接近的灰度。对电视画面而言，同一行中相邻两个像素或者相邻两行间的像素，它们之间的相关系数可达0.9左右。因此，图像处理中信息压缩的潜力很大。第四，受人的因素影响大。经过处理后的图像一般是给人观察和评价的，因此受人的影响较大，图像质量的评价具有主观性。

‖第一节　数字图像‖

一、图像的概念及尺寸

图像是当光辐射能量照在物体上，经过它的反射或者透射，或者发光物体本身发出的光能量，在人的视觉器官中所重现出的物体视觉信息。

以数字的形式存储于各种数字文件记录介质中，并可以通过一定的方式还原成原影像的数字信息，可以被传输、打印或以其他方式输出的影像，称为数字图像。

图像尺寸是图片幅面大小的量化表示。尺寸的单位是像素，也可以是cm、mm。

二、图像的分类

（一）按照图像的存在形式

按照图像的存在形式分为实际图像与抽象图像。实际图像通常为二维分布，又可以分为可见图像和不可见图像。可见图像，是指人眼能够看到并能够接受的图像，包括图片、照片、图、画、光图像等。不可见图像如温度、压力、高度和人口密度分布等。抽象图像，如数学函数图像。

（二）按照图像亮度等级

按照亮度等级分为二值图像和灰度图像。二值图像只有黑、白两种亮度等级的图像。灰度图像是有多重亮度等级的图像。

（三）按照图像的色彩分类

按照图像的光谱特性，分为彩色图像和黑白图像。

彩色图像中，图像上的每个点有多于1个的局部特性。例如，在彩色摄影和彩色电视中重现的3基色（红色、绿色、蓝色）图像，每个像点就分别对应3个基色的3个亮度值。黑白图像，每个像点只有一个亮度值分量，如黑白照片、黑白电视画面等。

（四）按照图像是否随时间变换

按照图像是否随时间变换，分为静止图像和活动图像。静止图像是不随时间而变换的图像，如各类图片等。活动图像是随时间而变换的图像，如电视、电影画面等。

（五）按照图像所占空间和维数

按照图像所占空间维数分为二维图像和三维图像。二维图像就是平面图像，如照片。三维图像是空间分布的图像，一般使用2个或多个摄像头完成。

三、图像的统计特性

（一）基本统计分析量

1. 图像的信息量。图像的信息量称为熵，用H表示。图像的熵表示一幅图像所包含信息的多少，常用于对不同图像的处理方法比较。当图像中各灰度值出现的概率彼此相等时，则图像的熵最大。

2. 图像灰度平均值。图像一块区域中所有像素灰度值的算术平均值，称为区域的灰度平均值。在图像处理中，常常要计算3×3或5×5小块区域的灰度平均值。

3. 图像灰度中值。灰度中值（简称中值），是指区域内全部像素的灰度值经过大小排序后处于中间的灰度值。在应用中很少计算整幅图像的灰度中值，常用的是小块区域。

4. 图像灰度方差。与熵一样，图像灰度方差是衡量图像信息量大小的主要度量指标，也是图像统计特性中最重要的统计量之一。一幅图像的灰度方差越大，图像的信息量也越大。

（二）直方图

对图像的整体画面的亮暗分布进行统计，就是数字图像的灰度直方图（如图8-1所示）。

灰度直方图是关于灰度级分布的函数，是对图像中灰度级分布的统计。灰度直方图是将数字图像中的所有像素，按照灰度值的大小，统计其所出现的频度。通常，灰度直方图的横坐标表示灰度值，纵坐标表示像素个数，也可以采用某一灰度值的像素占全图像素的百分比作为纵坐标。直方图上一个点的含义是：图像中存在的等于某个灰度值像素的个数的多少。这样，通过灰度直方图就可以对图像的某些整体效果进行描绘。如果图像偏暗，灰度直方图的像素分布一定大多数分布在灰度值较小的部分。

从数学上说，图像的灰度直方图是图像各灰度值统计特性与图像灰度值的函数，反映了图像中每种灰度值出现的频率。在图形上是个一维曲线，横坐标表示图像中各个像素点的灰度值，纵坐标为图像中各灰度取值的像素点出现的次数或概率，表征了图像最基本的统计特征。灰度直方图描绘了一幅图像的灰度分布情况。除计算简单外，直方图信息可以反映图像信息的一维信息，包含了丰富的信息。因此，灰度直方图无论对于图像分析还是图像处理方案，都起到非常重要的作用。在进行图像处理过程中，灰度直方图可以作为引导思路和检验结果的工具。如果灰度直方图中，曲线连续平滑，被拍摄景物灰度分布均匀，层次丰富。通常，一幅数字图像应该利用全部或者可能的灰度图，灰度直方图上灰度为0～255。否则，等同于加了量化间隔，若数字化图像的级数少于256，丢失的信息将不能恢复，除非重新数字化。

图 8-1　同一画面不同色调的"直方图"

四、图像的分辨率

分辨率是和图像相关的一个重要指标。它是图像所包含的信息数量，也各种输入设备、输出设备和显示设备的细节表现能力。

分辨率主要包括扫描分辨率、数码照相机分辨率、显示器分辨率和图像分辨率。

图像分辨率指图像中存储的信息量。这种分辨率有多种衡量方法，典型的是以每英寸的像素数（PPI）来衡量。当然也有以每厘米的像素数（PPC）来衡量的。图像分辨率决定了图像输出的质量，图像分辨率和图像尺寸的值一起决定了文件的大小，且该值越大，图形文件所占用的磁盘空间就越多。图像分辨率以比例关系影响着文件的大小，即文件大小与其图像分辨率的平方成正比。如果保持图像尺寸不变，将图像分辨率提高一倍，则其文件大小增大为原来的四倍。

另外，还有一个容易与之混淆的是图像的位分辨率，俗称位深，也称为颜色深度。图像的位分辨率用以衡量每个像素储存信息的位数，常见的有8位、16位和24位。

五、常见的图像模式

计算机中图像像素的颜色信息必须转换为二进制数进行存储，而采用几位二进制数就构成了几位的位深度图像，位深度越大，能够表示的颜色种类就越多。颜色模式就是提供一种颜色转换成数字数据的方法，从而使颜色能够在多种媒体中连续描述并能跨平台使用，如从显示器到打印机、从MAC到PC等。

颜色模式是所有图形图像处理软件都涉及的问题。常见的颜色模式包括：Bitmap位图模式、Grayscale灰度模式、Duotone双色调模式、Index color索引色模式、RGB颜色模式、CMYK颜色模式、Lab模式、Multichannel多通道模式和HSB颜色模式等。

（一）Bitmap位图模式

位图模式又称作黑白模式，是一种最简单的色彩模式，属于无彩色模式。位图模式图像只有黑、白两色，由1位像素组成，每个像素用1位二进制数来表示。文件占据存储空间非常小。设计制作时一般不选位图模式，除非有特殊用途。只有双色调模式和灰度模式可以转换为位图模式。

（二）Grayscale灰度模式

灰度模式图像中没有颜色信息，色彩饱和度为0，属无彩色模式，图像由介于黑白之间的256级灰色所组成。由于灰度图像只有一个亮度通道，所以灰度模式图像文件占据存储空间也非常小。

位图模式图像转换为灰度模式时，灰度图像只有一种灰度，如果大小比例按1来转换，黑白图像仍为原样，只是图像缩小了。

（三）Duotone双色调模式

双色调模式由灰度模式发展而来，是与打印、印刷相关的一种模式。通过1～4种自定义灰色油墨或彩色油墨创建的一幅双色调（2种颜色）、三色调（3种颜色）或者四色调（4种颜色）的含有色彩的灰度图像。在双色调模式图像中，彩色油墨只是用于生成着色的灰色，而不是重新生成不同的颜色，这是印刷领域中一项专门的技术。实际上，双色调模式图像只有一个8位亮度通道，只不过在亮度值上附加记录了用户所选的颜色信息和一个相应的强度曲线。其他色彩模式的图像需要转换成双色调模式时，必先将其转换成灰度模式，然后再转换成双色调模式。

（四）Index color索引色模式

索引色模式只支持8位色彩，是使用系统预先定义好的最多含有256种典型颜色的颜色表中的颜色来表现彩色图像的，选择不同的颜色表选项，如"墨体""灰度""色谱"等，图像显示的效果是不同的。由于索引色模式图像只有8位深度，所以图像文件也占用很小的存储空间。索引色模式图像主要用于网络、游戏制作和丝网印刷图像。

（五）RGB颜色模式

RGB颜色模式采用三基色模型，又称作加色模式，是目前图像软件最常用的基本颜色模式。显示器、投影仪、电视、扫描仪、数码相机等许多光源成像设备也都采用RGB加色模式工作。它的基本特征来自自然界中的光线，由红色（Red）、绿色（Green）、蓝色（Blue）三基色以不同的比例混成可见光谱的颜色。

RGB颜色模式是由红色、绿色、蓝色三通道叠加产生的彩色模式，形成24位深度的颜色信息，所以三种颜色通道的复合生成1670多万（256^3）种颜色，足以显示出完整的彩色图像。如果RGB图像为每通道16位，形成48（16×3）位深度的颜色信息，则具有表现更多颜色的能力，图像更加细腻逼真。当然，文件会占据更多的存储空间。

（六）CMYK颜色模式

CMYK颜色模式采用印刷三原色模型，又称作减色模式，大多图形图像软件支持这种颜色模式，是打印、印刷等油墨成像设备即印刷领域使用的专有模式。它的基本特征是以印刷品上油墨的光线吸收特性，即当光线照射到油墨上时，部分光被吸收，部分光被反射回眼睛。理论上讲，由青色（Cyan）、品红色（洋红，Magenta）、黄色（Yellow）3种色素以不同程度的比例能够合成吸收所有颜色并产生黑色，但实际上由于油墨的纯度问题，等量的青色、品红色、黄色三种油墨混合产生的是灰褐色而不是纯黑色，必须与黑色（Black）油墨混合才能产生真正的墨色，所以在CMYK颜色模式中增加了黑色，称为四色印刷。

（七）Lab颜色模式

Lab颜色模式是由国际照明委员会（CIE）在1976年制定的颜色度量国际标准模型的基础上建立的，是一种色彩范围最广的色彩模式，包含RGB和CMYK中所有颜色。它不依赖于光线，也不依赖于颜料，是与设备无关的色彩模式，无论使用什么设备（如显示器、打印机、计算机或扫描仪等）创建或输出图像，都能生成一致的颜色。它是各种色彩模式之间相互转换的中间模式。

Lab颜色模式是由一个亮度通道L和a、b两个色相通道来表示颜色的模式，每通道可以有8位或16位深度，默认设置置为8位。在Lab模式中，L表示图像的亮度，取值范围为0～100的整数；a表示从深绿色到亮粉红色的光谱变化，取值范围为–128～+127的整数；b表示从亮蓝色到黄色的光谱变化，取值范围同样为–128～+127的整数。

（八）Multichannel多通道模式

多通道模式图像包含有多个具有256级强度值的灰阶通道，每个通道8位深度。多通道模式主要应用于打印、印刷等特殊的输出软件和一些专业的高级的通道操作。如果在RGB、CMYK、Lab模式中删除某一个通道，图像将转换为多通道模式。当图像转换为多通道模式时，系统将根据原图像通道数自动转换为数目相同的专色通道，并将原图像各通道像素颜色信息自动转换为专色通道的颜色信息。例如，将双色调模式转换为多通道模式时，可以看到相应数目色调的通道信息；将RGB模式转换为多通道模式时，创建青色、洋红色、黄色3个专色通道；将CMYK模式转换为多通道模式时，创建青色、洋红色、黄色、黑色4个专色通道。

（九）HSB颜色模式

HSB颜色模式是一种基于人对颜色的感觉的色彩模式，与人的视觉紧密联系在一起，以色相（H）、纯度（S）和明度（B）彩色三要素为基础来描述颜色的。H用于调整颜色，以"度"来表示，取值范围为0～360的整数；S用于调整颜色的深浅，以"%"来表示，取值范围为0（灰色）～100（纯色）的整数；B用于调整颜色的明暗，以"%"来表示，取值范围为0（黑色）～100（白色）的整数。

六、图像的格式

数字图像有很多存储格式，每种格式一般有不同的开发商支持。随着信息技术的发展和图像应用领域的不断扩展，还会有新的图像格式出现。

（一）BMP格式

BMP称为位图文件格式，BMP是微软公司为Windows环境应用图像设计的位图文件格式，文件扩展名是.bmp。根据需要可以选择图像数据是否采用压缩形式存放，一般情况下，BMP采用的是非压缩格式。

（二）JPEG格式

JPEG称为静态图像压缩标准，图像文件扩展名是.jpg。JPEG格式采用有损压缩方式，原始图像经过JPEG解码使JPEG格式的图像文件与原始图像发生很大差异，但不易觉察。JPEG压缩比高，图像具有24位彩色处理能力，可以处理照片中微小色彩细节，具有较高的图像质量，是被广泛采用的一种图像格式。

（三）GIF格式

GIF称为图像交换格式，图像文件扩展名是.gif。GIF文件支持8位调色板图像，即这种图像只使用256种颜色，因此，GIF图像只用于色彩比较简单的图像。

（四）PNG格式

PNG格式称为便携式网络图形，图像文件扩展名是.png。PNG格式集JPEG和GIF两种图像文件的优点。PNG图像在性能上比GIF优越得多，能显示上百万种颜色。这是一种可扩展的文件格式，采用无损压缩，并且支持全彩（真彩）图像。PNG用于存储灰度图像时，灰度图像的深度多达16位，存储彩色图像时，彩色图像的深度多达48位。

（五）PSD、PDD格式

PSD、PDD格式是"Photoshop"软件自建的标准图像文件格式，支持"Photoshop"中所有的图像类型。它可以将所编辑的图像文件中的所有有关图层和通道等信息记录下来。在编辑图像的过程中，通常将文件保存为PSD、PDD 格式，以便重新读取需要的信息。但是，PSD、PDD格式的图像文件很少为其他软件和工具所支持。所以，在图像制作完成后，通常需要转换为一些比较通用的图像格式，以便输出到其他软件中继续编辑。另外，用PSD、PDD格式保存图像时，图像没有经过压缩，会占很大的硬盘空间。

‖第二节　数字图像处理技术‖

一、图像的增强

图像增强也称为图像滤波，是图像处理的基本内容之一。是为了有目的地强调图像的整体或局部特征，扩大图像中不同物体特征之间的差别，为图像的信息提取和图像分析奠定基础。

图像增强是通过锐化、平滑、去噪、对比度拉伸等手段对图像附加信息或变换数据。用以突出图像中的某些目标特性、抑制另一些特征、简化数据提取。

根据增强处理过程所在的空间不同，图像增强技术分为基于某种空（间）域的增强方法和基于频（率）域的增强方法。

基于空（间）域的增强方法直接在图像所在的二维空间进行处理，直接对每一像素的灰度值进行处理。按照采用的技术不同，可以分为灰度变换和空间滤波两种。灰度变换，是基于点操作的增强方法，将每一像素的灰度值按照一定的数学变换公式转换为一个新的灰度值。增强处理中常用的对比度增强、直方图均衡化等，都是灰度变换。空间滤波是基于邻域处理的增强方法，应用某一模板对每个像素与周围邻域的所有像素进行某种数学运算，得到该像素新的灰度值即输出值。输出值的大小不仅与该像素灰度值范围有关，而且还与其邻域内的像素灰度值有关。常用的图像平滑、锐化就属于空域的范畴。

基于频（率）域的增强方法则是将图像按照某种变换模型（如傅立叶变换）变换到频率域，然后在频（率）域空间对图像进行处理，再将其反变换到空间域。

根据处理对象不同，图像增强技术还可以分为灰度图像增强和彩色图像增强。按照增强的目的，图像增强技术分为光谱信息增强、空间纹理信息增强和时间信息增强。

（一）基于点运算的增强

点运算可以按照预定的方式改变一幅图像的灰度直方图。

1. 灰度变换法。灰度变换是图像增强的重要手段。可以使图像的动态范围增大，图像对比度扩展，图像变清晰，特征明显。灰度变换法分为全域线性变换和非线性灰度变换。

2. 直方图修正法。利用图像灰度直方图，可以直观地看出图像中的像素分布情况。通过直方图均衡化、归一化等处理，可以对图像的质量进行调整。

直方图修正是图像灰度级变换常用的一种方法。大多数自然图像，由于其灰度分布集中在较窄的区间，引起细节不够清晰。采用直方图后，可以使图像的灰度间距拉开，或者使灰度分布均匀，增大反差，使图像细节清晰，从而达到增强的目的。

（二）基于空域滤波的增强

将空间模板用于图像处理，称为空间滤波。空间模板称为空间滤波器，按照功能分为平滑滤波器和锐化滤波器。

平滑滤波器可用低通滤波实现，其目的是模糊和消除噪声。模糊主要是在提取较大目标前，去除过小的细节，或将目标内的小间断连接起来。锐化滤波可以通过高通滤波实现，目的是增强被模糊的细节边缘。

低通滤波器，是指当信号通过该滤波器的时候，频域中信号的高频部分被衰减、去掉，而信号的低频部分无衰减的通过滤波器。图像信号的高频成分刻画了图像的边缘和其他尖锐细节。因此，图像信号通过一个低通滤波器的作用效果是使图像模糊化。

高通滤波器则是衰减、去除信号的低频部分。由于图像的低频部分刻画了图像的一些缓慢变化的特征，如图像的整体对比度、图像的平均对比度等。因此，图像信号通过高频滤波器的实际效果是突出了图像的边缘及其他细节信息。

带通滤波器，可以滤除位于高频和低频间某一频率区域内的信号成分，常用于图像恢复。

1. 图像平滑滤波。平滑（低通）滤波器能够削弱或者消除图像频域空间的高频分量，但是不影响低频分量，滤波器将这些分量滤去，可以使图像平滑。

2. 图像锐化滤波。图像锐化的目的是使边缘和轮廓线模糊的图像变得清晰，并使其细节清晰。

（三）基于频域变换的增强

首先计算待增强图像的傅立叶变换，然后用滤波器的传递函数乘该结果，最后对上述乘积进行傅立叶逆变换，就得到了增强后的图像。可以通过在频域中对图像待定频率范围的高频成分进行衰减，从而实现图像的模糊化处理。

1. 频域图像平滑滤波。图像中的边缘和噪声对应傅立叶变换中的高频成分，如要在频域中削弱其影响，就要设法减弱这部分的分量。

2. 频域图像锐化滤波。利用高通滤波器衰减图像信号中的低频分量时，就会相对强调其高频分量，从而加强了图像的边缘和急剧变化的部分，达到锐化的目的。

（四）彩色图像增强

为了更有效地增强图像，借助色彩来处理图像以达到增加视觉效果。一般彩色图像增强有两类：伪色彩增强和真色彩增强。伪色彩增强是把一幅黑白图像的不同灰度级映射为一幅彩色图像。真彩色增强实际上是影射一幅彩色图像为另一幅彩色图像，从而达到增强对比度的目的。

二、图像运算

在数字图像处理中，需要采用各种各样的算法。根据数字图像处理运算中输入信息与输出信息的类型，从功能上图像处理算法分为：单幅图像→单幅图像，多幅图像→单幅图像，单幅或多幅图像→数值（符号）。以上三类运算中，所有输入信息都是图像，并且灰度值都是非负整数值，而输出信息的形式各不相同。其中第一类是数字图像处理中最基本的运算，可将图像运算方式分为点运算、代数运算和几何运算。

（一）点运算

输出图像中每个像素点的灰度值仅由输入图像相应像素点的灰度值确定，这种处理称为点运算。点运算分为线性点运算和非线性点运算。

在图像处理中，点运算是简单且具有代表性的算法之一，也是其他处理运算的基础，点运算可以有规律地改变像素点的灰度值。

通过适当定义数学运算的形式，点运算可以用于改善图像数字化设备或图像数字显示设备的某些局限性，可以增强对比度、进行光度学标定、显示标定、加轮廓线以及进行剪裁等。

（二）代数运算

代数运算是指对两幅输入图像进行点对点的加减乘除，得到输出图像的运算。也可以通过适当的组合，形成多于两幅图像的复合代数运算。

在数字图像处理技术中，代数运算具有广泛的应用。加法运算可以对同一场景的多幅图像求平均值，用以消除或降低加性随机噪声。也可以用于将一幅图像的内容叠加到另一幅图像上，从而实现二次曝光。图像相减运算可以用于消除一幅图像中所不需要的加性图案（加性图案可以是缓慢变化的背景阴影、周期性噪声，或在图像上每一像素点均已知的附加污染等）。减法运算还可以用于检测同一场景的两幅图像之间的变化。例如，通过对同一场景的序列图像的相减运算，可用于检测物体的运动。在计算用于确定物体边界位置的梯度时，也需要应用图像相减的运算。在数字图像处理中，虽然乘除运算用得相对较少，但是也有重要的应用。在获取数字图像过程中，图像数字化设备对一幅图像各点的敏感程度不可能完全相同，乘除运算可以纠正其不利影响。此外，乘法运算在获取图像的局部图案时发挥作用，可以使其保留图像中感兴趣的部分。而除法运算可以产生对颜色和多光谱图分析较为重要的比率图像。

三、图像压缩

图像压缩，也称为图像编码。是利用图像数据固有的冗余性和相关性，对图像数据按一定的规则将一个大的数据文件转换成较小同性质文件的变换和组合，从而达到以尽可能少的代码来表示尽可能多的信息。图像压缩主要研究数据的表示、传输、变换和编码方法。

计算机图像处理中的数字图像其灰度多用8bit来量化，而医学图像和其他科研应用图像的灰度量化可用到12bit以上，因而所需数据量很大。庞大的数据对计算机的处理速度、存储容量都提出更高的要求，因此必须把数据进行压缩。没有图像压缩技术的发展，大容量图像信息的存储与传输是难以实现的。

众所周知，组成图像的各像素之间，无论是在图像的行方向还是列方向，都存在一定的相关性，即冗余度。应用某种编码方法提取或减少这些冗余度，可以达到压缩数据的目的。

图像压缩的方法有很多。根据解压后重建的图像和原始图像之间是否具有误差，可以将图像压缩方法分为：无损压缩和有损压缩两大类。无损压缩方法基于统计模型，减少或者完全去除图像数据中冗余的信息，在解压缩时能够精确恢复原图像。它用于要求重建后图像严格地和原始图像保持相同的场合。有损压缩，是一种以牺牲部分信息为代价，换取缩短平均码长的编码压缩方法。由于在压缩过程中把不相关的信息也删除了，因此，只能对原始图像进行近似的重建，而不能精确地复原，适合于大多数用于存储数字化的模拟数据。

除此之外，根据编码作用域划分，图像压缩可以分为：空间域压缩和变换域压缩两大类。从具体编码技术可以分为：预测编码、变换编码、统计编码、轮廓编码和模型编码。随着科技水平的飞速发展，许多新理论、新方法不断涌现，有的是基于新的理论和变换，有的是两种或两种以上方法的组合，有的既在空间域又在变换域进行处理。

四、图像的变换

图像变换是图像处理和分析技术的基础。为了有效和快速地对图像进行处理和分析，将离散的图像信号以某种形式转换到另外一些空间，从另外角度分析图像的特性，并根据图像在这些不同空间的特有性质，使得对图像的加工和处理简单而有效，最后将所得结果进行反变换，将其转换回图像空间，这个过程就是图像变换。

原则上，所有图像处理都是图像的变换。图像变换在图像增强、恢复、编码压缩和特征抽取等方面有着十分重要的应用。变换后的图像，大部分能量都分布于低频谱段，这对图像的压缩、传输都比较有利。

（一）图像的正交变换

正交变换是图像处理技术的一种重要工具，如图像增强、复原、描述和特征提取等方面，都有着广泛的应用。通过正交变换改变图像的表示阈以及表示数据，给后续工作带来了极大的方便。正交变换分为正弦型变换、方波型变换和基于特征向量的变换。

（二）傅立叶变换

傅立叶变换是一种常用的正交变换，它的理论完善、应用程序多。在数字图像应用领域，傅立叶变换起着非常重要的作用。它可以完成图像分析、图像增强及图像压缩等多项任务。傅立叶变换主要分为连续傅立叶变换和离散傅立叶变换，在数字图像处理中经常用到的是二维离散傅立叶变换。

（三）离散余弦变换

离散余弦变换的变换核为实数的余弦函数，因而计算速度要比变换核为指数快得多。离散余弦变换已经广泛应用到图像压缩编码、语音信号处理等众多领域，近年来常用的静止图像压缩标准JPEG就采用了离散余弦变换。离散余弦变换实际上是傅立叶变换的实数部分，但是它比傅立叶变换有更强的信息集中能力。对于大多数自然图像，离散余弦变换能将主要的信息放到较少的系数上去，因此就更能提高编码的效率。

（四）沃尔什变换和哈达玛变换

在某些领域，需要有更为有效和便利的变换方法，沃尔什变换就是其中之一。它只包括+1和-1两个数值所构成的完备正交集。由于沃尔什函数是二值正交集，与数字逻辑的两个状态相对应，因此更加适用于计算机处理。另外，与傅立叶变换相比，沃尔什变换减少了存储空间和提高了运算速度，这一点对于图像处理来说至关重要。特别是在大量数据需要进行实时处理时，沃尔什变换更加显示出优越性。

哈达玛变换本质上是一种特殊排序的沃尔什变换。哈达玛变换矩阵也是一个方阵，只包括+1和-1两个矩阵元素。各行和各列之间是正交的，任意两行相乘或任意两列相乘后的个位之和必定为0。哈达玛变换矩阵具有简单的递推关系，高阶矩阵可以用两个低阶矩阵求得，这个特点使人们更愿意采用哈达玛变换。

（五）小波变换

小波变换是一种信号的时间—尺度（时间—频率）分析方法。它具有分辨率分析的特点，而且在时间域和频率域都具有表征信号的局部特征的能力。小波变换是一种窗口面积固定不变，但窗口形状可改变，即时间窗和频率窗的大小都可以改变的时频局部化分析方法。在低频部分具有较高的频率分辨率和较低的时间分辨率，在高频部分具有较高的时间分辨率和较低的频率分辨率。在信号处理和分析、地震信号处理、信号奇异性监测、计算机视觉、语音信号处理、图像处理与分析，尤其是图像编码等领域有着突破性进展。

五、图像矫正

图像畸变产生的原因有两个。第一，摄像系统的镜头或摄像装置没有正对拍摄物，拍摄的景物就会产生一定的变形。第二，由于光学成像系统或电子扫描系统的限制而产生枕形或桶形失真。

由成像系统引起畸变的矫正方法有预畸变法和后验校正法。预畸变法是采用与畸变相反的非线性扫描偏转法，用以抵消预计的图像畸变。后验校正法是用多项式曲线，在水平和垂直方向拟合每一畸变的曲线，然后求变化，得到校正函数，用这个校正函数可以校正畸变的图像。

对图像的几何失真校正主要包括以下步骤：第一，空间变换。对图像平面上的像素进行重新排序，以恢复空间关系。第二，灰度插值。对空间变换后的像素赋予相应的灰度值，以恢复原位置的灰度值。

六、图像复原

数字图像在获取过程中，由于光学成像系统存在局限性或缺陷，不能使物体的全部信息反映在其图像上，造成失真，或者已有的图像经某种方法处理后，丢失部分信息或增加噪声干扰，产生了原图像的近似图像，这些统称为图像退化。图像退化可能导致图像出现畸变、模糊、失真、噪声，使得所成图像质量下降。

造成图像退化的原因很多：成像系统的像差、畸变、有限带宽等；由于成像器件拍摄姿态和扫描非线性引起的图像几何失真；成像传感器与被拍摄景物之间的相对运动引起图像运动模糊；光学系统或成像传感器本身特性不均匀，造成的灰度失真；图像在成像、采集、数字化和处理过程中引入的噪声等。

图像复原，就是对退化的图像进行处理，使它趋近于原物体的理想图像，即除去或减轻在图像处理过程中造成的图像质量下降。图像复原与图像增强技术一样，也是一种改善图像质量的技术，其目的就是使退化的图像尽可能恢复到原来的真实面貌。其方法是，首先从分析图像退化机理入手，用数学模型描绘图像的退化过程，然后在退化模型基础上，通过求其逆过程的模式计算，在退化图像中较准确地求出真实图像，恢复原始图像的信息。

图像复原包括四个内容：图像退化模型、代数复原方法、频域复原方法、其他复原方法。图像退化模型分为物理模型和数学模型。代数复原方法分无约束复原方法和有约束复原方法。频域复原方法分为逆滤波和最小二乘方滤波。其他方法则分为人机交互式和几何畸变校正。

七、多帧图像处理

根据表述方式的不同，图像可以分为物理图像、数字图像、数字视频和三维图像。数字视频是连续播放的数字图像序列。与单幅图像相比，多了在一个时间轴上的图像变化。为了使播放的图像序列在视觉上保持连续性，视频帧之间的差异性不是很大，其视觉内容常有较大的冗余。从视频的组织结构来讲，数字视频数据的最基本构成元素是帧。一系列的帧可以归纳为镜头，多个镜头可归纳为情节。一个镜头，是指由一架摄像机连续拍摄得到的、在时间上连续的若干帧图像的集合，当视频的故事情节发生变化时，会出现镜头的切换。

数字图像处理一般特指静态图像的处理，数字视频的处理是基于帧内与帧间图像的处理。数字视频与静态图像处理的最大不同点，就是充分利用了数字视频中的图像序列在时间轴上的变化信息。

数字视频处理主要分为两类。第一，视频镜头检测与关键帧聚类。通过视频帧间内容差异的分析，获得对镜头的分割，以及对分割后镜头的关键帧，根据其表示内容的相似性进行聚类。第二，对智能监控系统中人、物的行为自动进行分析。从实际应用角度，数字视频处理的内容主要包括：其一，对视频进行基于语义的分析和标注，进行视频数据库管理，便于进行查询与检索。其二，从序列图像中将运动目标区域从背景中提取出来，实现目标检测。通过目标区域的检测，实现目标的跟踪。其三，根据运动目标的运动规律，找出其行为特征的处理过程，实现视频中的运动目标行为自动分析。

‖第三节　数字图像处理的应用‖

一、增强反差处理

（一）画面整体的增强处理

照片整体曝光不足，画面亮度不够、反差小。针对这种情况，可以用
"Photoshop"软件进行处理。

1. "亮度/对比度"增强。"亮度/对比度"命令可以对图像的色调范围进行简单调
整，这个调整对图像中的所有像素，包括高光、阴影和中间色调进行一次性调整。

打开主菜单中的"图像"→"调整"→"亮度/对比度"，出现"亮度/对比
度"对话框，观察画面进行调节，直到反差和亮度满足需要（如图 8 - 2 所示）。

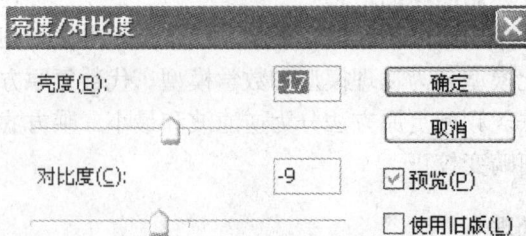

图 8 - 2　"亮度/对比度"对话框

2. 对画面进行精细调节。在完成上述操作后，观察画面，发现会出现很多噪声
点，因此还需进一步地处理。选择主菜单中的"滤镜"→"杂色"→"减少杂色"。

在"减少杂色"对话框中，调整"强度""保留细节""减少杂色""锐化细
节"四个参数，并在"移去JPEG不自然感"选项中打"√"，然后确定。

接着再选择"滤镜"→"杂色"→"去斑"。对画面进一步做去斑处理，最终
就得到了一幅明亮、清晰的画面（如图 8 - 3、图 8 - 4 所示）。

图 8 - 3　增强处理前

图 8 - 4　增强处理后

（二）画面局部增强处理

画面整体色调通常包含亮色调（高光）、暗色调（阴影）和中间色调三部分。若要充分表现画面的细节特征，就必须同时兼顾这三个色调的协调统一。

1. 使用"色阶"调整。打开主菜单中的"图像"→"调整"→"色阶"，出现"色阶"对话框（如图 8 − 5 所示），色阶主要的构成是直方图。

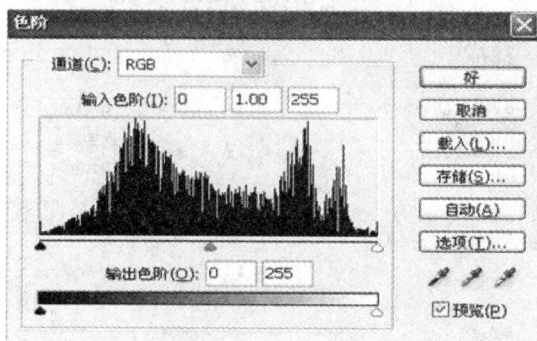

图 8 − 5　"色阶"对话框

（1）直接移动直方图下面的灰色滑块改变局部色调。将滑块向右拖动可以使中间色调变暗，向左拖动可以使中间色调变亮。移动直方图左右两端的黑色和白色滑块可以调整图像的对比度。右侧的白色滑块向左移动，增加图像的亮度。左侧黑色滑块向右移动，降低图像亮度。

（2）通过"输入色阶"框中输入0.1～0.99的数值，可以调整图像的中间色调。调整中间色调，可以更改中间色调的亮度值，但是不会明显地改变阴影和高光。

（3）通过"输出色阶"的调整，使高光区域的对比度降低，可以调整图像有不切实际的反光或阴影。

2. 使用"曲线"调整。"曲线"（如图 8 − 6 所示）命令用于调整图像的色调范围更广。不仅局限于对高光、阴影和中间色调进行调整，还可以调整0～255内的任意点，同时保持其他部分不变。

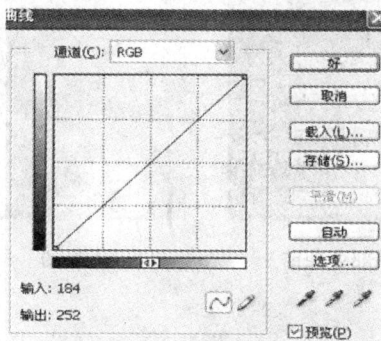

图 8 − 6　"曲线"对话框

　　"曲线"图中，水平轴表示像素原来的亮度值（输入色阶），垂直轴表示新的亮度值（输出色阶）。"曲线"对话框中用网格将可编辑的色调范围分为16个区域，编辑曲线可以精确地调整某一区域色调的范围，同时影响其他区域的色调。

　　3. 使用"暗调/高光"菜单。"暗调/高光"（如图8-7、图8-8、图8-9所示）可以分别调整画面的暗调、高光和调整部分。

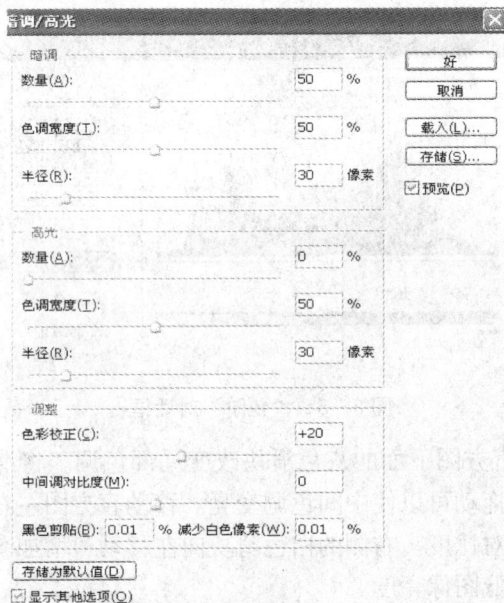

图8-7　"暗调/高光"对话框

图8-8　局部处理前　　　　图8-9　局部处理后

二、色彩处理

（一）使用"色彩平衡"（如图 8－10所示）

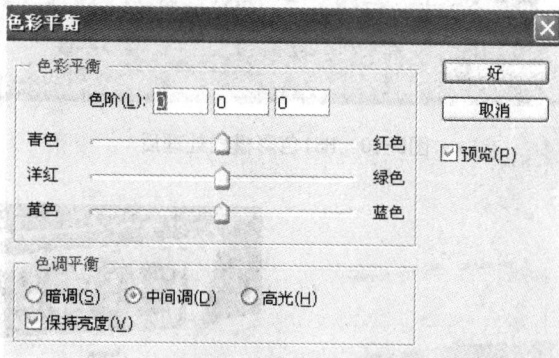

图 8－10 "色彩平衡"对话框

利用"色彩平衡"可以增减图像中红色、绿色、蓝色及其补色，从而调整图像的色彩，同时还可以进行色调的选择。

（二）使用"HSI"色彩模式

HSI是一种适应人眼观察习惯的一种色彩模式，HSI分别是色调/饱和度/亮度。应用"恒瑞"软件的HSI色彩模式可以对图像中单个颜色成分的色相、饱和度以及亮度进行调整（如图 8－11、图 8－12、图 8－13、图 8－14所示）。

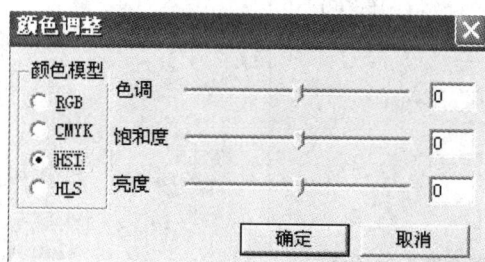

图 8－11 "颜色调整"对话框

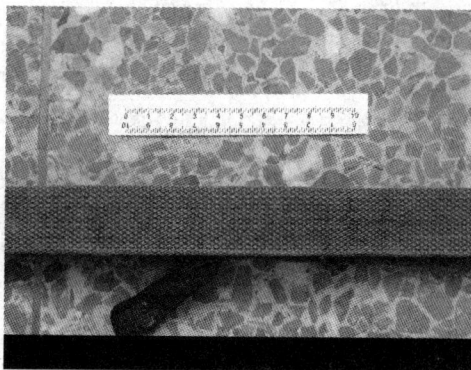

图 8－12 图像处理前

图8-13　HSI色彩模式处理后

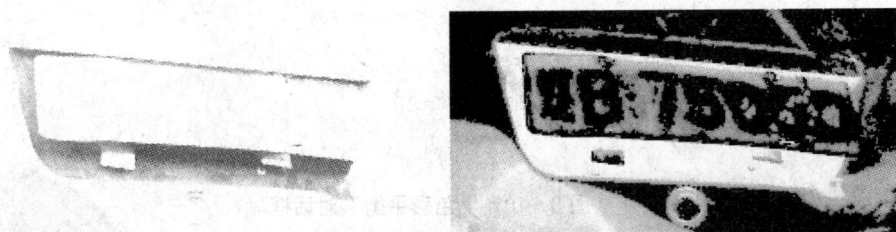

图8-14　反光车牌用HSI色彩模式处理前后比较

（三）使用"通道混合器"（如图8－15所示）

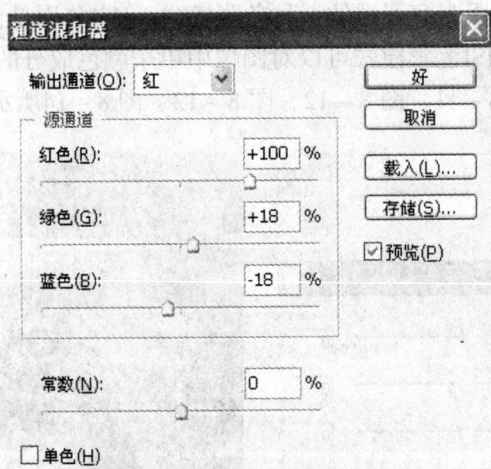

图8－15　"通道混合器"对话框

　　使用当前颜色的"通道混合器"修改颜色通道，可以利用某个颜色通道创建高品质的灰度图像或者其他色调的图像。这是其他颜色调整工具不易做到的。其中的"常数"选项可以将一个不透明的通道添加到输出通道，负值作为黑色通道，正值作为白色通道。

三、变形比例校正

由于拍摄角度和设备的问题造成画面发生一定的变形。应用"恒锐痕检/文检图像处理系统"进行变形比例校正较为有效。

打开"几何校正"，其中有针对不同的变形进行校正，包括桶形校正、枕形校正、柱面校正、鱼眼校正（如图 8 - 16、图 8 - 17 所示）、球面校正和透视校正。

图 8 - 16　鱼眼校正前

图 8 - 17　鱼眼校正后

四、模糊去除

（一）聚焦模糊的处理

聚焦模糊用"恒锐痕检/文检图像处理系统"进行处理（如图 8 - 18、图 8 - 19 所示）。

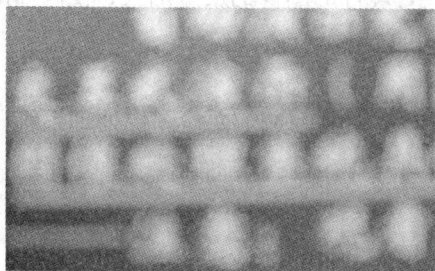

图 8 - 18　模糊处理前

图 8 - 19　模糊处理后

1. 运行"恒锐痕检/文检图像处理系统"，打开要处理的模糊的图像资料。

2. 针对模糊的照片，选择"质量改善"→"模糊去除"→"摄像模糊"（如图 8 - 20 所示）。

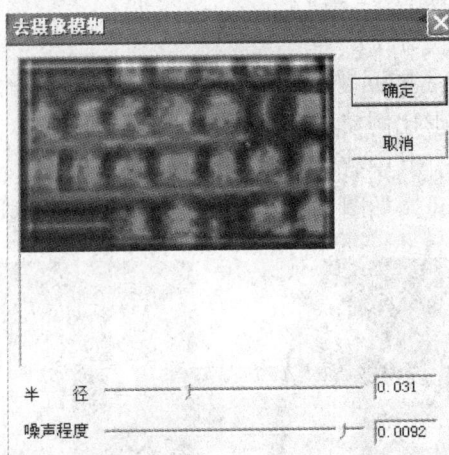

图 8 - 20 "去摄像模糊"对话框

　　调节"去摄像模糊"中的"半径"和"噪声程度"滑动条，改变这两个参数，稍等待就可以看到去除模糊后的影像。如果对处理的效果不满意，可以单击"取消"按钮。反复修改"半径"和"噪声程度"的值，直到满意为止。通常情况下，只需调整"半径"参数，当图像有所改善以后再调整"噪声程度"。"半径"参数的范围是0.1～1.001，"噪声程度"参数的调节范围是0.0001～0.01。

　　在具体的图像操作中要注意的是，要选择画面的局部来处理，这样的效果会比对整个画面进行处理要好。另外，"恒锐"软件的"去摄像模糊"功能可以处理灰度和彩色图像，但是处理后的图像都是灰度图像。

　　3. 选择"质量改善"→"亮度/对比度"，出现"亮度/对比度"对话框，调节"亮度"和"对比度"的参数，上述已经处理好的图像的反差加大，使画面的质量进一步改善，提高影像的分辨程度。

　　（二）运动模糊

　　针对这类速度导致的模糊画面，可以应用"恒锐痕检/文检图像处理系统"进行处理（如图 8 - 21、8-22所示）。

图 8 - 21　运动模糊

图 8 - 22　运动模糊处理后的画面

1. 运行"恒锐痕检/文检图像处理系统"，选择主菜单的"质量改善"→"模糊去除"→"运动模糊"。

2. "去运动模糊"的设置与调整。确定"运动模糊"之后，就会出现一个"去运动模糊"对话框（如图8－23所示）。

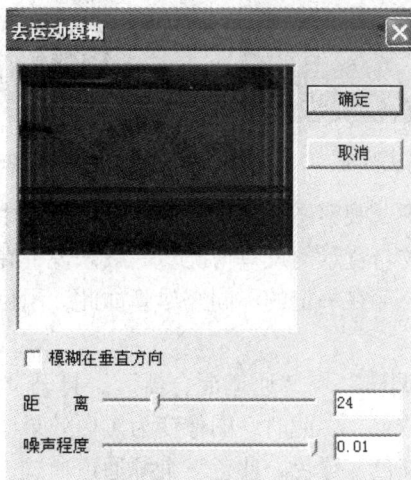

图8-23　"去运动模糊"对话框

在进行操作之前要对所处理的图片进行观察，若模糊出现在垂直方向，则"模糊在垂直方向"选项中选择"√"。若模糊出现在水平方向，则不必进行选择。然后，再对"距离"和"噪声程度"进行调节，改变这两个参数，稍等片刻就可以看到去除模糊的效果图。在调节过程中，根据画面的情况可以反复修改"距离"和"噪声程度"的值，可以观察到画面从模糊状态变为清晰，直至能够看清楚车门上的喷涂字迹，最后点击"确定"按钮。

在进行操作时要先调整"距离"一项，"距离"的范围是1～100，"噪声程度"的调节范围是0.0001～0.01。

3. 加大反差的处理。经"去运动模糊"处理之后，有可能发现画面的亮度和对比度效果不好，反差不是特别大，文字或数字仍旧辨别不清，可以在当前画面情况下应用"亮度/对比度"或者"灰度曲线"进行改善，使画面达到理想的效果。

五、去除背景

提高痕迹与背景的颜色差别，是背景去除的重要方法。

由于背景是黑色调的，捺印的指纹是红色调。指纹和背景色调的不同，应用"Photoshop"软件的"通道混合器"处理黑色文字背景上显现指纹（如图8－24、图8－25所示）。

图 8-24　背景去除前　　　　　　　　　图 8-25　背景去除后

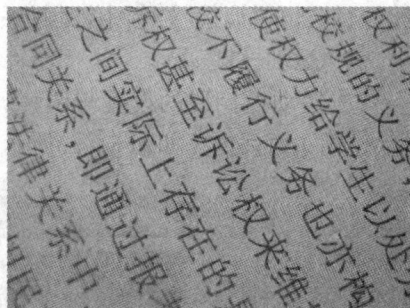

　　首先在"通道"栏中，观察图片分别在"RGB"模式中，红色、绿色、蓝色三种色彩通道情况下的指纹与背景的反差情况。一般来说，在这三种不同的通道下，痕迹与背景之间的反差会存在一定的不同。尽管如此，示例中的反差仍然不足以满足进行指纹鉴定的要求。

　　通过"图像"→"调整"→"通道混合器"，打开"通道混合器"对话框。先将"单色"选项打上"√"。此时，图像变为黑白效果。再进行"源通道"的调节。在"源通道"中有红色、绿色、蓝色三个源通道模式，根据显现出指纹的颜色调节三个划钮，通过这三个划钮可以修改当前的颜色通道在整体混合内的影响。同时还要调节"常数"一项，直至背景与指纹痕迹之间的反差达到最大，然后点击"确定"（如图 8-26所示）。

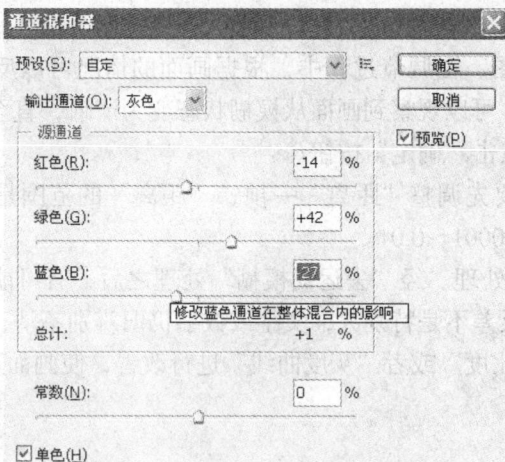

图 8-26　"通道混合器"对话框

【小结】

　　本章从数字图像的概念以及基本特性开始，介绍了图像的分类、统计特性、图像模式和图像格式等，进一步突出了图像处理技术的基本原理，包括图像增强、运算、压缩、变换、复原等基本算法。最后，从增强反差、色彩处理、变形比例校正、背景去除、模糊去除等实用方面，总结了有效、实用的具体操作方法。

【思考题】

1. 什么是数字图像？常用数字图像的存储格式有哪些？各有什么优缺点？
2. 图像增强方法的应用特点是什么？
3. 简述数字图像处理的操作应用。

第九章　视频影像技术基础

【教学重点与难点】

教学重点：常见视频的文件格式，监控视频编解码方式，视频资料采集的方法以及视频影像播放及格式转换。

教学难点：视频格式和编解码方式以及格式转换等理论和实际操作。

‖第一节　视频影像‖

一、视频影像概述

视频是现代科技的产物，是一种常见的存储和传递信息的方式，"视频"这个术语来源于拉丁语的"我能看见"，通常指不同种类的活动画面及辅助的各种声音、文字、过渡等共同实现各种情境的正确表达和再现。我们日常生活中常见的MP4．VCD、DVD、监控录像等都是视频的主体。

（一）视频与视频技术

当连续的图像变化每秒超过24帧画面以上时，人眼无法辨别单幅的静态画面，呈现的是平滑连续的视觉效果，这种连续的画面叫作视频。将一系列的静态影像以电信号方式加以捕捉，记录、处理、储存、传送与重现的各种技术称为视频技术。

视频技术始于20世纪50年代，最早是从阴极射线管的电视系统的创建而发展起来的，从20世纪70年代开始，随着大规模集成电路、半导体存储技术以及计算机技术的发展，数字技术逐渐应用于视频领域，让视频技术包括的范畴更为宽泛。由于视频技术在电视和计算机两个不同的领域有交叉研究，在技术标准上有基于电视的标准和基于计算机的标准。

视频的记录和传播主要有两种方式，一是用在模拟摄像机上的基于"磁"技术的磁带；二是用在数字摄像机上的磁带、硬盘或闪存卡等其他的载体，目前数字技术载体是市场的主导。视频图像视觉效果的优劣，除了摄像机、镜头分辨率、清晰度及存储器大小等硬件的性能指标外还有视距、视角、方向、色彩以及采集、存储方式等影响因素。另外，后期图像处理、图像挖掘等技术也可以使一些原本不清楚的图像变得可见或可辨。

　　监控视频技术是利用相对固定的摄像装置，对某一相对固定的区域进行实时再现而形成的视频形式。与其他视频相比，监控视频具有实时性、翔实性和客观性。视频监控图像是获取犯罪信息十分有效的手段，它可以客观记录、直观显示犯罪嫌疑人的作案过程或情节，从而获取犯罪嫌疑人的信息和犯罪证据，以及为串并案件提供依据，有助于公安机关在案件侦查中客观、公正地了解案情，明确案件侦查方向。利用多个视频监控探头可以查明案件中犯罪嫌疑人的活动轨迹，直接抓获犯罪嫌疑人，在案件侦破中发挥着难以替代的作用。

　　（二）视频资料

　　我国《刑事诉讼法》中明确将视听资料确定为八种法定证据之一，它是指以图像和音响、数据和有形文字资料反映出来的，可以起到证明案件事实的一种客观证据。它包括录音带、电话录音以及录像带、光碟、电视录像、电影胶片和计算机装置等储存的数据和资料等。

　　视频资料属于视听资料中的一部分，它是通过可见的连续的图像形式证明犯罪事实的。视频资料证据与其他证据相比具有以下特点：

　　一是视频资料具有物质依赖性。视频资料是借助有形物质而存在的一种信息，了解、分析、确定资料内容都必须依靠特定仪器和设备，记录、反映犯罪事实的行为和数据不能单独存在。它必须依赖于一定的物质载体，没有这些物质作为依托，可供人们利用的视听信息资料就会转瞬即逝，无法捕捉。

　　二是视频资料具有较高稳定性。视频资料信息量大、内容丰富，稳定性强，可长期保存。存储这些数据的载体也具有体积小、重量轻、便于保存、可反复使用等优点。

　　三是视频资料具有准确性和直观性。视频资料，能够真实地"还原"在一定时间和空间内的场景变化情况，属于实物证据。一般只要录制对象正确、录制方法得当、录制设备正常，就不会受到录制人主观因素的影响，借助相应的技术设备，视频资料可以原原本本地反映案发现场情况，使人们通过最直观的感受来帮助判断是非。

　　四是视频资料能够伪造及仿造。视频资料的形成是借助于一定的科技手段而记录的，在现行的技术范围内也可以借用一定的科技设备对其进行伪造和篡改。因此，视频资料具有可伪造和仿造的特点，在审查过程中应对其真实性做出科学判断，对有疑点的视频监控资料，不能单独作为认定案件事实的依据；对于视频监控资料的真伪，也可以通过证据的关联性加以鉴别。

　　由于视频资料具有以上特点，因此要了解仪器设备的使用方法和存储操作，科学分析、正确处理、准确检验各种视频资料，达到揭露证实犯罪的目的。

　　二、视频图像的表示

　　视频是由许多幅按时间序列构成的连续图像组成的，每一幅图像称为一帧，而图像按其灰度等级不同，可分为二值图像和多灰度级黑白图像；按图像的色调划分，可分为黑白图像和彩色图像；按图像所占空间的维数划分，可分为二维图像、三维图像和多维图像；按图像内容的变化性质划分，可分为静止图像和活动图像，活动图像也称为序列图像或视频。

视频分辨率分为显示分辨率和图像分辨率两种，显示分辨率，是指视频上能够显示出的像素数目，屏幕能够显示的像素越多，说明显示设备的分辨率越高，可显示的图像质量也就越高；而图像分辨率是组成一幅图像的像素密度的度量方法。同样大小的图像，组成该图的图像像素数目越多，说明分辨率越高，信息量越大，效果越逼真。另外，决定彩色图像的每个像素可能有的颜色数，称为像素深度。像素深度太浅，图像表面粗糙、不自然；像素深度太深，则数据量很大，超出人眼分辨率能力的像素深度没有使用价值。

三、视频影像的格式

（一）图像格式

为了便于存储，计算机在获取的图像中需要设置图像格式，这些图像格式都各有特点，而且，它们之间的大部分还可以相互转化。常见的图像格式如下：

1. JPEG。JPEG格式的图像主要用于图像预览和超文本文档中。其最大的特点是文件比较小，压缩率高，应用广泛。但这种格式在压缩时会丢失一些数据。

2. TIFF。TIFF格式的图像主要可用于图像软件之间的图像数据交换，支持多种色彩模式和灰度等，支持Alpha通道。

3. PNG。PNG格式的图像可用于网络图像传输的格式，它可以保存24bit真彩色图像，并且支持透明背景和消除锯齿的功能，可以在不失真的情况下压缩图像。但它只在RGB和灰度模式下支持Alpha通道。

4. BMP。BMP图像文件是一种Windows标准的点阵式图像文件格式，它支持RGB、索引色、灰度和位图色彩模式，但不支持Alpha通道。

5. GIF。GIF格式图像最大的特点是占用空间小，在通信传输时较为经济。它广泛应用于互联网的网页文档中，但只能是8位的图像文件。

（二）视频格式

在捕获视频的过程中，需要通过特定的编码方式对数字文件进行压缩，即在尽可能地保证影像质量的同时，有效地减少文件的大小，减少占用的磁盘空间。视频格式就是用于压缩图像和记录声音数据及回放过程的标准，它可以分为本地影像视频和网络流媒体影像视频两大类。在网络上播放的视频，在稳定性和播放画面质量上没有本地视频好，但应用广泛，传播性强。

目前常见的视频格式有：MPEG、DIVX、AVI、ASF、REAL VIDEO等。

1. MPEG格式。MPEG包括1.2 、4.7等不同版本，表示不同的用途和质量。

（1）MPEG-1制定于1991年年底，广泛用于VCD的制作及下载一些视频片段上，处理的是标准图像交换格式，可以把一部120分钟长的电影（未压缩视频文件）压缩到1.2GB左右。

（2）MPEG-2完成于1997年，该标准可以说是MPEG-1的扩充，因为两者的基本编码算法相同，只是扩充了一些功能，广泛应用在DVD的制作方面、高清晰电视广播和一些高要求视频编辑、处理等方面。使用MPEG-2的压缩算法压缩一部120分钟长的电影可以压缩到4Gb～8Gb大小，且其图像质量等性能方面的指标远胜过MPEG-1。

（3）MPEG-4于1998年11月公布，是为视听数据的编码和交互播放的开发提供的算法和编码，是一个数据率很低的多媒体通信标准，旨在异构网络环境下能够高度可靠地工作，并具有很强的交互能力。这种新的算法可以把一部120分钟长的电影压缩成300M左右的视频流，可供在网上观看。

（4）MPEG-7的工作启动于1996年，称为多媒体内容描述接口，旨在制定一套描述符标准，用来描述各种类型的多媒体信息及它们之间的关系，以便更快、更有效地检索信息，媒体材料包括静态图像、图形、3D模型、声音、视像以及在多媒体演示中它们之间的组合关系。MPEG-7将对各种不同类型的多媒体信息做出标准化的描述，实现图像和声音的分类以达到快速有效的查询和搜索。MPEG-7的应用范围很广泛，既可应用于存储，也可在实时或非实时环境下应用，所以MPEG-7在教育、新闻、导游信息、娱乐、研究业务、地理信息系统、医学、购物、建筑等各方面均有较广的应用。

2. DIVX格式。DIVX视频编码技术可以说是一种对DVD造成威胁的新生视频压缩格式，使用MPEG-4压缩算法。而使用该编码技术压缩一部DVD只需要2张CD。

3. AVI格式。AVI音频视频交错格式，是将语音和影像同步组合在一起的文件格式。它对视频文件采用了一种有损压缩方式，但压缩比较高，AVl支持256色和RLE压缩。AVI信息主要应用在多媒体光盘上，用来保存电视、电影等各种影像信息，它的优点在于兼容性好，图像质量好，调用方便，但尺寸有点大。

4. ASF格式。ASF是高级流格式的意思，是一种可以直接在网上观看视频节目的文件压缩格式。它也是使用MPEG-4的压缩算法，压缩率和图像的质量都很不错。但ASF是以一个可以在网上即时观赏的视频"流"格式存在的，所以它的图像质量比VCD差一些，但比同是视频"流"格式的RAM格式要好。

5. AVI格式。AVI是由ASF压缩算法修改而来的，改善了原始ASF格式的一些不足，让AVI可以拥有更高的帧率。但没有了ASF的视频流的特性，就是非网络版本的ASF。

6. REAL VIDEO格式。REAL VIDEO格式由一开始就是定位在视频流应用方面的，也可以说是视频流技术的创始者。它可以在用拨号上网的条件下实现不间断的视频播放，图像质量高于MPEG-2、DIVX。

7. QuickTime格式。QuickTime是Apple（苹果）公司创立的一种视频格式，在很长的一段时间里，它都只在苹果公司的MAC机上存在，后来才发展到支持Windows平台。它无论是在本地播放还是以视频流格式在网上传播，都是一种优良的视频编码格式。到目前为止，它共有4个版本，其中以4.0版本的压缩率最好。

‖第二节　视频影像的采集‖

一、常见视频资料的技术特点

在公安机关办案过程中，获取视频资料的来源很多，如公共设施的安防工程、重要部门、交通管理、社区物业管理、单位安全防范、智能大厦、停车场等监控系统以及数码产品中的带有摄录功能的视频资料等。

（一）视频监控系统

1. 视频监控技术的发展。我国视频监控技术按照主流设备发展过程可分为模拟监控、数字监控及网络监控三个主要阶段。

（1）第一代视频监控系统。第一代视频监控系统是采用闭路电视系统构建的模拟系统，主要由摄像机、监视器、磁带录像机（VCR）等构成。能够实现少量的多路视频信号进入和通过模拟矩阵形式的输出，由于模拟矩阵很难做到数十路的切换，且不能与报警系统联动、不能对信号前端进行控制，操作管理比较复杂、很难实现较大系统的并入要求，已经逐渐被淘汰。

（2）第二代视频监控系统。第二代视频监控系统是数字信号控制的模拟视频监控系统。其核心的设备是硬盘录像机（DVR），模拟的视频信号由DVR实现数字化编码、压缩并进行存储，由于DVR取代了VCR，因此数字信息控制在视频存储、检索和浏览等方面实现了飞跃。视频监控系统通过软件控制，能够实现摄像机到监视器的视频矩阵切换，云台和镜头的控制，通过串口连接报警设备，并通过程序编程能自动完成视频切换、云台控制、报警联动、报警录像等各项控制功能。

随着微处理器和计算机功能、性能的提高和多媒体技术的应用，使视频监控系统的构成更加方便灵活，与其他技术系统的接口趋于规范，人机交互界面更为简单。但由于视频监控系统中信息流的形态没有变，仍为模拟的视频信号，因此系统的网络结构也主要是单向、集中方式的信息采集网络。

（3）第三代视频监控系统。数字网络视频监控系统的关键设备是网络视频信号采集终端（也称视频服务器）。网络视频信号采集终端采用嵌入式实时多任务操作系统，摄像机输送的视频信号在网络视频信号采集终端数字化后由高效压缩芯片压缩，通过内部总线送到网络接口发送到网络上，网络上用户可以直接在计算机上用浏览器观看网络视频信号采集终端传送过来的摄像机所拍摄的图像，授权用户还可以通过计算机网络，透过网络视频信采集终端，控制摄像机镜头和云台的动作或对系统进行配置操作。

第三代视频监控系统以网络为依托，以数字视频的压缩、传输、存储和播放为核心，以智能实用的图像分析为特色，受到了学术界、产业界和使用部门的高度重视。与传统的模拟监控相比，数字监控具有以下优点：

第一，便于计算机处理。由于对视频图像进行了数字化，所以可以充分利用计算机的快速处理能力，对其进行压缩、分析、存储和显示。通过视频分析，可以及时发现异常情况并进行联动报警，从而实现无人值守。

第二，适合远距离传输。数字信息抗干扰能力强，不易受传输线路信号衰减的影响，而且能够进行加密传输，因而可以达到在数千公里之外实时监控。特别是在现场环境恶劣或不便直接深入现场的情况下能达到身临其境的效果。即使现场遭到破坏，也能在远处得到现场的真实记录。

第三，便于查找。在传统的模拟监控系统中，当出现问题时需要花大量时间观看录像带才能找到现场记录；而在数字视频监控系统中，利用计算机建立的索引，在几分钟内就能找到相应的现场记录。

第四，提高了图像的质量与监控效率。利用计算机可以对不清晰的图像进行去噪、锐化等处理，通过调整图像大小，借助显示器的高分辨率，可以观看到清晰的高质量图像。此外，通过画面分割技术，可以在一台显示器上同时观看16路甚至32路视频图像。

第五，系统易于管理和维护。数字视频监控系统主要由电子设备组成，集成度高，视频传输可利用有线或无线信道。这样，整个系统为模块化结构，体积小，易于安装、使用和维护。

正是由于数字视频监控具有传统模拟监控无法比拟的优点，而且符合当前信息社会中数字化、网络化和智能化的发展趋势，所以数字视频监控正在逐步取代模拟监控，广泛应用于各行各业。

2. 视频监控系统的组成。视频监控系统主要由采集设备、传输通道、编码/存储设备、监视/回看终端组成。

（1）影像采集设备是视频影像的拍摄设备，也称作视频摄像机，可将光影转换为视频信号，按照不同分类形式可分为模拟和数字；标清和高清；枪式、半球、云台、一体化球型摄像机等。

（2）传输通道。分为模拟通道和数字通道；传输介质主要有同轴电缆、双绞线和光纤传输三种方式，其中以光纤传输的质量最好，但价格较高。

（3）编码/存储设备。主要由视频服务器完成信号的编码输出工作，早期的监控系统没有这样的设备，是摄像机与监视器一对一连接，而现在为了达到音视频编码、传输、存储、备份、报警、对讲等功能，由高度集成的视频服务器来实现网络监控。

（4）监视/回看终端。可以是台式计算机、笔记本、移动电话和电视墙，需要配视频处理及分析终端设备，完成视频采集及分析、比对工作。

网络视频监控系统可根据用户要求，实现更广泛的远程控制和人机交互（如图9-1所示）。

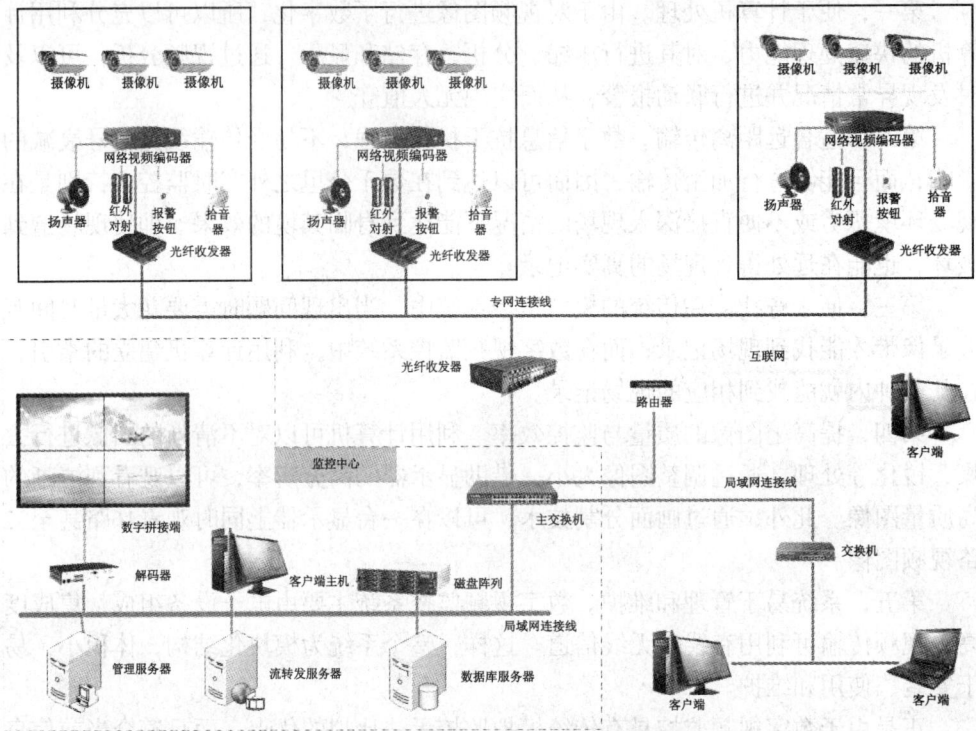

图9-1 网络视频监控系统示意图

（二）数码摄录一体机

数码摄录一体机大体分为专业型和家用型两大类，而家用数码摄录机应用十分广泛，市场占有率高，它具有影像清晰、方便快捷、可随身携带等特点，在公安机关获取和提供证据方面较为常见。

1. 家用型摄录机的代表机型为DV机。DV是英文"Digital Video"的缩写，既代表数码摄录机，也代表DV格式；一般采用MPEG-2或MPEG-4的记录方式，目前已经有50多家公司宣布支持这种格式，使之成为国际通用的视频标准之一，采集、播放方法比较简单，容易掌握。

2. 专业型数码摄像机。专业摄像机除了在图像分辨率、色彩还原、超感度等方面优于家用型外，其记录方式上采取的是更高级的非压缩格式，图像质量很高，但价格也很昂贵。

（三）手机类数码产品

手机等数码产品往往具有录像功能，这在公安机关进行视频证据利用中也很常见。为了配合网络的高传输速度，有些手机的视频采用3GP的流媒体的视频编码格式，在使用时需要进行格式转换或采用相应播放软件进行浏览。

二、常见视频文件格式

前面介绍了图像和视频的格式，而在视频系统中由于图像是动态的视频序列，为了实现动态的视频实时传输与存储，需要对视频数据的编码压缩，采用特定的算法将一种数据类型转换为另一种形态，使转换后的数据量远小于转换前的数据量，并且可以恢复（或部分恢复）即解码。将已经编码压缩好的音视频按一定的格式放到一个文件中，并按照一定的规则建立排序和索引，便于播放器或播放软件来索引播放，故产生了视频格式，我们也称为封装格式。为了适应不同的传输条件，同一编码标准的文件可采用不同的视频封装格式，特别是在网络的冲击下，各种流媒体文件格式、新视频文件格式等层出不穷。目前主流视频格式概况如下：

（一）AVI格式

AVI文件格式历史悠久，其优点是兼容性好、调用方便、图像质量好，但缺点是文件体积过于庞大。

（二）MPEG格式

MPEG是一个国际标准组织（ISO）认可的媒体封装形式，其存储方式多样，可以适应不同的应用环境，控制功能强，可以有多个音视频轨道和字幕，且可广泛用于准3G手机上，文档名为.dat。

（三）VC-1格式

VC-1是微软的视频编码标准，与MPEG-2相比压缩比更高，后缀名多为.wnv。

（四）ISMA格式

ISMA是为了在网络上的流媒体服务而制定的标准，可以显示为.mp4，由于编码标准不同，其文件格式也不同，且没有兼容性。

（五）TS/PS格式

TS/PS是网络下载的最流行的格式之一，显示为.mpg，是蓝光和全高清视频常用的格式，虽然体积较大，但视频质量优秀，还原准确。

三、监控视频编解码方式

随着计算机硬件技术的突飞猛进和软件产品的推陈出新，过去需要依赖于单独的硬件设备才能够完成的视频编码工作，目前可以充分利用基于计算机整体硬件的软件程序便可直接完成。由于使用一种标准进行压缩的视频内容无法使用另一种标准进行解压缩，使用不同标准的音视频编解码器通常彼此之间互不兼容。例如，MPEG-4、Part2解码器就不能与H.264编码器协同运行，即使是使用相同压缩标准的编码器之间，其压缩结果也可能存在差异。为了采集、播放、查看监控视频及音频使之能够作为证据或线索加以固定和利用，需要明确目标监控音视频所采用的音视频编码方式、压缩方法。

在现有的视频编解码系统中，一般采用三种方式来实现压缩算法：第一种方法是用纯硬件方式来实现图像的编码解码，即采用专用芯片来完成，此种方式实现的编解码系统实时性好，压缩率高，且图像质量也好，但缺点是一旦编解码方案固定，就无法对其进行升级与更新，并且系统成本造价高；第二种方法是用纯软件方式实现编解码算法，由于此种方式完全基于普通桌面PC机处理器，所以难以取得较高的压缩速度，致使一些较先进的运动估计算法不能实现，造成图像质量下降，浏览时间长，帧率不高。其优点是灵活，算法易更新升级，并且造价很低；第三种方式是基于通用视频软件来实现图像的编码解码，此种方式利用的高速信号处理功能，使用软件实现的算法在其上运行时大大缩短执行时间，获得较高的压缩率，同时该方法易升级，算法易更新。具体方法有：

1. MPEG-4。"MPEG-4"是适合网络传输的方法。其可以方便地动态调整帧率、比特率，以降低存储量。但由于系统设计过于复杂，难以完全实现兼容。

2. H.264。"H.264"就是一种视频编码技术，它最大的作用就是对视频的压缩，在同样画质条件下其码率是MPEG-4的1/2，是目前监控视频主要采用的技术。近年来又出现了更好的H.265，相信会很快进入市场。

3. Engine-K格式。Engine-K是由韩国KODICOM株式会社开发的专利压缩技术，近年来也被许多监控厂商采用，其产生的视频文件格式为BOX，另外还有后缀名为.BIX的索引文件。

四、视频影像的存储与调取

视频文件管理目前有两种方式，即视频流式和文件打包式。视频流式通常直接对裸盘进行区块级存储，存储及回放效率较高，且这种存储方式为私有文件格式，安全性好，可以防止非法删除或窃取，但需要利用厂商提供的软件进行提取和转换。文件打包式通常采用标准文件格式，系统每隔一段时间对数据进行打包成为文件，然后写入硬盘，由于是通用的标准文件格式，便于集中备份远程浏览和回放。

视频监控系统一般摄像头数量多，数据读写操作时间通常为$7 \times 24h$，存储字量需求巨大，因此不仅需要高容量、高稳定的带宽，同时需要存储容量大和高扩展性，以满足软、硬件升级的需要。

视频监控客户端可以定义、查询调取条件，在检索界面上选择要播放的历史视频信息，要得到服务器授权密钥，才能进行视频播放盒下载。目前，很多监控视频支持直接拷贝，具体调取方式有：

1. 监控系统直接备份，通过操作软件提供的备份将所需内容拷贝到U盘、移动硬盘和存储卡中。

2. 监控系统转化备份，在存储设备中直接查找相关内容进行拷贝并选择所需的视频输出格式，这需要系统中具有专门提供的软件支持。

3. 大型网络监控系统视频调取，大型的网络监控系统大多有自己的网络视频平台，可以通过平台或客户端直接远程下载相应时间段的视频数据。

五、视频影像的采集

视频资料的采集是一项技术性较强的工作，视频资料采集的方法应根据设备、时间、内容、大小等具体情况而定。

（一）采集前的准备

1. 了解设备情况。首先要了解要采集视频的监控点信息情况，了解系统的运行、安装以及使用情况；检查系统是否运行正常、系统记录的时间是否正确、有无误差并记录误差值；查看监控画面的可视范围、监控的方向角度；知晓存储介质、存储方式、存储时间、压缩比例、播放设备和软件等信息，为视频采集作准备。

2. 复制播放器。由于不同的监控系统由不同的制造商生产，出于对知识产权与技术的保护，大多采用了不同的视频压缩标准和封装方式，因此在采集该系统的视频资料的同时，应将该系统的播放器同时采集，以便在不同计算机上播放观看，或使播放操作更加方便、流畅，观看效果更好。

（二）采集方法

1. 单帧视频图片采集。

（1）抓图法。单帧视频图片，是指经视频监控系统（计算机或数字录像机）的软件抓图并保存的图片，保存格式一般为bmp、jpeg等常用格式。这类图片实践中经常是画面比较清晰的公路收费监控、城际交通监控、道路违章监控直接拍摄的车辆图片或经检索查看后画面质量较好的犯罪嫌疑人等。单帧图片采集一般可用U盘、存储卡等轻便的存储介质，通过监控设备的USB接口直接复制。

（2）截屏法。截屏是一种从计算机显示器上提取单帧图片的方法，选择好需要的画面暂停，然后按"PrintScreen"键—打开程序"附件"—"图画"—再按"Ctrl+V"，即可得到一张你所要的图像。截屏一般用于无法用播放器抓帧的视频，也有许多播放软件不支持截屏这一动作。

2. 视频片断的采集。由于对视频目标不明确，不能直接在现场作出明确的判断，而需将相应时间段的视频资料带回仔细分析研究。这种情况下通常需要采集较长时间段的视频资料，因此可采用拷贝法或下载法。

（1）拷贝法。可使用移动硬盘、U盘、存储卡等存储介质，通过监控设备（视频录像机）的USB接口进行拷贝。这种方法操作简单，方便快捷。目前市面上常用的数字视频录像机均有操作提示，拷贝时可根据屏幕界面的提示检索信息内容，按步骤操作进行拷贝。根据具体情况主要有两种方法：一是通过监控系统操作软件提供的备份导出功能，将所需内容拷贝到指定存储介质中；二是在监控系统存储设备中直接查找相关内容进行拷贝。

（2）下载法。目前市面上的硬盘录像机大多都支持利用Windows浏览器直接访问数据，支持下载，操作方法如下：

　　首先，将视频录像机与计算机通过反线连接，或是将视频录像机与计算机均通过正线与hub或交换机相连，并且将录像机的IP地址与计算机的IP地址设置在同一网段内，执行Ping命令，查看网络是否通畅。其次，在IE地址栏内输入视频录像机的IP地址，控件会自动下载，输入用户名和密码登录→登录到控制界面→打开录像查询单元→在其对话框中输入要查询的录像类型→然后选择开始日期、时间和结束日期、时间→选择所需要查询的通道。最后，点击"查询"按钮就会在下面的信息框里显示出查询结果，选中您所需的时间段，点击"下载"按钮。

　　3. 大批量视频资料采集。

　　（1）倒库。当需要尽可能多地保存现有的视频资料，防止被程序自动覆盖而消失，可以使用存储量较大的移动硬盘（或磁盘阵列设备）将数据进行全部备份暂存。

　　（2）拆硬盘。拆硬盘的情形与倒库类似，所不同的是拆硬盘提取视频资料会破坏或暂停监控系统的正常使用。这种情况下通常需要拥有者的同意和配合以及专业技术人员的操作。

　　（3）整机提取。出于完全的证据考虑，也可将整个系统的硬件、软件以及数据内容一并提取。提取方式可以是借用、扣押、没收等，这种提取方法需要有完备的法律手续。

　　4. 使用专业设备采集。由于很多监控录像采用专用的编解码算法，无法转换为通用视频格式，如AVI或MPEG，为监控录像的提取及事后进一步处理带来困难。因此，有些软件公司推出了专业视频转码器，如荷兰的"采影手"、美国的"时慧"以及国产的"警视通"等都具有专门设计的便携式视频格式转换功能，它们使用简单、操作方便，但价格不菲。

　　5. 拍屏。拍屏，是指运用照相机、摄像机对播放视频内容的显示器进行拍摄，这种方法一般是在因为技术或设备原因，无法取得视频资料，或在网络取证等特殊证据需要时而使用。但由于显示设备刷新频率与摄录设备快门速度难以达到一致，这种方法所得到的图像质量不高，适用范围有限，建议除非在其他方法不能提取的情况下才采用此方法。采用此方法时应提高显示设备刷新频率，同时提高摄录设备的快门速度以达到最佳效果。

　　6. 其他视频资料采集。

　　（1）模拟（信号）视频资料采集。模拟视频是较早时期的监控设备，一般以磁带记录的监控图像，目前虽仍有单位在使用，但正逐渐被淘汰。模拟视频资料采集可用信号转录法，即利用视频采集卡连接监控系统视频信号输出口直接将数据采集到电脑硬盘上。

　　（2）数码产品（DV摄像机、数字照相机、手机、MP4等）视频资料采集。摄像机、照相机拍摄的视频（图片）资料的检索、采集相对比较简单。一是按程序导入法：品牌的DV摄像机、数字相机在购买时都会有一套软件工具，自带导入程序。将DV摄像机、数字相机用数据线与计算机连接后会自动跳出导入界面，按提示操作即可。这种采集方法的好处是不光采集了视频资料的图像内容，同时也采集了拍摄这些图像内容的相关数据，如光圈、速度、像素等原始数据，提高了采集的真实性。二是直接复制法：在计算机上查找该数码产品及相应的文件夹，打开文件夹并复制需要的内容。三是运用读卡器转存法：如计算机无法识别该数码产品，可取下存储卡，用读卡器读取并复制转存。

六、视频影像播放及格式转换

（一）视频监控的播放器选择

1. 使用监控系统自带播放器播放。许多监控系统都自带有针对其视频压缩格式的播放器，一般存放于监控软件的安装目录下，文件名如 *player. exe。可将其拷贝到计算机中进行播放。需要注意的是，拷贝播放器必须连同相关动态连接库文件（*. dll）一同拷贝，否则，程序无法运行。如果无法确定动态连接库文件，就将整个安装目录都拷贝下来，播放软件也可以从设备制造商处得到。

2. 使用兼容性播放器播放。一些较知名的大型监控设备生产商一般采用较成熟的先进压缩技术，一些小厂生产的设备也会采用这些名牌大厂的压缩卡，所以厂商提供的播放软件具有较强的兼容性，如国产的"海康威视"播放器和"大华"播放器市场占有率很高。海康威视播放器主要针对h.264压缩标准，支持的文件扩展名有：mpeg、mp4、h64、264、h264、he4等；"大华"播放器主要针对MPEG-1和MPEG-4压缩标准，支持的视频文件扩展名有：mpg、mp4、dav、avi、qt、mov、mpeg、mlv、asf、wma、wmv等。

3. 使用通用播放器播放。要使监控录像能在通用播放器中播放需要在计算机中安装相应的视频解码器插件，如安装海康的WMP插件后即可在Windows Media Play中播放h.264压缩标准的文件。还可使用自带多种解码器的视频播放软件，如"暴风影音"等进行播放。

4. 特殊软件播放。对于由Engine-K标准压缩的Box文件可以使用BoxPlayer进行播放。

（二）格式转换

由于实际工作中接触到的视频系统生产厂家不同，且建设时间不同、升级条件不同，因此会存在不同格式的视频文件，有些文件不是通用的"*AVI、*ASF"等格式，无法被专业图像处理软件识别，不能进行后期的图像清晰化处理等操作；即使是通用格式，但在通用软件如"暴风影音"中不能播放或无法进行单帧控制操作，所以需要对视频格式进行转换，具体方法有以下几种：

1. 监控系统支持下的格式转换。现行的许多监控系统厂商，带有格式转换模块，可以通过厂商推荐的软件对其进行转换，效果较好，是首选的转换方法。

2. 第三方软件的格式转换。购置专业厂商生产的格式转换专用软件，此类产品一般带有长期升级服务，如图9-2所示。

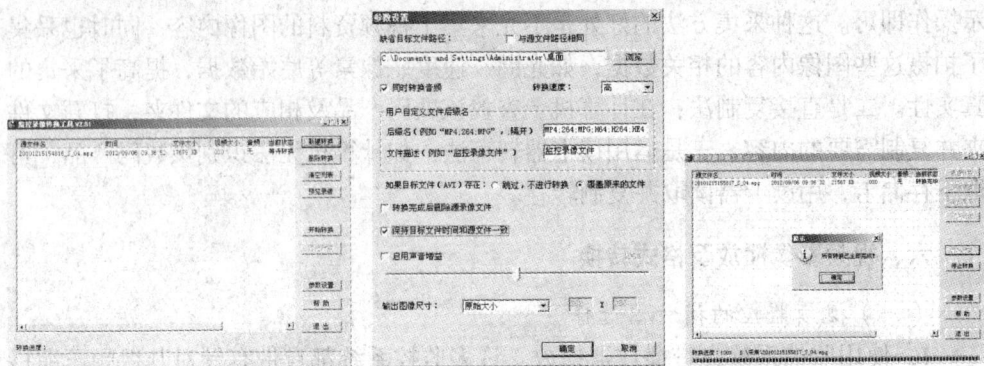

图9-2　格式转换示意图

3．视频重组转换格式。如果视频时间较短，可以在系统下截取重要场景的单帧图像，然后再按时间顺序，利用图像视频软件进行重组，最后生成"*AVI"视频。

七、视频影像资料的管理

公安机关利用视频图像开展侦查和技术检验活动中，需要获取大量的视频，有些案件还需要多个计算机和多人次反复浏览查看，工作量大、干扰因素多容易造成责任不清、操作不规范、复制存储随意等问题。所以在视频的管理和保存上应遵循"及时固定证据、单独有序存储、分类有效管理、授权责任明晰"的原则。

受理案件视频资料时要全部备份送检、送审资料，备份方法可采用硬盘或光盘刻录等形式。U盘、存储卡等存储介质属于不安全的便携工具，可以临时用于采集存储，需要及时备份，建立专门的视频资料档案，保存备份视频资料。对于存储有重要数据的存储介质，要使用"写保护"装置保护存储介质内的数据，密封包装，留有可追溯记录，以防数据被删改。

资料分类方法以方便查询为原则，可以以案件性质或年月进行索引、编制目录。

视频数据和其他计算机数据一样，是可以运用一定技术手段通过添加、删减等方法篡改内容的。对于一些复杂敏感案件中作为重要证据使用的数据资料，为了提高采集过程的真实性，防止诉讼过程提出异议，可以用摄像机将整个采集过程拍摄下来。

‖第三节　视频影像的检索与查询‖

一、视频影像的检索

随着计算机对多媒体处理能力的提高，信息检索已经由文本文档信息检索发展到包括图像、视频、音频等多种信息载体的检索。视频信息的检索是从大量的视频图像中查找出用户所感兴趣的事物，快速有效地确定需要查看寻找的目标信息。检索的方法得当、途径正确，可以提高视频查看的效率，防止工作疏漏。

（一）一般检索的方法

在视频现场勘查和调查访问、分析判断的基础上确定采集、调取的通道和时间段的视频内容进行检索，具体做法主要有以下三个方面：

1．按通道检索。在已知可疑人、车、物等视频目标活动范围、路线的情况下，可以按目标出现的路线、方向、范围分通道进行检索。多探头多通道的监控系统时，由于内部结构复杂，或犯罪活动涉及的范围点多面广，需要检索、采集多路监控资料。为了弄清视频目标的活动范围、运动方向、先后次序等问题，要结合视频现场勘查图对每个通道（或探头）的编号、位置、拍摄方向等逐一进行记录，防止相互混淆。

2．按时间检索。在单机系统或确定通道的前提下，可以按案件发生、发现的时间为依据，确定检索的时间段。若不能确定具体的时间，则要求放宽检索的时间段。检索时要注意时间误差，由于每一个视频监控系统自带的计时器快慢不一，画面显示的时间数据参差不齐，所以在视频资料采集之前，要考虑该系统显示的时间是否准确。

3．按目标检索。运用专用软件，设置相应的条件，让计算机自动检索符合条件的目标，然后对选出的目标进行人工识别筛选。视频检索也是一个对视频资料内容的初步浏览的过程，检索过程可能会直接发现可疑的视频目标，因此也要对这些可疑目标进行逐一记录，记录内容包括可疑目标的名称、形状、大小、颜色、运动方向、处于画面中的位置及出现、消失于画面的显示时间等。

（二）智能检索技术

随着视频监控网络建设的不断完善和新技术的不断产生，检索方法也更加多样，检索过程更加快捷和方便。智能检索技术通过建立视频检索平台来实现系统网络的远程检索。例如，通过"牌照号码"直接输入系统的方法进行检索，获取车辆过境、出入口收费、违章记录等视频信息。

智能网络视频检索一方面可以通过移动物体的特征提取，检索目标的颜色、大小、速度、位置和轨迹；通过对事件监测后产生的事件描述作为检索输入，查找事件轨迹；从视频摘要获得的线索输入，实现比对检索。另一方面可以将目标进行分类；准确的背景和前景切割，以提供清晰的边缘和背景；提取所有有用信息存入数据库，这样可以节省硬件很多空间和节约人力成本。

二、视频影像的查询

利用视频网络等基础设施，人们已经能够获得大量的视频数据，如何从海量数据中找出有用的信息进行快速浏览和分析十分重要。视频影像查询首先要使计算机对图像内容具有理解力，也就是将人类视觉系统对图像内容的感知属性描述为计算机能够理解的表示，并让计算机根据这一表示进行推理，所以通过对图像特征提取是计算机模拟人类视觉系统进行识别图像的重要前提。

随着MPEG-7标准的提出，基于内容的和基于语义的视频查询系统的研究与应用取得了长足的进步，在特征提取、标记方法、视频检索算法、图像语义自动获取等方面的研究逐渐深入，在社会多个领域都得到广泛应用。

常见的查询方式主要有：

一是目标查询：以从视频中分割出来的图片（如一个人、一辆车）为目标，在图片库中进行查询。目前公安机关主要将这种查询方式应用在人脸智能识别及车牌号自动识别方面。

二是属性查询：以人的身高、衣服颜色、头发颜色、发型、是否戴帽子或眼镜、车型、纹理等具体事物进行查询。

三是行为查询：以运动速度、方向、位置、进出时间或者行走路径、打架、跌倒、徘徊或扛物体等运动行为来进行查询。

四是事件查询：以穿越某一平面、进入或离开某一区域、留下或拿走某一物体等事件进行查询。

【小结】

近年来，视频影像技术在公安实际工作中应用广泛，发展迅速，因此掌握常规的视频影像技术具有重要的现实意义。本章从视频影像技术的基础内容出发，结合公安实际工作需要，对视频的采集、检索、查询等相关问题进行初步阐述，是学习视频检验和图像处理的基础，也是研究视频侦查所需要的知识支撑。随着信息技术的快速提升，相信视频影像技术会在社会更多的领域得到更多、更大的发展。

【思考题】

1. 什么是视频、视频技术？
2. 常见的视频影像格式有哪些？
3. 视频监控系统的发展分哪些阶段？今后的发展方向是什么？
4. 视频影像的采集方法有哪些？
5. 如果遇到某视频监控系统的视频在你的计算机里不能播放，你应采取什么样的解决方案？

第十章　人身辨认摄影

【教学重点与难点】

教学重点：正面和侧面人像辨认摄影的拍摄规范和相片制作标准，人像辨认摄影的用光方法；尸体辨认摄影的拍摄规范，尸体辨认摄影的用光方法； 相貌合成的技术要素和人像组合的技术方法。

教学难点：运用专用和普通软件进行人像组合的技术方法。

‖第一节　人像辨认摄影‖

一、人像辨认摄影概述

人像辨认摄影也称为犯罪嫌疑人辨认照相，是以犯罪嫌疑人为拍摄对象，以其面貌特征为拍摄内容，对犯罪嫌疑人进行司法登记的一种专门摄影。这种摄影方法能为侦查破案、技术鉴定、诉讼判决提供合格照片。早在1841年，当时的法国警察部门首次用银盐照相法给两名犯人照相，开辨认摄影之先河。1856年，一名瑞士法官下令对一个不知姓名的盗贼进行拍照，并把照片送交附近所有的警察局辨认。1859年，美国也用罪犯的照片破获一起案件。1905年，中国的清政府正式废除画像，改用照片管理囚犯。

早期的人像辨认摄影直接采用肖像摄影的方法，只拍正面像。很快人们发现这种影像不适于警察的鉴定。因为，正面的图像对于额头、鼻子、嘴等某些特征无法表现。一张合格的正面照片无法在任何地方被所有熟悉的人立即认出来，这是普通肖像直接用于辨认的缺点。因此，英国警察于1890年开始试验一种侧面像和正面像组合的摄影方法。但很快发现这种镜面图的方法并不适用鉴定和识别。人们开始采用法国人伯蒂朗的方法：分别拍摄犯罪嫌疑人的正面和侧面人像。

人像辨认摄影在我国的真正发展是新中国成立以后，我国公安机普遍应用人像辨认摄影对犯罪嫌疑人和在押罪犯的面貌进行拍照，20世纪80年代的警察培训教材中介绍人像辨认摄影分别拍摄正面像和侧面像各一张，照片尺寸为人物原大的1/10。2001年10月15日发布了《犯罪嫌疑人和罪犯司法登记照相规则》（GA/T 328—2001），基本沿用了上述方法。2005年由公安部刑事侦查局、公安部第一研究所印发《人员数字相片技术要求及采集规范》，对胸牌尺寸、背景比例尺的形式做了修改，侧面像由头部偏转的形式改为整体侧面不戴胸牌的形式。该规范在违法犯罪人员数据采集与质量控制工作中发挥了积极作用。2007年7月19日，公安部《GA/T 706—2007犯罪嫌疑人人员数字相片技术要求及采集规范》发布并于同年10月1日开始实施。

二、人像辨认摄影的器材

数码照相机，拍摄辨认人像的数码相机要求不高，普通消费级照相机和单反照相机都可以。有条件的单位可配人像采集系统，更利于照片的规范和质量控制。

三脚架，以坚固稳定为佳。

司法登记摄影专用背景（人像比例尺），作用是掩盖杂乱背景、标志犯罪嫌疑人的身高和胖瘦。背幕上应印制标尺，拍照时显示于被拍照人两侧。刻度完整清晰；无背幕时可以将标尺固定于白色墙体相应高度上，每5cm刻度显示高度数字。

司法登记摄影专用胸牌，胸牌由轻薄硬质材料制成。《犯罪嫌疑人和罪犯司法登记照相规则》GA/T 328—2001规定胸牌长30cm，宽20cm，上下边缘为厘米为单位黑白相间比例尺。《GA/T 706—2007犯罪嫌疑人人员数字相片技术要求及采集规范》规定胸牌长30cm，宽18cm，白色底面，使用黑色笔工整地将被拍照人姓名写到胸牌上，胸牌置于被拍照人胸前。头托4cm×6cm×8cm的木块，用于正面像拍照使用，其作用是控制犯罪嫌疑人的姿态，不仰不俯、防止变形。

三、人像辨认摄影的标准格式

（一）拍照内容及要求

记录人的相貌特征，通过记录带有背景比例尺的人像，直观地显示出被拍人物的身高、肩宽等体貌特征。要清晰逼真地反映犯罪嫌疑人的面貌特征（如脸型、发式、五官胡须、皱纹、瘤、痣、伤疤、胎记、麻子）。

不许有任何形式的艺术加工。

犯罪嫌疑人的数字相片采集3张，分别为正面相片、左侧面相片、右侧面相片，被采集人背后设标尺，正面照前置胸牌。常戴眼镜的应配戴眼镜但不得佩戴太阳镜、平光镜或墨镜。

1. 正面人像：拍摄时，照相机镜头对准被拍摄人的下唇并保持主光轴水平；被拍摄人的姿势要端正，枕骨挨紧头托，头部不能上仰或下俯，面部表情应取正常放松姿态；被拍摄人的两耳外露一致，双眼平视镜头，两肩平衡；胸牌固定在胸前正中第一至第三纽扣之间，胸牌底框紧贴相片下边，横平竖直。

2. 侧面人像：拍摄时，要求被拍摄人的双肩、躯干的姿势与正面拍摄时一样，不佩戴胸牌，侧身站立。

（二）头像大小及位置（如图10-1所示）

　　正面人像的头顶距相片上边50±5像素，眼睛距相片下边不小于350像素（以上两条以后者优先），人像居中，脸宽200±10像素（耳根之间），标尺距边70±5像素；

　　侧面人像的头顶距相片上边50±5像素，眼睛距相片下边不小于350像素（以上两条以后者优先），人像居中，脸宽280±15像素（鼻尖到后脑勺距离），标尺距边70±5像素。

（单位：像素）

图 10-1　人像辨认摄影标准格式

四、人像辨认摄影的技术方法

（一）拍照前的准备

1. 核实身份，注意数字相片与被拍照人的统一，避免张冠李戴。

2. 应采取必要的防护措施，确保采集安全。

3. 被拍照人免冠脱鞋，不着制式服装。

4. 照相机固定在三脚架上，镜头主光轴保持水平，与犯罪嫌疑人的下唇等高。

5. 使用中焦镜头与标尺板距离不少于2m，与被拍照人距离不少于1.5m。

6. 取景框下端取至胸牌的下沿，上端取至犯罪嫌疑人头顶至取景边框10 cm以上背景空间。

（二）配光技术

　　采集环境光源稳定，无杂光干扰，室内色温5500K左右。影室灯、恒光灯都适用于人像辨认摄影，其中恒光灯价格低廉、效果可见，更为方便。

　　固定标尺的墙体应平整干净，以白色为宜。

　　照明光线要求均匀柔和，轮廓清晰，反差适中，使面部肌肉层次分明，富有立体感，防止出现过大阴影，要求用散射光进行拍摄。不能采用轮廓光、披肩光、头顶光等艺术造型技法。

1. 室内恒光灯照明，主光灯的位置一般位于斜侧45°角；辅光灯要能发射散光的散射光源，位置在主光的另一侧，要尽量靠近照相机。通过调整辅光的距离得到合适的光比，一般以1∶2或1∶4为宜。室内灯光配置（如图10-2所示）。

2．电子闪光灯照明，直接闪光法——闪光灯在照相机的位置上。间接闪光法——与打光灯方法相同。电子闪光灯照明时，可采用灯前罩上纱布、柔光片等办法柔化光线。

3．自然光照明，应采用漫反射柔和光，如阴天、阴影下的光线。直射阳光，应加反光板或辅助光。

（三）照片制作要求

照片规格为：450像素（宽）×600像素（高）；分辨率：300dpi。

颜色模式：24位RGB真彩色。

压缩方式：采用JPEG压缩技术，文件容量10～40k。

图 10-2 配光示意图

要求人像清晰，层次丰富，无明显畸变，正面照胸牌底框紧贴相片下边。

普通数码相机拍摄的人像辨认摄影，其分辨率一般为72dpi，需通过软件调整像素。方法是：在Photoshop选择菜单栏图像—图像大小（如图10-3所示），出现对画框（如图10-4所示），取消对话框中的三个选项后在分辨率一栏中直接写入300即可。

图10-3 选择图像大小

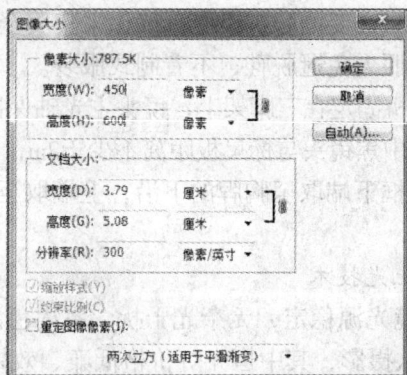

图10-4 改变人像分辨率

五、身高误差的原因校正

目前，虽然人像辨认摄影在摄影方法、规格等方面已经颁布了行业标准，在成像质量、器材上也越来越完善。但是在实际工作中，照片所反映的身高比实际略高一些，高出1～2cm，给人一种错觉，影响了照片的使用效果。

误差形成的原因：如图 10 - 5 所示。人头在三维空间中表现，而照片上的影像却是二维空间的展现。从三维到二维的转换、视点、视场角是形成身高误差的原因。

由于照相机的光轴通过人物的下唇O点，要求镜头的中心线与下唇在统一水平线上，所以从镜头到人物的头顶点A这条线与水平光轴有一个夹角，过A点的延长线与背幕的交点为B，BD线与人头相切，人物的实际身高应是背幕与头顶点A水平的A′。由于A′点所在区域光线不能反射到照相机镜头中，所以，照片记录的A点就变成了B点。那么身高误差就形成了A′B。而且这种误差是不可避免的，是由拍照的光学系统所决定的，只要光轴在人物头顶以下，都会存在一个θ角，就必定会有一个误差值A′B。因此，在照片上的人像高度比实际高度高A′B。

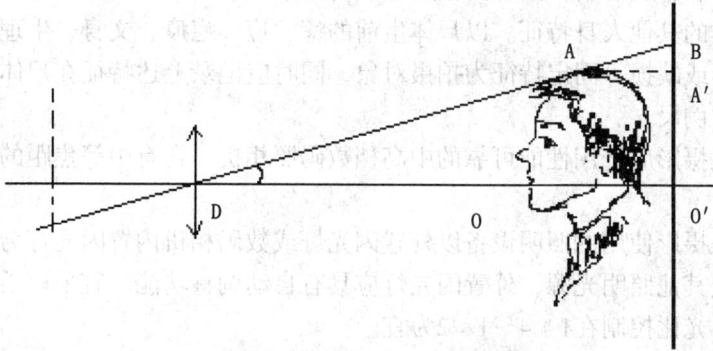

图10-5　身高误差形成的原因

为消除由于拍摄而造成的身高误差，拍摄时可将背景适当提高，这样拍出的照片才能与实际身高相符。

第二节　尸体辨认摄影

一、尸体辨认摄影的概念

尸体辨认摄影是对现场上发现的无名尸体面貌进行拍照记录，弄清死因、查找身源，为刑事侦查提供线索的一种特殊的人像拍摄技术方法。尸体辨认摄影适用范围是公共安全领域内的各类案件、事件、事故中的尸体辨认的应用。在查找无名尸体身源方面具有重要的应用价值。1999年9月21日公安部发布《尸体辨认照相、录像方法规则》GA/T 223—1999，同年10月1日实施。

命案现场的尸体由于致死原因和手段，案犯使用凶器的种类、天气冷热等环境条件不尽相同，因而造成面部损伤的程度也有很大的差别。有的尸体面部损伤很大，或受到严重毁坏，如白骨案、纵火案等现场上发现的尸体，其面貌已经失去直观的辨认条件。对于已失去直观辨认条件的尸体面貌，可采用颅骨相貌复原等技术恢复死者的面貌特征。而对那些尸体面貌损伤程度较小的尸体，运用专门的摄影方法对其面貌体貌特征进行拍照记录，并可进行计算机修复，在客观、真实、自然的前提下，最大限度地恢复死者生前的面貌特征。为查找死者身源、迅速破案提供直观的辨认照片，这就是尸体辨认摄影的最终目的。因此，尸体辨认摄影的主要拍照对象是现场上发现的面部损伤较少或没有损伤，经初步修整便具有直观辨认条件的尸体面貌。

二、尸体辨认摄影的内容和要求

记录尸体的面貌。以尸体头面部正位轮廓为拍摄对象，突出反映尸体相貌特征。层次丰富、客观真实，没有因拍照导致的变形。

记录尸体的其他人身特征。以尸体生前的痣、痘、疤痕、文身、生理缺欠、疾病残疾、畸形或缺损等固定特征为拍摄对象，同时应记录上述特征在尸体上所在部位，并加放比例尺。

尸体辨认摄影应选用性能可靠的中高档数码照相机，含有中等焦距的定焦或变焦镜头。

尸体辨认摄影使用的照明设备以外置闪光灯或数码相机内置闪光灯为主，也可利用自然光或其他照明光源，外置闪光灯应具有自动调整功能。宜采取柔和的正面光或前侧光，光比控制在1：4～1：2为宜。

三、尸体辨认摄影的拍摄方法

（一）拍摄头面像

1. 原始拍照，就是以尸体面部为中心内容的现场摄影，原始拍照具有以下几个方面的作用：为判断案件性质、分析犯罪情况、采取侦查措施提供形象资料；为技术检验鉴定提供条件及直观的辨认依据；为法律诉讼提供证据；利用原始照片还可以判断现场真伪、是否变动等。正因为原始照片不可缺少，所以尸体面貌辨认摄影的第一步便是对命案现场的尸体和面貌进行客观、真实、全面、系统的拍照，固定原始相貌的状态，又可为后面的尸体面貌辨认摄影，提供客观、真实和准确的依据。

2. 清洗、整容后拍照，以尸体面部为拍摄主体，并反映尸体的头面特征及发型、发色的正面像。在拍摄记录尸体面貌特征原始状态后，对于因自然或人为破坏造成的相貌变形，不易辨认的拍摄对象，可在不影响相貌特征的情况下，整容处理后拍摄尸体像，以提供较好的辨认条件。对尸体头面部有污物的要清洗、擦拭干净。有损伤的要进行整容修补，尽量恢复至无损伤状态。

清洗、整容的目的在于提供一张较好的尸体辨认照片。整容必须在不改变和损坏死者原由的稳定的相貌特征的前提下，对死者的面部损伤及组织缺损进行修补，以利于辨认。

清洗，主要目的是洗去死者面部黏附的灰尘、血迹等杂物。具体方法是：准备一盆肥皂水，用竹夹子夹取适量的脱脂棉，蘸取少量肥皂水，轻轻擦拭面部损伤部位，清洗掉面部的血迹、灰尘等脏物。为加快清洗部位的迅速干燥，可用脱脂棉蘸取少量酒精或乙醚等涂于洗过的部位，从而加速其干燥。清洗的时候要注意不要弄湿死者的头发，防止其发型的改变。

修补面部损伤及组织缺损，尸体面部的损伤不论其裂口大小，都要缝合。对已经游离的皮瓣组织要耐心细致地逐一拼接缝合，针码应细一些，同时线不要拉得太紧，这样才能恢复原来的面型而不至于变化过大。同时因受到连续砍、刺或动物毁坏，造成部分组织残缺不全时，应以填充物加以修整后缝合。如皮肤残缺组织仍有较大空隙时，可剪切尸体其他部位进行移补缝合，对缝合线和拼接的缝隙，可用填充剂来修整。

常用的填充剂有：

配方一：黄蜂蜡及石蜡各10g，加凡士林80g混合而成。

配方二：肥皂60g切成小块，加水150g调和而成。

如果尸体头部损伤较小，不影响面部特征和拍照，可不予以修补，一般只需要用头发将损伤部分掩盖即可。如果死者颅骨破损严重，已经造成脸部变形的，则应将头皮剖开，对碎骨进行整理——按解剖部位复原，残缺部位可用填补剂等物品填充结实，使其恢复正常状态后再进行缝合头皮。

对尸体的面色也要进行适当的处理。尸体的面色有的呈苍白色，有的呈紫红色。开始腐败的尸体面色呈蓝绿色，口唇呈灰白色。对面色的修整，主要是使死者的形象尽量自然些，不至于和生前相差太大。一般的处理方法是：对面色苍白者涂以肉色化妆品，对面色紫红者可涂白色化妆品。也可通过计算机处理调整尸体面部肤色。

装饰尸体。装饰尸体主要是恢复死者生前的衣着特征。对头发较乱者要梳理整齐自然，穿好衣服，佩戴好饰物，如项链、耳环、眼镜、帽子、围巾等物品。装饰尸体时要认真分析鉴别现场上的物品，哪些是死者的，不要随意添枝加叶，要符合死者的性别、年龄、当地的风俗习惯等。

对死者眼睛的处理。尸体的眼睛形态主要有两种：一种是眼睛睁得很大，这种情况较少；另一种是双目紧闭，此种居多。这两种状态一般都不是死者生前的正常状态。为此，紧闭的要使其睁开；睁得太大的要使其变小些。

要把眼睛睁开，可用酒精棉球涂抹死者眼睑、眼球，使其脱水，角膜干燥，增加眼睑与眼球之间的摩擦力，防止眼睑睁开后再闭合，必要时可用透明物质（细玻璃棒）将眼睑撑开。眼睛睁得太大的，可用手将上眼睑往下轻拉一下，再用指头轻压一下即可。为防止复位，须抓紧时间迅速拍照。

拍摄正面半身像时镜头的光轴应垂直于口鼻之间，尸体面部应呈平视状态，两耳外露程度一致。

3．取景范围，摄影取景时，尸体头面部竖向正中线与画幅长边平行；取景时，尸体头面部竖向正中线与画幅短边平行。

尸体头顶部距画幅边缘不应小于5mm。画幅另一边缘应至上衣第三纽扣处。

（二）计算机人像复原

对于没有整容的尸体辨认照片可利用图像处理软件的处理功能结合绘画技术复原相貌。该方法适合于被害人的面部软组织或软组织表面轻中度破坏、轮廓变形，不利于辨认的人像修复。常用的方法有Photoshop 的"仿制图章"克隆皮肤，修复皮肤表面的损伤，运用"液化"工具使由于创伤或其他原因造成的变形部位进行复位。在计算机人像复原过程中所有PS技巧都可能被应用。

（三）尸体人身特征拍摄

1．清洗特征。需要的尸体人身特征若有污物，要清洗、擦拭干净。

2．拍摄特征所处位置。以反映特征轮廓形态和在尸体上所处位置确定画面和取景范围。

3．拍摄特征全貌。拍摄时镜头的光轴应垂直于特征的中心部位。对非平面特征拍摄时，景深要大于特征的弧面深度；对大弧度的特征，可以采取多向拍摄法拍摄；对细微的特征应使用微距镜头拍摄。

4．比例尺的使用。拍摄尸体人身特征时要一律加放比例尺。比例尺应放在解剖学要求的下沿，比例尺不得遮挡特征，比例尺的长度应在20mm以上不小于特征长度的1/2为宜，比例尺不得有反光。

‖第三节　人像组合‖

一、人像组合概述

（一）人像组合概念

人像组合也称相貌合成。是根据目击者或当事人的记忆参考人像素材，综合制成犯罪嫌疑人的相貌特征的技术方法。人像组合针对的是那些只在目击者记忆中存在的犯罪嫌疑人影像，再现嫌疑人或与案件相关人的相貌特征。这是一种特殊的技术，它不是作为法庭证据的需要而存在，却可以为案件侦查提供线索。在快速通缉、通报、辨认等方面发挥着独到的作用。

人像组合是在作者没有亲眼目睹犯罪嫌疑人的情况下运用人像素材合成犯罪嫌疑人画像，作者对犯罪嫌疑人的相貌特征没有直接的感性认识，只能通过目击者的语言描述，想象犯罪嫌疑人的特征，通过目击者对人像素材的辨认、间接的认识、把握犯罪嫌疑人的特征。制作的过程是对人像素材的综合。是对模拟对象主要特征的强调与表现，不是真实再现。由于人脸特征的复杂性，语言描述的局限性以及描述者记忆的原因，人像组合不可能做到与犯罪嫌疑人的相貌完全逼真。只是反映出某些主要特征。

人像组合是对模拟画像在方法上的一种改造。与手工绘制画像的差别是：受作者的主观影响较少，受人像素材库的影响大，省略了手工绘制过程，制作速度快，绘画技术的应用主要用于形象特征的调整和组合人像后各局部的衔接。由于不需要掌握很高的绘画技术，因此容易普及推广。

（二）人像组合技术的发展

最早发明人像组合的是英国人Jacques Penry。1938年，Jacques Penry为《人像特征》一书收集脸谱插图时，偶然发现角度相同、放大尺寸相同的人像五官和发型可以互换，组成新的人物相貌。此后，Jacques Penry收集了大量人像照片，于1969年制成人像组合仪。

20世纪60年代初，日本警方发现1950年发明的一种整容外科手术使用的仪器401型图像组合仪可以用于人像组合。联邦德国警方改进了这种人像组合仪，称为"幻影照片"。

1986年，公安部组织研发的PZY-110型人像组合仪通过鉴定。

1987年，天津市刑科所和重庆刑科所根据国内资料，开展了照片拼图组合法。

1989年10月，清华大学和公安部共同研制了我国第一套基于照片图像的计算机人像组合系统。1992年9月通过了专家鉴定。

1995年，中国刑警学院赵成文教授研制成功"警星CCK—1人像模拟组合系统"。

1995年10月，河南省公安厅计算机室和刑科所联合开发的"计算机人像组合系统"通过专家鉴定。

1996年，重庆刑科所和重庆创新CAD辅助设计有限公司共同开发的"西南人计算机人像组合系统"通过专家鉴定。

2007年3月，山西省公安厅与太原市极目天网科技发展有限公司联合开发的"天网智能画像系统"通过验收。

时至今日，人像组合系统在全国各地刑侦部门已经比较普及，侦破了一大批刑事案件，在维护社会治安、打击刑事犯罪中发挥了重要的作用。

（三）人像组合器材的种类

拼图式人像组合仪（如图10－6所示）。拼图式是将人的头型、发型及五官特征，按正常的相貌比例关系及形体结构绘制成图，按编码代号分类存放，用时可按编码代号抽出，在平面上及组合箱上拼凑组合，也可以用碳素钢笔进行修改，完成后进行翻拍，制成照片，用于辨认。

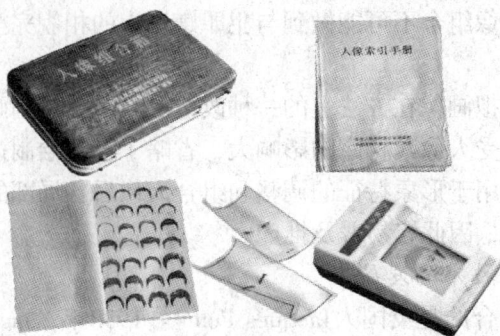

图 10 - 6　拼图式人像组合仪

美国生产的PW-100型，我国生产的PZY-110型。都属于拼图式人像组合仪。

拼图式人像组合仪的特点是：人像组件是通过绘画方式制作的，以线条为主，合成的人像立体感较差、相貌部层次较少，形象的逼真程度较低。但是如果形象的特征抓得非常准确，组合的人像也具有较高的辨认价值。拼图式人像组合仪的体积较小，容易携带，操作也比较简便快捷，所以在20世纪90年代之前应用比较广泛。横拉式人像组合仪。横拉式的结构比拼图式更简单，是将五官各类特征印制在条形胶片或白纸上，按相貌的特征结构，一条一条组合的。如果哪个特征不准确，可将此条抽出，换成另一条。组合时，按编码代号左右横拉图形到固定的位置，组合人像。一般头型不宜偏转。此种组合仪所具有的人像素材，一般是从人像照片上分类归纳总结剪裁出来的。所以用它组合人像，就等于不同部位特征的照片组合，所以层次、质感和立体感都比拼图式组合仪的人像效果好。但是要想从无数个个人照片中归纳总结，剪裁人像的特点是一项十分复杂的工作，尤其是在数码相机和计算机普及之前。因此，当时横拉式组合仪的人像素材较少，在我国只有极少数地区曾经采用此方法组合人像。

投影式组合仪，是根据编码代号将各类图形绘制或印刷在标准规格的投影胶片上，按五官特征及面部结构，在投影仪上组合，经投影放大、翻拍固定，制成照片，即可辨认或通缉。摄影式组合仪如图 10 - 7 所示。日本的PS8-309型，德国的PK-1680型都属于这种组合仪。投影式人像组合仪的特点是：人像素材比较拼图式组合仪的人像素材面积小但较全，成像质量较好，投影后形成的人物肖像比较大，可同时用于多人一起辨认和观察。但是，操作比较复杂，体积较大，不便于携带，应用范围受到了限制。

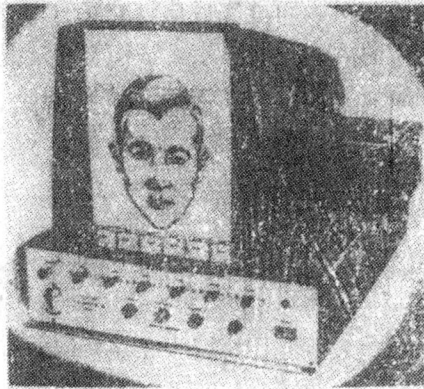

图 10 - 7　投影式组合仪

　　计算机人像组合系统。在我国，早期的计算机人像组合是把拼图式组合仪中的人像素材储存在计算机中，操作上与拼图式组合仪很接近，只不过是在计算机上进行组合，但是人像素材的查找更加迅速快捷。随着计算机的发展和普及，许多专业人士认识到计算机人像组合的发展前景，也看到只有开发出具有计算机特色的人像组合系统才能够使模拟画像这个古老的技术再现活力。目前已有多种版本的计算机人像组合软件问世。而且在许多地区的公安机关都配备了专门的技术人员，应用这种现代化的手段进行计算机人像组合。计算机人像组合具有以往任何组合工具和方法无法比拟的优点，主要体现在，人像素材调取方便，具备图像处理功能，可与专门的图像处理软件结合使用，制作过程相对简单、方便快捷；由于"笔记本电脑"和无线通信的发展和应用，又使计算机人像组合设备更具实用性、便于携带和能够快速传输的功能和特点，有利于快速通缉；避免了由于绘画技术的原因对画像再现的准确性的影响。

　　从20世纪90年代起至今，国内已经有多种版本软件问世。虽然各有特色，但是多数软件基本设计思路相似甚至相同。可以说是集Photoshop和 ACD Systems两种软件的功能于一体。吸收了Photoshop的图像处理功能。包括文件存储功能、编辑功能、插入功能、图形变换（如拉伸、变形、色彩的调整）等功能。还设置了图像处理工具，如画笔、吸管、涂抹、填充等。吸收了看图软件的图像查看浏览功能，可以查看人像素材库中的各种组件。双击某一组件即可将组件调入编辑窗口。另外，还配备了一定量的相貌组件，考虑到完整相貌在人像组合中的作用，有些软件还设置了一个空人像素材库，用来存放实际使用部门自己补充的完整相貌。

二、人像组合的技术要素

　　（一）以目击者的记忆为基础

　　计算机人像组合成功的重要条件之一是目击者对目击对象有清晰的记忆，只有在清晰准确的记忆基础之上，才有可能完成比较准确的相貌刻画。目击者的记忆分为有意识记忆和无意识记忆两种情况。在有意识记忆的情况下往往对犯罪嫌疑人的印象深刻，记忆的痕迹活跃而清晰。无意识的记忆的痕迹一般较为淡薄、模糊。形象的记忆还和人的记忆能力有关，与记忆时间的长短有关、与目击者的职业有关、与犯罪嫌疑人相貌特征的明显程度有关。

（二）以人像素材为线索

人像素材有两种形式：一种是从现实中收集并经过分类和归类整理的各种脸型、发式、五官饰品等。另一种经过分类和归类整理的是完整的人像。它们是人像组合不可缺少的辅助工具，是发现犯罪嫌疑人相貌特征的有效途径，也是提高人像组合准确性和稳定性的方法。

人像素材具有启发目击者回忆，提高语言描述准确性的作用。目击者对犯罪嫌疑人的相貌描述是对与犯罪嫌疑人接触时印象的回忆，是本身行为过程中对处境体验获得的感受，当时并没有语言描述的愿望，是经过事后酝酿从直接的感受或模棱两可的交错中寻找他所见的容貌。因此，常常发生这类情况，目击者虽然印象深刻，但对特征的描述却模棱两可，缺乏再现力。甚至某一细小特征会使其停留，钻牛角尖，使技术人员的构思无法形成清晰的思路。在这种情况下，让目击者从人像素材中发掘记忆的痕迹，透过具体的形象引起目击者的联想，用形象感染目击者，使其与头脑中的形象进行对比，通过对比回忆使本来模糊不清的形象具体化。

人像素材的应用能加强技术人员对特征的理解和把握。单纯依靠目击者的口头描述进行人像组合是不现实的，这是因为语言描述具有极大的伸缩性和概括性。计算机人像组合表现是具体的，正如语言描述的"长瓜脸"是对众多长脸的一种概括，而落实到画面上，更重要的是这个"长瓜脸"与别的"长瓜脸"有什么不同。如果不能表现出这种差别就会概念化人像，也就失去了人像组合的作用。可见，单凭语言描述，技术人员是很难把握形象特征的，有时甚至会不知所措。借助于人像素材就会产生另一种效果，目击者以人像素材为线索，寻找与犯罪嫌疑人相貌相似的人像或局部，不但会使语言描述具体化、形象化，也会使技术人员增加一些感性认识，更好地理解目击者的描述，准确地把握犯罪嫌疑人的相貌特征，同时也会减少主观臆造的成分。

（三）以目击者的描述和辨认为依据

以目击者的描述和辨认为依据。就是说人像组合的制作者要从目击者那里获得犯罪嫌疑人的相貌信息，如性别、年龄、发式、面形、五官的特征等，借助于目击者的描述实现对形象特征的刻画，制作者的思维活动始终围绕着目击者的描述进行，同时，也不是目击者说什么就画什么，而是要通过仔细分析，哪些是真实的，哪些是由于记忆的原因产生的假象，哪些是主要的，哪些是次要的，达到概括提炼、去伪存真的目的。

以目击者的描述为依据，就是要避免主观臆造，片面追求画面的完整性。虽然说组合人像反映的信息越全面，就越有利于刑事侦查。但是，一旦画面上反映了错误的信息也会影响刑事侦查工作的顺利进行，产生误导作用。

以目击者的描述为依据，就是说目击者是组合人像质量的唯一评定人。只有目击者见过犯罪嫌疑人，只有目击者才知道组合人像与犯罪嫌疑人之间的相像程度。

三、计算机人像组合方法

计算机人像组合的方法步骤与手工绘制没有根本区别，主要是工具不同。在组合之前要了解现场的环境、听取当事人的描述，然后打开组合系统的人像素材指导目击者进行辨认。

（一）从整体相貌特征入手

无论是利用计算机还是手工模拟画像，就制作过程来说，目击者对于人像素材的辨认也是不可缺少的环节。长期以来，一直有两种方法，一种是直接从完整相貌辨认入手，再到五官的修改或替换；另一种是从脸型和五官组件的辨认开始。第一种方法所使用的人像素材库无法实现商品化，只能依靠技术人员个人进行收集、积累。第二种方法是目前大多数人像组合采用的方法，相貌库容易实现商品化。

根据实战经验看许多情况下可以从完整的人物相貌着手辨认，原因是大多数情况下，目击者与犯罪嫌疑人的接触都是很短暂的，对整体的印象深刻，但是对局部的记忆往往不够准确，因此局部辨认比较困难。但是如果人像素材库中的资料较全，目击者往往能从整体轮廓、精神气质等方面综合考虑，挑选出与犯罪嫌疑人相貌相似或在某些方面相似的人像，同时这种对整体人像素材的辨认也能启发目击者对细节的回忆。如果能够挑选出与犯罪嫌疑人相貌相似的照片可以简化人像组合的工作，快速制作出犯罪嫌疑人的模拟像。当然，即使我们有了分类合理、涵盖面较大的人像素材库，也未必如愿以偿。许多情况下还需要逐一挑选，然后进行组合。

（二）挑选五官和饰品

当目击者搜索出符合需要的脸型甚至人像之后，接下来的工作就是在人像素材库中寻找与犯罪嫌疑人特征一致和相似的五官组件。在人像素材库中海选是不值得推荐的，技术人员应该尽可能启发目击者回忆某一五官组件的总体感觉，例如，询问是杏核眼还是丹凤眼，是双眼皮还是单眼皮，这样就可以缩小搜索的范围。在实际工作中可能会碰到这样的情况，即目击者从人像素材库中挑选出几个组件，觉得都像又觉得都不太像，这时应把挑选出的组件都调入组合窗口中相互比较，从中确定出最像的一个。

五官组件的组合要注意比例关系，开始时应按照人的面部基本比例组合，如正面像的三庭五眼的规律、面部的对称性。这些规律是人类的共性规律。但是作为个体的人，其面部比例会在此基础上产生一定的变化。例如，有的人额头高，有的人额头低；有的人内眼点间距宽大，有的人内眼点间距小；许多人的左右两边的脸型、眼睛、眉毛等并不完全对称，这些往往是犯罪嫌疑人个体特征的体现，是很值得注意的。

（三）调整局部特征

调整局部特征利用软件中的变形功能对组件做符合需要的变形处理。在人像组合过程中，某一组件完全达到所需要的形态是不太现实的，大多数情况下需要做相应的调整。人像组合软件中都设计了这样的功能，我们可以通过图形变换选项，做相应的调整处理。

（四）衔接各层

计算机人像组合中的各个局部是以不同的图层重叠在一个画布上，编辑、处理的过程是在不同的图层上进行的。这与Photoshop相同，特征的调整达到满意后要合并图层。但是，由于资料库中的图像采集时存在人物的肤色不同、拍照的光线不同、曝光量的不同等原因，因此形成了组合的各组件之间在色调、明度、反差等方面存在不协调，需要运用色彩知识、光影知识等造型知识，使用软件中的各种工具和功能衔接、协调各局部，使之形成一个统一的整体。

（五）选择人像的画像形式

选择人像的画像形式就是通过图像处理系统将人像处理成素描、版画或其他绘画效果。依靠人像素材组合出来的人像不可能达到特征、形神的完美再现，因此照片式的效果是不合适的，很容易产生误导。采用素描效果或是版画效果往往能给辨认者留下较多的想象空间，更有利于人像组合的应用。

最后存盘打印输出，人像的组合工作完成。

四、利用普通软件人像组合

前面说过计算机人像组合系统是集ACD Systems图像浏览器和Photoshop的主要功能于一体，当我们的基层实战部门还没有选到合适的软件时，不妨用通用软件进行相貌组合工作。虽然操作上略显麻烦，但是组合效果毫不逊色，有兴趣的同行不妨一试。具体的使用方法如下：

首先要自己收集、分类归类，建立一个人像素材库。可按全貌、非全貌分类编号存入各自文件夹。

自建人像素材库的关键是人像的收集和人像及组件的分类和归类。

收集人像的渠道是多方面的，如犯罪管理档案中的犯罪嫌疑人和司法登记摄影的照片、社会中的普通人，对于现成的照片可直接翻拍或用扫描仪扫描，拍照人像最好用数码相机，注意所有人像的拍照要求，如焦距、物距、图像的大小、分辨率、用光（光位、光比）等要基本相同。

人像素材库的排序可按人的脸谱结构组合，由上而下的顺序排列，也可根据自己的习惯排序。

人像及组件的分类和归类是最复杂的工作之一，直接影响组合工作中的实际使用效果。因此，要仔细研究、比较，使其分类准确、归类合理。利用通用软件进行人像组合时，首先运行ACD Systems图像浏览器和Photoshop，利用图像浏览器看图辨认（缩微图迅速浏览或自动手动浏览），依照整体相貌或脸型、眼睛、眉毛、鼻、口、耳、饰品的顺序，依次进行查找，确定后记住编号，调入Photoshop，并将各组件拖拽或粘贴到同一画布上，组合成人像。

利用Photoshop的强大功能在图层上进行编辑、处理，直到各局部的特征调整到满意为止，之后合并图层，进行各图层之间影调和色彩的调整，使之自然、生动、和谐。

最后，存储或打印。

【小结】

人身辨认摄影是刑事影像技术的组成部分之一，是研究人身辨认制作技术、采集方法和采集规范的内容。本章主要介绍了如下内容：

人像辨认摄影是以犯罪嫌疑人为拍摄对象，以其面貌特征为拍摄内容，对犯罪嫌疑人进行司法登记的一种专门摄影。拍摄时应在专门的背景下拍摄正面像佩戴胸牌，照片的格式按照公安部《GA/T 706—2007犯罪嫌疑人人员数字相片技术要求及采集规范》执行。

尸体辨认摄影是对现场上发现的无名尸体面貌进行拍照记录，弄清死因、查找身源，为刑事侦查提供线索的一种特殊的人像拍摄技术方法。主要记录尸体面貌和其他的人身特征。尸体辨认照片可进行计算机图像复原处理。

人像组合也称作相貌合成，是根据目击者或当事人的记忆参考人像素材，综合制成犯罪嫌疑人的相貌特征的技术方法。它是以目击者的记忆为基础，以人像素材辨认为线索的一种人像合成技术。

【思考题】

1. 人像辨认摄影有哪些规范要求？
2. 人像组合的技术要素包括哪些内容？
3. 人像组合为什么要以人像素材为线索？
4. 为什么说人像组合只能反映犯罪嫌疑人的基本特征？
5. 如何用普通软件组合人像？

第十一章　人像检验

【教学重点与难点】

教学重点：人像照片真实性检验的原理、人像照片真实性检验的技术方法，人脸的比例和特征，人像特征识别的方法；人像检验的原理和常用的检验方法；现场参照物测量技术和现场重现测量技术。

教学难点：透视规律的理解，画面透视关系的检验方法以及如何利用透视原理测量视频人像的身高。

‖第一节　人像照片的真实性检验‖

伪造人像照片的现象由来已久，自从摄影的胶片时代就出现了许多通过暗房技术改变画面原有内容的照片，随着计算机技术的普及和图像处理应用软件的出现，图像造假变得相当容易，一些人出于各种目的制作出一些虚假的影像，这种现象的泛滥甚至干扰了正常的社会生活。因此，照片真实性检验也成了司法部门检验工作中必不可少的内容。所谓照片真实性，是指证明案件性质、事件事实的照片，必须由在案件、事件现场拍摄的底片或数字影像制作而成的，照片上人物、事物、背景是一次成像形成，而不是后期制作加入的。

照片真实性的鉴别方法应该根据照片伪造的方法而定。目前，伪造照片的方法主要有：暗房制作法、光学伪造法、计算机伪造法。这些方法中尤其以计算机伪造方法最逼真。但是，伪造照片在其伪造过程中使用的素材、工具、材料等是客观存在的，同时拍摄过程中的构图、用光、调焦以及各种景物的透视关系和照片后期制作中的色彩矫正、反差控制等，无不反映出照片是否一体性的特征，而且伪造照片还受操作者水平、经验和细心程度的影响。这些都为检验鉴定提供了可行性。由于科技发展变化迅速，计算机制作软件的大量推出和更新换代，伪造的手段和方法也日趋高明，给我们的鉴定识别也造成了很大困难，要定量地制出鉴定计算机伪造照片的标准和数据，目前也是非常困难的，只能基于成像规律、光影规律、解剖规律等检验照片是否有伪造痕迹，鉴定真伪。

照片的真实性检验，首先应把握照片的主体，要从拍摄动机、拍摄时间、照片的应用等方面研究其真伪，初步判别可能的伪造方法。然后根据伪造方法，运用痕迹检验技术,检验照片的伪造痕迹;运用照相技术,检验照片在构图、用光以及透视关系方面是否协调;运用人体运动规律及解剖原理,检验人像姿态、比例等是否合理;利用后期制作工艺检验其清晰度、色彩校正、反差控制是否一致。对于计算机伪造照片,应根据照片内容间的逻辑关系进行检验。例如,对照片内各个物体的照明方向、透视比例变化、连续影调的内容相关性等方面进行检验。对于模糊照片,可以先进行处理,然后再进行检验。综合各方面的条件,公正客观地出其鉴定意见。

一、常用篡改手段分类

数码照相机、扫描仪和计算机图像处理软件的出现,使得数字图像的编辑、修改变得容易。虽然图像篡改方法多样,但归纳起来,常见的篡改手段主要有以下几类:

（一）合成

将不同照片的局部进行组合或将同一照片的某一局部进行复制粘贴构成一幅新的图像的方法。包括:

添加性合成。就是在照片画面上添加某些内容。例如,在一个背景画面上添加某人,在场景中添加某物,证明某人在某时到过某地的照片。

替换合成。就是为了达到某种目的对画面中的某一人物或事物换作其他人物或事物的做法。例如,把照片A中的人头换到照片B中的人头上,这种"换头术"是伪造照片最常见的方法。

（二）移除

就是在照片画面上裁切掉或删掉某些内容。例如,删掉画面中的某人,掩饰某人未在某种场所出现的假象。

（三）变形

利用变形工具或手法对画面进行变形操作,改变原图像中人物的高度、宽度或透视关系,包括几何变形、透视变形和扭曲等。

（四）修饰、人工描绘

修饰,是指利用软件或软件中的画笔对图像中的某些部位进行局部篡改,破坏原图像的客观性。人工描绘则是通过手工绘制的方法在原图像中增加内容,改变原图像客观性。

（五）计算机生成

通过计算机程序或工具,人为地模拟制造一些物体或环境。常见的有标准照片单色或渐变背景的填充,天空或草地的人工实现等。

二、人像照片真实性的检验原理

（一）摄影成像的景深

当相机的镜头对着某一物体聚焦清晰时,在镜头中心所对的位置垂直镜头轴线的同一平面的点都可以在胶片或者接收器上呈现相当清晰的图像，在这个平面沿着镜头轴线的前面和后面一定范围的点也可以结成眼睛可以接受的较清晰的像点，把这个平面的前面和后面的所有景物的距离叫作相机的景深。通俗来讲，景深就是被摄主体背景或前景的清晰程度。景深现象的产生是由于人眼存在最小分辨角的缘故，它是一个相对的概念。从景深产生的原理可知，照片上景深范围内的物体的清晰程度是不一致的，呈渐变趋势，越靠近对焦平面，影像的清晰度越高；此外，前景深小于后景深。这一成像特性对添加性伪造照片的鉴别提供了理论根据。

（二）摄影成像的透视原理

摄影、摄像画面在多数焦距情况下反映的是单眼透视效果，也就是说，除去广角镜头外，照相机、摄像机拍到的画面与一只眼睛看到的透视效果基本相同。因此，物体在照片上成像后虽然从三维空间转变到二维平面上，但照片中物体位置的关系还是符合空间中的透视规律的。物体在照片中成像的透视的规律如下：

1. 凡是对画面平行的直线、平面，在画面上就没有变化，仍保持它原来的方向。

2. 不平行画面的平行直线要消失到一点。

3. 不平行画面且相互平行的水平线消失点在视平线上。

4. 近大远小。是因为看近的物体所用视角大，看远的物体视角小。视角大的透视图就大，视角小透视图就小。

5. 平面要消失到一条直线上，这条直线就是消线。消线就是平面的方向，消线不同就是平面的方向不同。

透视原理为判断照片中人物身高和检验拼接伪造照片提供了依据。

（三）光线规律

摄影拍摄的任何事物都处于特定的环境之中，摄影环境分为室内和室外两类，室外环境有直射光与散射光之分，直射光既有强弱之分又有照射角度的区别；室内分为专业摄影棚和普通环境，普通环境虽然多样，都有特定的环境内照明的光线。

在照片检验中，环境光线和影调的一致性可以判断照片的真实性。

镜头成像时，像面照度的不均匀性决定了图像中同一色块的亮度是变化的，也就是说，不管物体表面多么均匀，照片上都没有完全相同的成块空间。利用该原则可以检验通过克隆法进行伪造的照片。

（四）人体规律

人体规律包括人体的比例关系和姿态运动规律两个方面，在比例方面，主要是应用头部与躯干的比例较多，如成年男性的肩宽约等于头长的1.6倍。人体的姿态运动会带来相应部位肌肉的拉伸与收缩，头颈部的姿态运动最为突出的是胸锁乳突肌的变化，这些都是判断照片真实性的依据。

三、数字图像的原始性检验方法

数字图像的原始性，是指图像与其形成时的原始信息的一致性，就是图像没有经过任何形式的处理。图像的原始信息包括：图像的EXIF（Exchangeable Image File）信息；图像亮度、对比度、色彩平衡、饱和度和清晰度等；图像文件信息，如图像的尺寸及分辨率、压缩比等。不同的图像，其原始信息不一致，原始信息的变化意味着图像原始性的改变。

（一）利用本底噪声确认数码图像与相机的拍摄关系

对数码图像，如果有拍摄该图像的相机，可以利用本底噪声进行图像与数码相机拍摄关系的认定，一方面验证两者的关系；另一方面，也验证了数码图像的原始性，因为经过图像处理后的图像的本底噪声会发生相应变化。具体办法是：利用专门的数码相机本底噪声检测软件，检验该相机的本底噪声，得到数码相机的本底噪声分布情况，然后与图像中噪声点相比较，判断两者的一致性。

（二）利用数字水印技术检验数字图像的原始性

数字水印是实现版权保护的有效办法，它通过在原始数据中嵌入秘密信息——水印来证实该数据的所有权。被嵌入的水印可以是一段文字、标识、序列号等。水印通常是不可见或不可察，它与载体数据紧密结合并隐藏其中，成为原数据不可分离的一部分。

现在多数数码相机采用的图像格式中，在生成数字影像的同时，都有相关的EXIF水印信息，当图像被编辑或修改时，这些信息就会发生变化，因此可以简单地通过查看EXIF信息判别图像的原始性。

此外，一些相机还可以人为地设置一些水印信息，在生成图像时加合到图像中，一方面用于版权保护，同时也可和EXIF信息一起，验证图像的原始性。

（三）利用直方图检验

灰度直方图是反映一幅图像中各灰度级与各灰度级像素出现的频率之间的关系。正常情况下，拍摄的直方图是一条连续而平滑的曲线。当对图像进行调整时，这条曲线就会发生一定的变化，出现非正常的形状，因此可以通过直方图的形状来检验图像的原始性。

修改图像并没有对图像的画面内容做任何改动，只是针对图像的明暗和对比度做了改动，从证据的角度说图像的真实性没有得到改变，而其原始性却发生了改变。

（四）利用图像压缩比检验

由于JPG格式是一个开放的图像格式，数码相机生产厂、图像处理软件公司，它们对JPG格式的编码方式都不相同，数码相机厂商为了追求压缩比，往往采用较大倍率的有损压缩。而图像软件为了保证图像质量，压缩比较小，这样经过图像软件编辑前后的图像的文件大小就不一致。通过与其他图像文件大小比较，可以初步鉴别图像的原始性。

（五）检测CFA插值的修改

对于单层CCD的数码相机，为了再现彩色，彩色需要使用彩色滤色片阵列（Color Filter Array）插值来实现，不同的相机，滤色片的排列顺序、参数不同，具有特殊性。因此可以通过检验影像的像素的彩色分布，来检测图像各像素彩色贡献分布的一致性，进而判断图像的原始性。

四、照片的真实性检验

数字图像和纸质照片真实性检验的技术方法基本相同，数字图像只要没改变图像的原始状况，而仅对一些信息如时间、曝光等参数的改变将不会改变图像的真实性，真实性的检验主要是针对图像内容。对于纸质照片的检验，首先应扫描数字图像，以便放大观察，对于一些质量较差的照片图像必要时也可以进行影像调整。

采用何种技术方法检验照片的真实性，主要是根据照片的具体情况，常常是多种方法并用。

（一）图像内容间景深关系的检验

利用景深关系检验照片的真实性。该方法主要是根据摄影成像的景深原理判断在同一张照片是否只有唯一的焦平面和是否符合景深变化规律来检验照片的真实性。根据焦平面的性质，一张照片只存在一个图像中心，即只有一个清晰的平面。往往在添加性伪造照片中，添加的部分所在的照片景深和原始照片中的景深不一致，或者添加部分与所在图像焦平面的位置关系和添加到的部位与焦平面的位置关系不一致。这一特性，为检验图像真伪提供依据。

（二）光照效果一致性的检验

利用摄影用光时产生的光照效果的一致性检验图像的真实性。任何摄影环境都存在特有的光线特点，伪造照片的素材多来自不同环境和条件下拍摄的照片。基于这样一个原理，在检验的过程中对图像中各个景物在摄影用光的光质、光位进行分析，进而分析形成阴影的方向、大小、强度、反差等，找出可疑点或差异点，进行数值量化检验，判断成因。

在光照一致性方面有一种特殊情况，就是利用眼睛高光点判断是否为合成以及利用高光点的形状、大小、位置判断人像照片的真实性。

（三）图像边缘特征检验

计算机伪造图像的常用方法是复制—粘贴，编辑的过程会在形成新加入图像与原图像的结合点，这些结合点连接后形成的边线即为图像的边缘特征。为了消除或减弱边缘处的特征，往往采用使羽化或涂抹的手段。羽化是通过创立选区与其周边像素的过渡边界，使边缘模糊。这种手段会使过渡显得更加自然，但是模糊会造成选区边缘上的一些细节丢失并生成一些规律的颜色统一的像素点，这是无法改变的。使用涂抹工具边缘模糊增加过渡，但涂抹的部位往往会失去原有的细节和质感。所以，利用局部的放大和描点可以很容易看出羽化或涂抹的痕迹，并据此判断照片的真实性。

（四）画面透视关系的检验

透视关系是三维立体空间的景物在二维平面中的形状和位置关系。当拍摄的视点和视向确定后，图像中的透视关系是固定不变的。而且现实中客观存在的比例关系也会真实地反映在图像中。因此，当图像中出现画面局部影像违反透视关系时，可能是变造或伪造。

通过人物与环境中的透视比例检验图像真伪。这种检验方法针对的是伪造方式中通过直接粘贴全身像或者换头来造假的图像，也就是说，这种伪造的图像就是把一个人整个添加到一张景物图像中去。造假者不会或者无法实现先测量图像中景物的高度再确定人像的高度，而只是凭直觉进行调整。这样一来，原图像中景物与人的比例和现实中景物和人的比例关系就有可能存在差异。具体方法是：在画面上做辅助线，查看"消失线"、"消失点"是否符合透视规律。

（五）人体规律的符合程度检验

在一些利用"换头术"改变画面内容的照片中，由于造假者的知识和技能的限制，加上素材的客观条件，常常出现一些违背人体生长和运动规律的情况，如人头的大小问题、动作姿态生硬的问题，肌肉形态与姿态不一致的问题。头部大小的检验，是分别测量头长与肩宽，查看比值是否处于正常值范围内。全身像也可测量头长与全身的比例，与本人的实际比例做比较。是在检验怀疑可能为"换头术"的照片时，注意分析下颌一带轮廓的特征是否与该头部的姿态一致，观察胸锁乳突肌的形态是否与头部的偏转姿态相一致。

（六）分辨率变化检验

由于图像的分辨率不同，当放大时，出现的马赛克效应也不同。分辨率小的图像，只要放大几倍就能看到一个个正方形的图像，即马赛克效应；分辨率高的图像，放大数十倍才能看到一个个具体的像素。通过放大照片察看照片中的各个成像体的分辨率，可以检验添加性伪造照片。

对于拼接性伪造照片，由于各图像在拍摄时分辨率不同，因此通过放大照片即可看到人物与背景分辨率不同，从而鉴别出伪造照片。

（七）物质成像的唯一性原理检验

由于拍摄受时间、地点、光线条件的影响，以及照相机本身参数的改变还有人物、景物、背景等多方面因素相互作用才能形成一张完整的照片，所以要想得到两张完全相同的照片或者局部完全相同的照片都是不可能的。基于这种观点，我们可以这样认为，凡是存在整体相同局部不同或者整体不同局部相同现象的照片都可以认定是经过修改过的照片。

利用Photoshop差值计算方法检验。镜头成像时，像面照度的不均匀性决定了图像中同一色块的亮度是变化的，即不管物体表面多么均匀，照片上都没有完全相同的成块空间。因此，自然图像的像素值应该是随机排列的。

数字图像被复制时，是按照数据形式复制的，信息不存在丢失现象。也就是说，数字图像具有原样复制性，如果在一幅图像中发现像素排列完全相同的两个部分，那么这两部分之间很可能存在克隆的关系。

在软件的使用过程中，在计算出的差值为0的情况下，可以作为认定克隆存在的依据；在差值不为0的情况下，需要结合相似度等其他方法予以进一步辨别。

（八）模拟摄影法检验和实物对照法检验

当被检图像在景深、用光和透视等方面，出现不能确认的可疑点时，常常采用实际模拟拍摄法来检验、验证说明图像中出现的真实与否。

此外，对已知送检照片的实际拍摄人物、物体和场景检验时，可以通过模拟摄影法，按照被检图像的位置关系实际模拟拍摄，通过比对直接检验照片中的人、物、景符合程度和差异位置，以确定相关部位的客观真实性。

‖第二节　人脸识别‖

人脸同一识别是判断不同图像中人像或人像与人物的相貌特征是否一致的技术。在案件侦查中经常会遇到不同时期人像的同一认定，视频人像与犯罪嫌疑人的同一认定，机场安检、海关边检的持证人与证件人像识别的所谓"人证对照人"，都是通过形态特征的比较、特殊特征的分析、数据的测量或拼接比对，对两张或两张以上不同时空拍摄的人物脸部图像或人与像进行检验，确定其属性，为侦查起诉提供线索和法律证据。人脸同一识别技术在公安工作中有较多的应用，但是由于发展的历史短，受人的相貌特征的变化性和复杂性的影响，其技术还处于不断发展和完善中。

人脸的特征由脸型和五官构成不同形态的脸型与不同形态的五官的不同形式组合构成了千差万别的相貌特征，尽管每个人相貌的五官形态和配置关系大体上是相似的，同一种族、同一民族或同一地区的人在某些相貌特征上有共同之处，特别是有血缘关系的相貌特征可能非常相似。但每个人的骨骼、肌肉、皮肤等生理结构及营养、健康状况、生活条件等情况各不相同，因此五官的具体特征是各不相同的，理论上讲世界上没完全相同的面孔，这也是人像检验的主要依据。

人脸的相貌特征能保持相对的稳定。人在发育成熟后相貌在较长的时间内主要特征不变，包括五官形态、比例关系以及部分特殊特征。因此人像检验不仅可以对同时期的照片进行鉴别，也可以对不同时期的照片进行鉴别，由于人的相貌在相当长的时期内保持稳定，这才为人像检验提供了有利的科学依据。

人像照片是光学成像，记录的形象客观、真实，当然，这里说的真实是指人像本身没有经过认为的修改，不同于画像的所包含的主观因素。

一、人脸的比例和特征

（一）人脸的比例

正面观时头部为卵形，这是头部的基本特征，也可以用长方形概括。

如果把头的纵向分为十等份，横向分为五等份，会发现纵向从下向上的第二份是嘴的位置，第三份是鼻子的位置，第五份是眼睛的位置，第六份是眉的位置，第七份的长度正好等于脸的宽度，第九份是发际的位置。纵向还可以确定耳朵的位置，横向可以确定内外眼点的位置（如图11-1所示）。

我国古代的画论中有"三停五眼"之说，也是对头部五官位置、比例的一般规律性总结（如图11-2所示）。三停：是说发际至颌下三等分，发际至眉毛、眉毛至鼻底、鼻底至颌下各占1/3。五眼：是指正面人像时，脸的宽度等于眼睛长度的五倍。

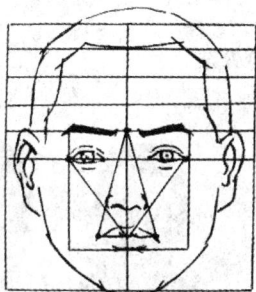

图 11-1　人脸的比例　　　　　　　图 11-2　三停五眼

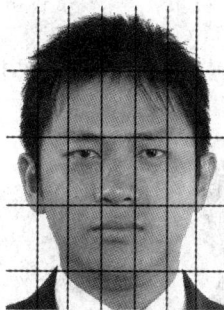

上述人脸比例是根据平均数总结的基本比例，事实上，每个人的比例都存在或多或少的差异，这种差异也是人脸的特征之一。

（二）人脸的特征

人脸的特征主要包括脸型、五官以及特殊特征等

1. 脸型的特征是指正面观时脸部的形态。中国传统的八字取像法，以"申""甲""由""田""用""国""目""风"为参照对比，俗称八格，概括脸型的特征。现代对于头型分类是根据头脸部体现的几何形态，从颞点间距、颧点间距、下颌点间距以及全面高度为区分标准。将脸型分为圆形、方形、长方形、椭圆形、卵形、倒卵形、梯形、倒梯形、菱形、五角形。二者所形容的脸型有其相似性，又有差异（如图11-3、图11-4所示）。

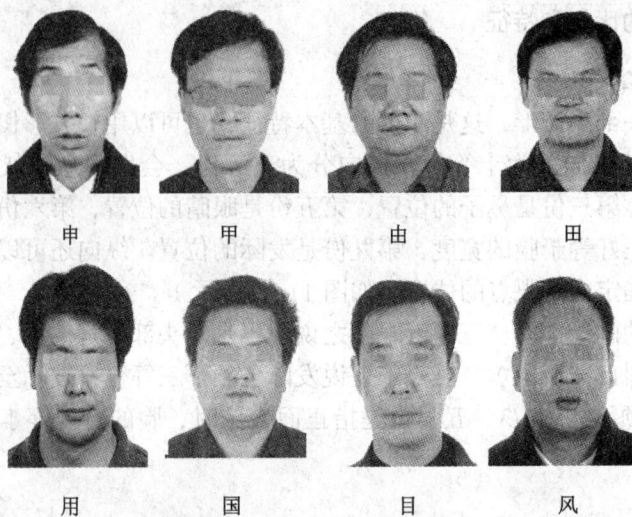

图 11 - 3　八字取像法

图 11 - 4　几何分类法

2. 发际与前额。发际线，是指整个头发的边缘线。人像检验应用的主要是前发际线，即前额上方与发根之间的界线。发际的形态可以划分为三大类：一是平直，二是圆弧，三是曲折，也可以进一步详细划分（如图 11 - 5 所示）。

发际形态是比较客观的特征，该特征是可以辅助认定或直接排除的人脸特征，尤其是人证对照的检验中价值较大。

图 11 - 5　发际形态

3．前额，是指发际线至眉心线之间的区域。前额的正面特征表现为纵向的高、中、低变化，横向的宽、中、窄变化，侧面观的倾斜度变化。整体观的大、中、小变化。前额的轮廓主要受发际线和眉毛的影响，发际线的形态和眉毛的形态是影响前额特征的主要因素（如图 11 - 6 所示）。

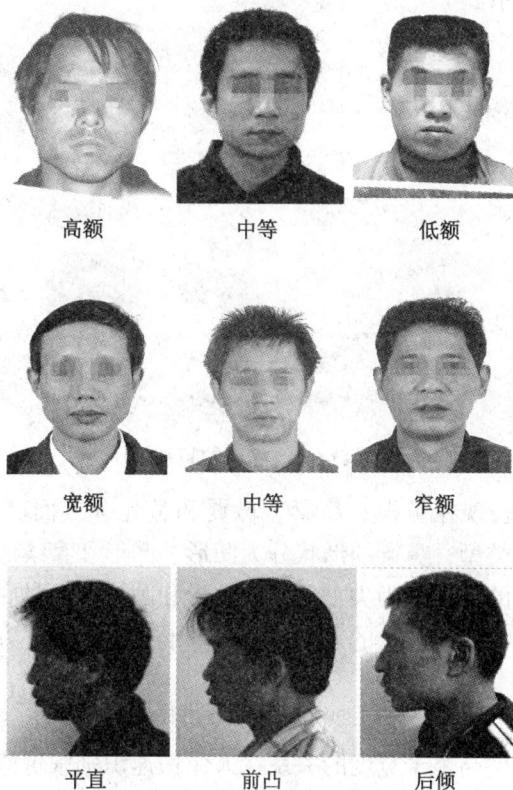

高额　　　　　　中等　　　　　　低额

宽额　　　　　　中等　　　　　　窄额

平直　　　　　　前凸　　　　　　后倾

图 11 - 6　前额的特征

4．眼睛是人物特征的重要部位包括眼睑 、形状、大小及眼球的位置等其中的蒙古褶有较高的检验价值。

所谓蒙古褶，是指在眼的内角处，由上眼睑微微下伸，遮掩泪阜而呈现的一小小皮褶。中国的部分人有这种褶，而外国人无此褶。蒙古褶明显者皱襞完全覆盖泪阜；中等者皱襞覆盖泪阜的一半；微显者皱襞稍微覆盖泪阜（如图11－7所示）。

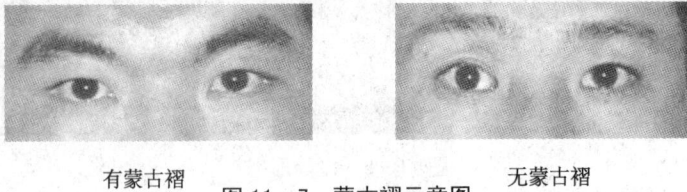

有蒙古褶　　　　　图11－7　蒙古褶示意图　　　　　无蒙古褶

5. 眉毛的特征主要体现在形状、长短、宽度、倾斜角度、眉间隔距等（如图11－8所示）。从形状上分为直线形、弓形、弯折形等。眉毛与眼睛的组合关系又构成了新的特征关系。

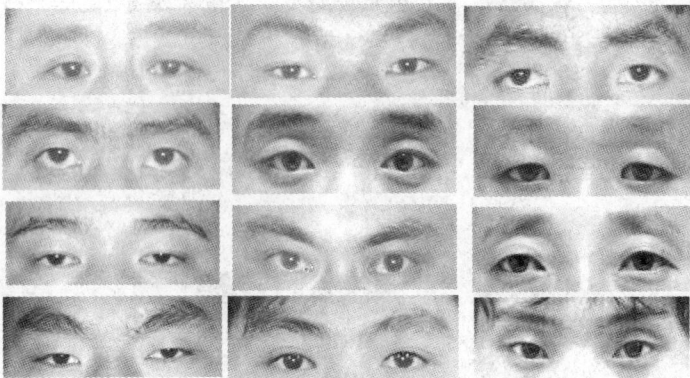

图11－8　眉毛的特征

6. 鼻子的特征表现在鼻根、鼻梁、鼻翼和鼻孔等方面。鼻根的高度可分为高、中、低三种基本类型；鼻梁的形状分为凹形、凸形和直线形；鼻翼分为窄形中间形和宽大形；鼻尖的形状分为尖小形、中间形和圆钝形，鼻底可分为上翘形、水平形和下垂形；鼻孔不仅有大小的差别，也有圆形、椭圆形、方形、三角形、卵圆形等。

7. 嘴唇的特征微妙表现在口裂的宽度、唇的厚薄、上下唇的前后关系、口角的斜度等。口裂的宽度与鼻子宽度的关系在人像快速识别中价值较大。

8. 耳朵的特征表现在耳朵的形状方面有三角形、椭圆形、长方形和圆形之分；表现在耳垂方面有圆形、方形、三角形；表现在耳屏轮廓上有尖形、圆形和分叉形；表现在外展程度上有紧贴型、外展型，其中外展型又分为全外展、上部外展和下部外展三种。耳朵的特征也有大、中、小的变化。正面观察时耳朵的大小、形状、外展度等方便"人证对照"的应用，其特征客观、易比较（如图11－9所示）。

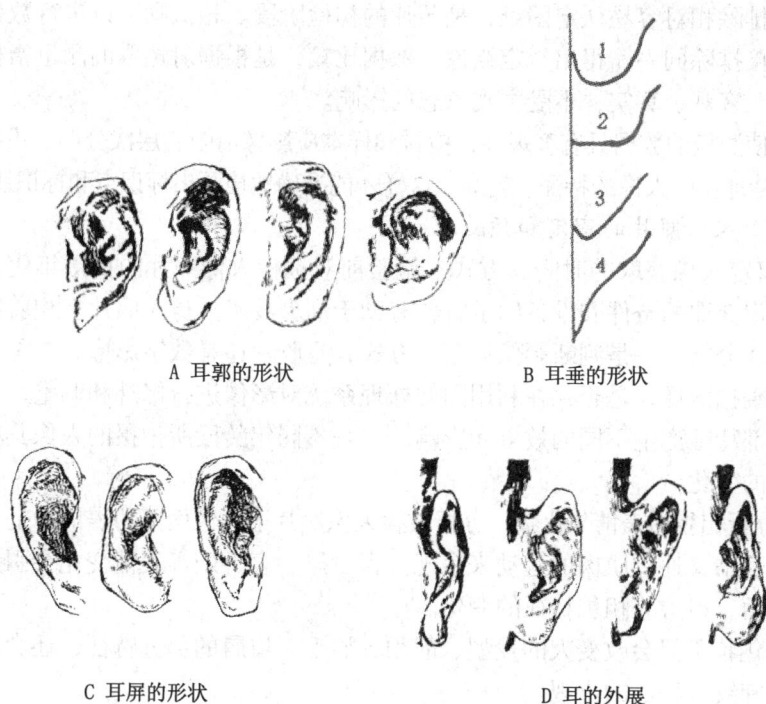

A 耳郭的形状　　　　　　　　　B 耳垂的形状

C 耳屏的形状　　　　　　　　　D 耳的外展

图 11 - 9　耳朵的特征

9. 其他特征包括胡须和特殊特征胡须，胡须特征有浓密稀疏之分，也有形状生长部位不同。胡须的多少和形状同民族有关，与家族遗传也有关。

10. 脸部的特殊特征，是指除五官和脸型之外的特有标志。主要是指因病理、生理及其他外在因素造成的斑痕、痣、疣、疤痕以及病残五官缺陷等。

脸部白斑是一种后天获得的色素缺乏症，白斑在皮肤上出现的形状不定、大小不一，周围有一圈色素加深的皮肤线。

痣是皮肤上的局部性赘生物。颜色不同、大小不一，多数高出皮肤表面，并表面光滑。

疣是由乳头瘤病毒所引起的一种赘生物，多数生长在脸部。

除以上的特殊特征之外，麻脸、疤痕也属于特殊特征。

脸部的特殊特征，由于其本身的形状、大小和存在部位的特殊性，因此在个人识别上有很重要的作用。

二、人脸识别检验的内容和步骤

人像检验包括两个主要环节：一是形态特征检验，二是数据比较或拼接比对。形态特征检验是比较检材和样本上的人物肖像，进行脸型、五官、（包括特殊特征）气质等感性特征的判断，是人像检验的第一步。多数情况下是确定似与不似，这种检验排除相对容易认定困难，是照片的初检阶段。相似则可以进行数据比较，不似则直接排除同一，得出否定结论。数据比较，是根据对选取的测量指标测量结果的比较、客观、真实，不受主观意志的影响。

为了使测量的数据具有客观性，检材和样本应影像清晰、层次分明、没有变形，能够较清楚地反映人像的特征、轮廓，这样才能准确地描画出标识点和标识线。

（一）人像照片的审定和预处理

1. 审定人像获取的时间、方式。检验前对被检人像照片的拍摄年代、人物的年龄、影像获取的条件和设备的了解，有助于刑事技术人员对照片上相貌特征变化与否的总体分析。一是判断影像的获取方式，是胶片还是数字影像。二是了解和分析是否为翻拍图像，是否存在利用图像处理系统对影像进行修补和调整，这些能对人像的面部特征产生不同的效果和影响。三是不同年龄段所拍摄的人像其相貌特征也有不同的变化。

2. 分析相貌的表情与化妆。分析被检人像照片上人像面部的表情和是否化妆。

人的表情又通过肌肉的运动来表现。喜、怒、哀、乐等表情变化会引起眉梢、口角、眼角、口唇等相貌特征的变化。

美容化妆不但会改变人的发型、胡须、眉毛、口唇的部分特征，还会影响人的面部斑、麻纹等特征的出现。

因此，分别检验时要认真研究分析每张照片上的表情与化妆对相貌特征的影响，是人像检验鉴定结论准确与否的关键问题之一。

3. 确定照片的偏转和仰俯角度。根据用水平偏转和俯仰指数可以确定照片的偏转和仰俯角度。指数计算公式如下：

$$F_p = \frac{S_{oe}}{S_{ie}} \qquad F_u = \frac{S_{gn}}{S_{nj}}$$

其中 F_p 为水平偏转指数，F_u 为仰俯指数，S_{oe} 为偏转侧外眼点至中线的距离、S_{ie} 为偏转对侧外眼点至中线的距离、S_{gn} 为眉间点至鼻下点的距离、S_{nj} 为鼻下点至颌下点的距离。

（1）男性角度的确定。在测得人像的水平偏转指数后，可直接带入回归方程 $\alpha = 91.33 - 89.09 F_p$，其中 α 为水平偏转角度。

由 α 推算 β 的标准误差为 $S_d = 1.83$。

在测得人像仰指数后带入回归方程式：$\beta = 94.54 - 98.70 F_u$，其中 β 为仰俯角度。β 的标准误差为 $S_d = 1.38$。

（2）女性角度确定。在测得人像的水平偏转指数后，可直接带入回归方程 $\alpha' = 92.812 - 90.948 F_p$，其中 F_p 为水平偏转指数，α' 为水平偏角；由 F_p 推导 α' 的标准误差为 $S_d = 1.332$。

在测得人像仰指数后带入回归方程式：$\beta' = 122.2509 - 121.885F_u$，其中$F_u$为仰俯指数，$\beta'$为估计角度，由$F_u$推算$\beta'$的标准误差为$S_d = 0.664$。

4. 在计算机上恢复人像倍率同一。

（1）运用Photoshop调整正面人像使双眼水平，查看检材和样本图像的分辨率，如若不同，则需通过插值的方法使其分辨率相同。

（2）运用Photoshop的测量工具测量瞳距，打开图像菜单栏，单击"图像大小"出现对话框，查看图像宽度。以人眼瞳距平均值或某一固定值做被除数，以瞳距测量值做除数，计算的结果乘以画面宽度。

（3）在图像大小的对话框中，将图像的宽度改为"原物大"的数据，单击确定，屏幕上得到放大倍率相同的影像。

5. 标出标志点与标志线。

（1）标志点：内眼点、外眼点、眉心点、眉间点、发际点、鼻下点、口角点、耳屏中点、颌下点、下颌角点。

（2）标志线：中线、眉心点连线、外眼点连线、内眼点垂线、鼻下线、口角点连线、颌下线。

（二）照片的检验

1. 形态特征的检验。这是人们日常辨认识别人物的方法，这一方法在人像检验中也同样适用，它是根据被检验的照片或视频中人像的形态特征来判断是否是同一人的一种检验方法。此法主要是通过照片上人物的脸、眉、眼、鼻、嘴、耳等形态特征、脸部的对称性以及体态特征来判断，方法简单，操作容易，但主观性大。

检验时，分别观察分析被检照片和样本照片的各部分形态特征，将两张照片的形态分析结果对照比较。特征分析完全符合，便可判为同一人；如果排除年龄、表情和拍摄角度表情因素后，还有一些项目不符，便可做出否定结论。

研究每一张照片上的相貌特征，对每个特征的一般形状、形式、大小、相互位置、彼此之间的距离等作出定性的判断，可比相貌特征的选择可以从以下几个方面进行。

（1）选择照片清晰的而不是模棱两可的相貌特征。

（2）选择不易变化或变化较小的相貌特征。

2. 面部特殊特征的检验。分析人脸存在的与众不同且较稳定的特殊标志的特点及相互之间的关系，如痣、创口、胎记人脸的对称程度等生理和病理的特征。该法以照片上人像有特殊标志为前提。

3. 特征测量或拼接比对。由于不同角度人像无法拼接比对，测量比对的误差较大，因此此种检验只适合角度相同或相似人像的检验，具体方法是：数据检验是通过测量检材与样本各测量指标，比较测量结果的一致性，得到同一与否的结论，人像检验面部测量指标如表11-1所示。其中稳定的指标有8个，是基本不受表情影响的指标；不稳定指标有9个，是受表情影响较大的指标。

表11-1　人像检验面部测量指标

一类测量指标	二类测量指标
外眼点间距	发际点至眉间点距离
内眼点间距	鼻下点至口角点连线距离
内眼点连线至鼻下线距离	鼻下点至下颌点距离
鼻宽	口角点间距
耳郭上缘至外眼点连线延长线距离	眉间点至外眼点连线距离
耳郭下缘至鼻下线距离	眉间点至内眼点连线距离
耳郭高度	眉间点至下颌点距离
额宽	眉间点至鼻下点距离
	下颌角点间距

　　通过分析人面测量点，标识点尺寸数据及角度，确定人像照片上面部特征点的数量数据，对两张不同的照片进行同一识别。只能检验角度一致或极为相近的照片。

　　（1）标画标识点。首先将待检人像照片扫描存入计算机，在Photoshop中打开，改变照片尺寸，使待检照片的人像瞳距或外眼点距离相同，然后用Photoshop的铅笔工具在照片上做出标识点。

　　（2）测量标志点。在照片上选择位置清楚、明显的标记点作为测量的起点。如发际点最清晰，即可把它作为起点，于是依次进行测量。测量时要求准确。

　　被检照片和样本照片是在不同时期、不同地点拍摄的。有时造型手段和拍摄角度均有差异，因此会出现一些数据上的差异，要仔细分析产生差异的原因。

　　（3）拼接比对。在检材和样本照片放大倍率相等的条件下，将两张被比对的照片相同的部位切开，再将切割后的某部分与另一张照片拼接比对，这种方法不适合检验广角镜头近距离拍摄的人像，实验证明广角镜头近距拍摄的人像的变形严重而且变形程度因焦距和拍摄距离的不同而不同。

　　（三）人像检验的结论

　　经过比较检验发现的相貌特征的符合点和差异点要综合分析，研究符合点和差异点的成因，并综合评断出具检验意见。

　　1. 符合特征的评价。评断符合点主要是评断符合点价值大小，如感性特征之中的面部缺陷、痣、疤、瘤、麻、伤痕等特征价值比较大，容易判断。人像检验大多数还是根据一些看来不明显的、普通的特征做出结论的。主要从两个方面进行评断，一是特征出现率少的其价值就大。选择特征出现率少的在可比相貌特征的选择中已经阐述。二是从这个特征和其他特征联系起来分析就可能有一定价值，这样把全部相貌特征按各项特征组合分析，最后综合分析评断就有充分根据做出支持是否同一的检验意见。

2. 差异特征的评价。评断差异点主要是研究差异点的性质和形成的原因。由于年龄、病理、表情、化装、死亡、拍照条件、正负片的处理等原因形成的差异是非本质的差异；如果差异点较大而且是无法解释的，是本质的差异。

3. 综合评断的结论。如果符合特征是主要的、价值高，差异点可找到合理的解释，就可以做出支持同一的结论。如果差异点是明显而大量的，而且又不能用形成差异的非本质原因解释，符合点比较一般，则可做出支持否定同一的检验意见。

‖第三节　视频人像身高测量‖

近年来，随着科学技术的快速发展，视频监控已经成为现代科技运用在公安实践中的又一成功的典型范例。监控录像系统作为现代化的安全防范措施，在金融、交通、政府部门、学校、宾馆、商场、居民小区、娱乐场所、企事业单位内得到广泛应用。在刑事案件可利用的监控录像资料中，通过测量监控录像中目标人的身高，对发现犯罪线索以及案件的侦破具有重要的意义。然而，电子监控技术受到了一些主客观因素的限制，使得测量的结果仍是属于"概略测量"而不是"精度测量"，造成这一因素的原因很多，如监控录像的质量不高，拍摄的效果不好，测量身高的要求高，约束多等；大多数欠发达地区仍然遗留着早期安装的监控器，这类监视器的分辨率很低，导致了录制图像的清晰度低下，整个人物所占的像素也自然很少；部分企事业单位、金融、商场的监控设备的安装决定了这些监控器质量虽然较高，但对于为刑事案件提供线索来说，安装的位置并不适当造成了测量目标人身高时测量点的选取困难；这些都加大了对人物身高测量的难度。

针对视频人像的身高测量主要有现场参照物测量法、现场模拟拍摄对比法两大类。

一、视平线原理

视平线是所拍摄图像中的一条基本线，图像中只能有一条视平线，并且随着拍摄设备距离地面的高度变化而变化（如图 11 - 10 所示）。

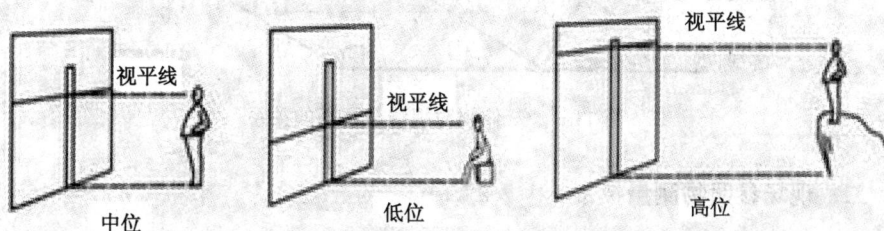

图 11 - 10　视频线与拍摄高度的变化关系

视平面在图像上是假想的无限大的包含视点的平面。水平视平面和观察者的眼睛（即视点）同高，并且平行于基面。水平视平面与画面的交线即是视平线所在的位置。视平线通过图像上的主点并和视点同在与基面平行的水平视平面上，日常生活中拍摄到的天地相接处或天水相接处，都是地球的表面与天空的分界线，这一分界线人们叫作地平线。绘制透视图时，可以把视平线看作一条与地平线重合的水平线。

在透视学中，从视点向正前方延伸的一条水平视线叫作主视线。如图 11－11、图 11－12 和图 11－13 所示，主视线在平视、仰视和俯视时都与基面平行。在平视透视的图像中，主视线不但平行于基面而且垂直于画面，因此主视线与视心线合二为一，主视线即为视心线。在仰视和俯视的图像中，主视线垂直于视平线，但却不与画面垂直，而视心线则不论在平视、仰视和俯视的图像中都垂直于画面。

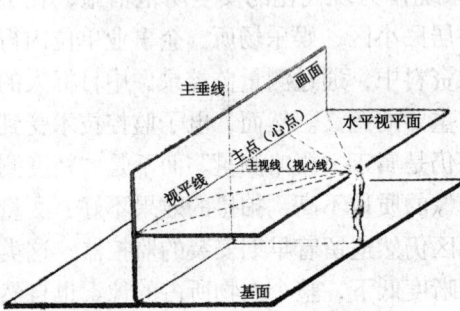

图 11－11　平视时视线与画面的关系

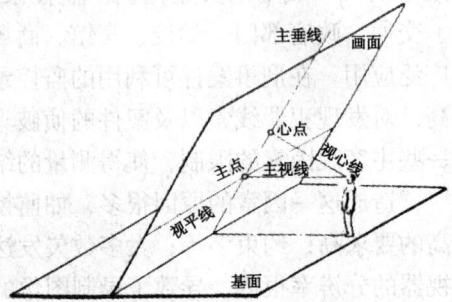

图 11－12　仰视时视线与画面的关系

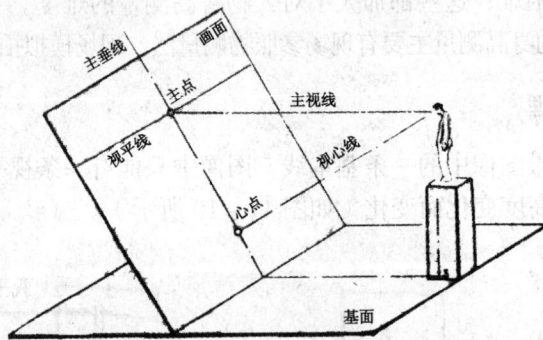

图 11－13　俯视时视线与画面的关系

二、现场参照物测量技术

1. 直接比例测量法。这是针对目标人物与参照物处于同一摄影平面时采用的测量方法。所谓同一摄影平面，就是指目标人物与参照物的摄影距离相同。

直接比例测量法的一般步骤如下：

（1）在所摄图像中找到一个物体作为测量图像中人物身高的比例标尺。我们一般将这一物体称为参照物。

确定为参照物所需条件：

①图像中物体的实际尺寸是可以测量出的。

②图像中物体在拍摄和被测量期间在空间上和时间上应该是稳定的，即物体的尺寸和位置不随时间的变化而改变。

（2）用Photoshop中的标尺工具测量出参照物与被测人物图像的长度。

（3）现场测量出参照物的实际尺寸。

（4）将所获得的数据代入比例公式：H=（h/l）L。

式中：H代表实际人物的身高，h代表图像中人物高度透视线段的长度，l代表图像中参照物高度透视线段的长度，L代表参照物的实际长度。

如图 11 - 14 所示：图像中参照物为人物旁边的冰箱，冰箱的实际高度为123cm。根据公式计算：

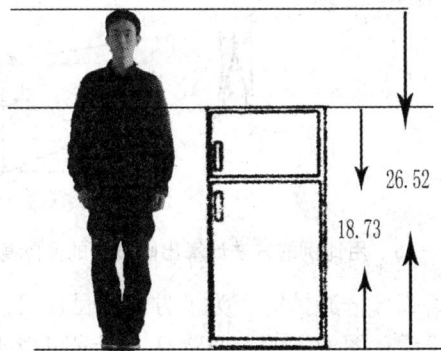

图 11 - 14　没有远近差别图像的身高测量

人物的身高为H

H/123=26.52/18.73

即人物的身高为174.16cm

2. 透视作图法测量。这是目标人物与参照物处于不同摄影平面即摄影距离不同时才可以采用的测量方法。透视作图测量技术是基于透视学原理，通过绘制透视消线来测量视频图像中人物身高的技术，这种技术符合摄影成像的规律，是最常用的测量方法。透视作图测量技术的操作方法简单，但是需要现场的约束条件高，一般适用于建筑内的目标人物身高测量。

一般透视作图测量技术有以下几个主要步骤：

（1）在图像中通过参考线寻找透视学中的视平线及"灭点"。视平线的确定。透视作图法测量人物身高技术的关键是在图像上确定"灭点"或视平线，在实际应用中确定视平线的方法有两种：一种是根据图像中记录的相互平行且与"画面"不平行的水平线的延长线确定"灭点"及视平线；另一种是到现场测量参照物的同时测量摄像头的高度，并在可拍摄的场景范围内的中景或远景部位做出摄像头的高度标记，并重新拍摄一段视频。对照新视频截图的标记在图像上做水平线既得到视平线。

（2）根据"灭点"在图像中绘制出相关的透视图。在图像上目标人身高的标识点和参照物高度的标识点，做各标识点到"灭点"的延长线。

（3）测量现场中参照物的长度数据。

（4）在图像中测量目标人物和参照物在同一透视平面时的长度数据。

（5）将图像中所测量的长度数据和实物的长度数据代入比例公式计算出目标人的实际身高（如图 11 – 15 所示）。

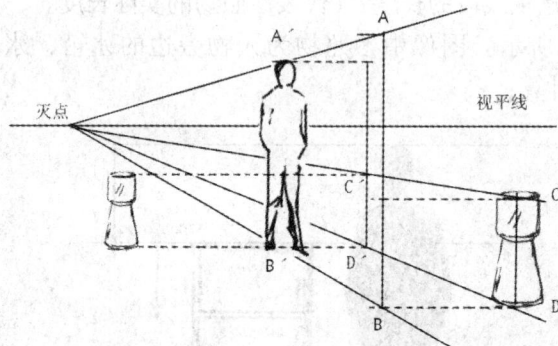

图 11 – 15　用比例的方法计算出嫌疑人的实际身高

在参照物的位置偏离或部分遮挡时，为了方便测量还可以简化上述方法，即在图像上准确标画出视平线后，图像上的参照物高度标线可以水平移动，"灭点"也可以根据作图需要水平移动。

采用比例测算法，除平视的情况外，拍摄的角度不能太大。因为镜头的位置过高或过低，画面的透视变形会对比例测量的精度产生较大的影响。

三、现场重现测量技术

现场重现测量技术是一种基于模拟或还原犯罪现场情况的一种测量方法，只用于在被检图像有条件进行现场重现的时候采用。例如，摄像头拍摄机位相对固定或是可以回复原位，现场中目标物及周边景物有着明显可以提供现场重现的标志等。采用现场重现测量技术的测量精度取决于重现图像与被检图像的匹配程度，也就是说，现场重现图像与待检图像中各个测量点相匹配的精度越高，测量出的目标人身高也就越精确。利用该技术判断测量目标人身高，有以下几个主要步骤：

（1）模拟或还原犯罪现场情况，调整摄像头角度使其被检验图像精准对齐，形成"动态的即时画面"，以便技术人员观察测量。

（2）观察摄像头拍摄的图像，对目标人所在的位置进行精确定位，并选择恰当的方法在动态画面中进行标志。

（3）实验人员直接进入已标识好的摄像头动态画面中，在观察人的远程指挥下，按照事先做好的标志，找准目标人在图像中的位置，然后，竖起测量标杆并直接读取数据，或者现场挑选身高不同的实验人员在相应的位置上模拟目标人的动作，使其待检图像基本重叠，依据此时实验人员的身高判断目标人的大致身高。

（4）模拟现场的测量标杆在重现图像中的移动轨迹应当始终保持与地面垂直，并且根据选定目标人的脚底点为半径的轨迹上移动。

现场重现测量技术是建立在模拟现场重建的基础上对模拟现场进行测量的一种方法。这种方法适用于在现场摄像头相对固定的前提下，周围的参照物有变动或者没有参照物、拍摄的图像不清晰或图像是在夜晚拍摄的情况下使用，能够得到较好的效果。现场重现测量技术的关键是现场图像重建的匹配精度，被检画面要准确定位目标人位置才能重现在动态的现场的画面，否则，测量出的结果是不可信的。另外，这种方法需要由实验人员模拟目标人的动作或者在现场中目标人的位置放置标杆，并由人眼在图像上判断和读取数据，因此，融入测量人员的主观因素较大。

四、软件测量技术

软件测技术，是利用目前市场已有的软件中的测量功能进行测算的一种方法。该技术操作简单，使用方便。一般情况下，能够得到比较准确的测算结果。软件测技术的基本原理是：根据现场上被检图像中仍然存在的参照物，选定已知点或已知线（一般至少7个点或7条线），通过现场实际测量获得它们的实际测量值，建立三维坐标，经编程计算，求出图像中未知点的三维坐标，从而测算出两点之间的实际距离。概括起来，利用这种方法测判目标人的身高，大致有以下几个基本步骤：

（1）选点（线）。在图像中以现场上仍然存在的、位置没有移动过的物体作为参照物，选择具有标志明显、方便测量的地方作为测量点或测量线。

（2）一般应当至少选择5个以上的点（线）建立实际坐标系，这些点（线）最好分布在目标人的四周。为了方便测算，应有目标人脚底平面上的点，目标人站在地面上时，当然取地面为坐标原点最好。

（3）实地测量。在现场中对选定的点（线）分别进行实际测量，记录测量的坐标值（x、y、z），并按照软件的要求输入到相应的对话框中。

（4）根据被测图像中目标人的情况，选定要计算的未知点（通常这个点的3个参数中需要有一个已知数据），软件便可给出未知点的三维坐标值，由此获得目标人的身高测量值。

软件测量技术是一种矩阵转换的数学方法在公安工作中的应用，是通过已知坐标去求解未知坐标，由专门针对公安工作设计的软件完成计算。该技术在目前测量图像中目标人身高的方法中相对简便且比较理想。但是，该技术的关键在于现场是否有可以利用的坐标点，取点或线的准确性，如果存在画面模糊或画面中参照物较少等情况影响到从图像中合理地选取点或线，则测量的结果必然非常不精确。此外，现在该类技术的大多数软件都与图像处理系统相捆绑，价格昂贵，不宜于我国的普及与应用。

五、视频人物身高测量点选取

测量视频图像人物的身高，除了要以透视学原理为基础进行测量，还要在所摄图像中人物的身上选取适当的测量点。测量点选取得准确与否对整个测量精度产生至关重要的影响。然而视频图像中对人物身高测量点的选取并不能与体检中测量身高一般，让被测量者站在体重秤上，确定头顶的最高点进而测量出身高的长度。视频图像中对人物身高测量点的选取有一定的复杂性，主要受到两种因素的制约：一方面，由于多数视频较为模糊，图像中人物所占像素点较少，难以层次分明地显出人物的各个特征；另一方面，现实中的人体是三维空间，而摄像机与照相机所拍摄的图像是二维空间图像，由于三维空间呈体性二维空间呈面性，因此三维空间的人被摄入二维空间后长、宽、高三维转化为长、宽二维，导致难以选取图像中人物头顶最高点和人物脚底最低点，即使正确地选取了头顶最高点和脚底最低点，也会因为三维转换成二维导致测量不准确。因此科学地选取合适的测量点，对确保视频人物身高测量的精准具有决定性意义。

人物身高的测量中普通的测量方法为测量从头到足的距离。在视频图像中，由于二维图像的关系，测量头和足的距离在图像中表现得并不明显。因此，为了能够更加准确地测量出视频图像中人物的身高，就需要找准测量点。

对视频图像中人物头部和足的测量点的选取，应该尽量寻找反差较大的线或点作为测量点。从实践经验看为了使测量点的选取能够，频图像中人物头部4个测量点具有普遍的测量价值，这四点分别为：额头上方发际线的位置、额头上方发际线与人物在图像中头部最高点的位置连线的中点位置、后脑旋的位置、后脑旋与人物在图像中头部最高点的位置连线的中点位置；足部的三个测量点分别为：足尖点、足跟点、足弓点（如图 11 – 16、图 11 – 17 所示）。

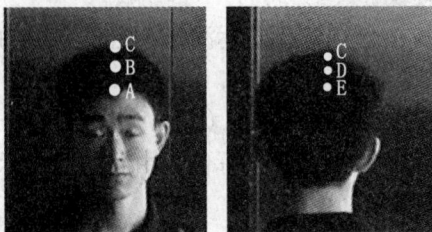

(a)　　　　　　　(b)

图11-16　头部测量点选取位置

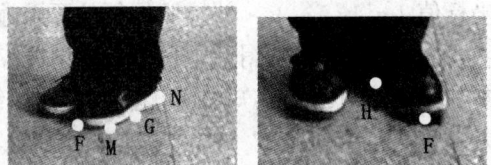

(a)　　　　　　　(b)

图11-17　足部测量点选取位置

　　实践证明，测量过程中选取足尖点与额头上方发际线点以及足跟点和后脑旋点所组成人物身高线段运用比例法测量比较稳定也比较准确。因此，可以为首选合适的测量点，并且足尖点与额头上方发际线点以及足跟点和后脑旋点这四点在视频图像中较为明显，比较容易选取，是理想的测量点。

　　足弓点只有在人物正向面对镜头时才能够选取，并且足弓点和额头上方发际线与人物在图像中头部最高点的位置连线的中点在人物正面时测量比较准确。

【小结】

　　本章包括人像照片真实性检验、人脸识别和视频人像身高识别三节内容。人像照片真实性检验是检验照片内容是否为摄影所得的客观存在。对于数字照片应首先检验其原始性，再检验其真实性；对于纸质照片只能肉眼观察伪造痕迹，用光以及透视关系方面是否协调，人像姿态、比例等是否合理，其清晰度、色彩校正、反差控制是否一致，是否符合镜头成像规律。一旦出现违背规律的现象，即可确定为伪造照片。

　　人像同一识别是判断不同图像中人像或人像与人物的相貌特征是否一致的技术。人的相貌差异表现在形态、比例、细节以及气质等方面。其中发际形态、口鼻关系、耳朵形态、"蒙古褶"是比较明显、客观易观察的特征，是可以辅助认定或直接排除的人脸特征，尤其在人证对照的检验中价值较大。

　　视频人像身高的测量主要有现场参照物测量法，现场重现测量法和软件测量法。现场参照物测量法中的直接比例测量法适合人和物处于同一距离空间的测量；透视作图测量则适用于人和物处于不同空间的测量；现场重现测量法操作性最强，适用于各种环境；软件测量法与透视作图测量原理相同。

【思考题】

1．物体在照片中成像的透视规律主要有哪些？
2．人像照片真实性检验的主要原理是什么？
3．简述人像身高现场参照物测量的主要步骤。
4．"蒙古褶"是指人脸哪部分的特征？它在人脸识别中有什么作用？
5．如何在计算机上恢复人像倍率同一？

主要参考文献

[1] ［德］罗伯特·海因德尔. 世界指纹史. 刘持平, 何海龙, 王京译. 中国人民公安大学出版社, 2008.

[2] ［美］彼得森. 现代摄影构图. 光辉译. 辽宁美术出版社, 1997.

[3] Rafael C. Gonzalez, Richard E. Woods. 电子工业出版社, 2011.

[4] 代雪晶. 刑事影像技术. 中国人民公安大学出版社, 2011.

[5] 邓秀林. 新编刑事图像技术教程. 中国人民公安大学出版社, 2008.

[6] 公安部五局. 视频侦查学. 中国人民公安大学出版社, 2012.

[7] 龚声蓉, 等. 复杂场景下的图像与视频分析. 人民邮电出版社, 2013.

[8] 郭海涛. 刑事图像. 中国人民公安大学出版社, 2010.

[9] 韩振雷. 广告摄影教程. 复旦大学出版社, 2011.

[10] 黄群, 程宏斌. 刑事图像教程. 中国人民公安大学出版社, 2004.

[11] 黄群. 刑事图像教程. 中国人民公安大学出版社, 2011.

[12] 李蜀光. 绘画透视原理与技法. 西南师范大学出版社, 2001.

[13] 梁笃国, 等. 网络视频监控技术与智能应用. 人民邮电出版社, 2012.

[14] 刘直芳, 王运琼, 朱敏. 数字图像处理与分析. 清华大学出版社, 2006.

[15] 马建平. 刑事影像学. 群众出版社, 2007.

[16] 潘国光. 刑事摄影教程. 中国人民公安大学出版社, 2002.

[17] 潘国辉. 智能网络视频监控技术详解与实践. 清华大学出版社, 2010.

[18] 钱钧. 刑事摄影简明教程. 中国人民公安大学出版社, 2005.

[19] 孙略. 视频技术基础. 世界图书出版公司, 2013.

[20] 孙鹏. 公安图像取证技术实务指南. 中国人民公安大学出版社, 2013.

[21] 孙燮华. 数字图像处理——原理与算法. 机械工业出版社, 2010.

[22] 王桂强. 指印的光学显现和照相技术. 群众出版社, 2001.

[23] 王瀚东. 电视摄像的理论与实务. 华中科技大学出版社, 2004.

[24] 王慧琴. 数字图像处理. 北京邮电大学, 2006.

[25] 杨洪臣. 监控视频检验技术规范. 中国人民公安大学出版社, 2012.

[26] 杨玉柱. 刑事图像技术. 中国人民公安大学出版社, 2007.

[27] 袁奕华. 电视摄像与高清摄像技术. 上海大学出版社, 2009.

[28] 朱宝礼，周云彪．刑事图像技术．中国人民公安大学出版社，2002．

[29] 朱宝礼．物证检验摄影教程．警官教育出版社，1999．

[30] 朱虹．数字图像处理基础与应用．清华大学出版社，2012．

[31] 李苑．单幅画面中嫌疑人身高测判方法比较．中国人民公安大学学报（自然科学版），2008（3）．

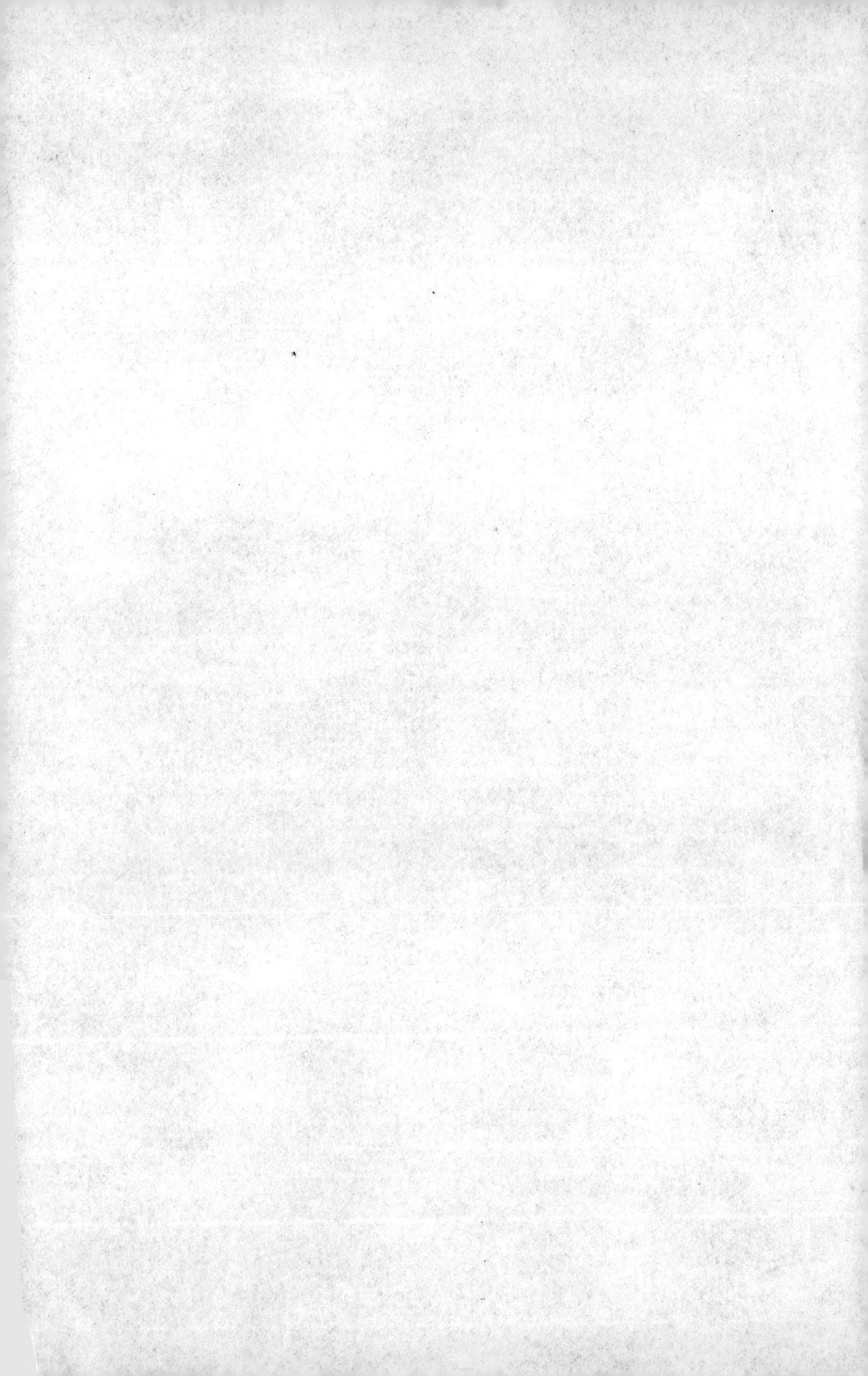